Homo Animalis

Inhalt

In der schwimmenden Stadt wachsen Kinder und Jugendliche auf, die Teil eines verbotenen Experiments sind. Ihre Gene enthalten tierisches Erbmaterial, das ihnen übermenschliche Fähigkeiten verleiht. Die 16-jährige Kata schmiedet heimlich Fluchtpläne. Doch dann findet sie heraus, dass die Forscher ein letztes, unmenschliches Experiment planen. Sie riskiert alles, um die Pläne der Forscher zu durchkreuzen.

Die Autorin

Anette Huesmann ist Autorin und Dozentin für Kreatives Schreiben. Sie studierte Germanistik und Allgemeine Sprachwissenschaft in Heidelberg und arbeitete lange Zeit als freie Wissenschaftsjournalistin. In ihren Büchern greift sie aktuelle, gesellschaftlich wichtige Themen auf und entwickelt daraus spannende Geschichten.

Mehr erfahren: www.anette-huesmann.de

Anette Huesmann

Homo Animalis

Die Flucht

Band 1

Bibliografische Information der Deutschen Nationalbibliothek
Die Deutsche Nationalbibliothek verzeichnet diese Publikation in der
Deutschen Nationalbibliografie; detaillierte bibliografische Daten sind im
Internet über http://dnb.d-nb.de abrufbar.

© 2022 Anette Huesmann
www.anette-huesmann.de

Umschlaggestaltung von Spomenka Bojanic, unter Verwendung der Fotos von
Jeremy Bishop (Garten, Brücke, Kuppel / Unsplash), Christels (Wolf / Pixabay),
MiaStendal (Futuristische Landschaft / AdobeStock) und Maridav
(Läuferin / AdobeStock).
Lektorat: Meike Blatzheim, www.meike-blatzheim.de
Herstellung und Verlag: BoD – Books on Demand, Norderstedt

Alle Rechte vorbehalten. Vervielfältigung, auch auszugsweise, nur mit
schriftlicher Genehmigung der Autorin.

ISBN: 9783839169605

Für Martina

1.

Kata hob den Kopf und lauschte. Unten fiel eine Tür geräuschlos ins Schloss. Vorsichtig trat sie ans Fenster. Mondlicht lag auf der schwimmenden Stadt und tauchte das Hauptquartier am anderen Ende des Stegs in fahles Licht.

Eine dunkle Gestalt eilte hinüber, Wilhelm, ihr Ziehvater. Mit gerunzelter Stirn blickte Kata ihm nach. Früher hatte sie oft auf seinem Schoß gesessen und sich von ihm trösten lassen. Bis sie begriffen hatte, dass sie nur ein Versuchskaninchen war. Seitdem ging sie Wilhelm lieber aus dem Weg.

Kata wandte sich ab und huschte an den Wänden ihrer Schlafkoje entlang. Sie hatte gelernt, den Bewegungsmeldern auszuweichen. Die Kameras im Camp waren alt, fielen manchmal tagelang aus, bis das Wachpersonal sie reparierte. An der Rollwand blieb Kata stehen und fischte das Steuergerät aus ihrer Hosentasche. Sie warf einen letzten Blick zu ihrem Bett und musste lächeln. Fin hatte sich an die zusammengerollte Decke geschmiegt und schlief mit hochroten Wangen. Abends schlich er oft zu ihr in die Koje und kuschelte sich an sie. Fin gehörte zum Clan der Wölfe, war wie ein kleiner Bruder für sie. Er gab ihr das Gefühl, eine richtige Familie zu haben.

Entschlossen richtete sie das Steuergerät auf ihr Datenarmband. Mit wenigen Klicks synchronisierte sie Standort und Herzschlag mit Fins Daten, so konnte ihr Ausflug unbemerkt bleiben. Dann schob sie die Rollwand zur Seite und schlüpfte hinaus. Das Camp-Personal hatte heute Nachmittag ziemlich nervös reagiert, die Stimmung war angespannt. Da musste sie nicht lange überlegen. Es war an der Zeit, einen weiteren Ausflug zu wagen.

Kata schlich zwischen den Trennwänden hindurch zur Treppe. Sie hielt inne und lauschte. Im Schlafhaus der Wölfe herrschte Stille, nur entfernt war leises Schnarchen oder ein nächtlicher Seufzer zu hören. Fünf Clans lebten in der schwimmenden Stadt, 145 Kinder und Jugendliche zwischen 8 und 16 Jahren. Sie war eine der Ältesten, Chief der Wölfe. Mit Stolz dachte sie an ihren Clan, 29 Kinder und Jugendliche, die alle friedlich in ihren Betten lagen. Sie fühlte sich für die anderen verantwortlich und hatte sich geschworen, niemals aufzugeben, bis sie alle frei waren.

Kata duckte sich in den dunklen Schatten der Wand, wo die Kameras sie nicht erfassten. Sie folgte der Treppe ins Erdgeschoss, dann weiter nach unten zum Waschraum. Lautlos durchquerte sie die dunkle Mädchentoilette. Vor dem Milchglasfenster blieb sie stehen. Hier gab es keine Kameras, aber das Fenster war alarmgesichert.

Kata brauchte nur zwei Klicks, dann war das Fenster im Kontrollsystem eingefroren und würde keinen Alarm mehr auslösen. Lien war eine geschickte Hackerin und hatte schon vor einiger Zeit Steuergeräte entwickelt, mit denen sie die Elektronik manipulieren konnten. Der schwere Rahmen glitt zur Seite. Kata kletterte nach draußen und drückte sich aufatmend gegen die Außenwand.

Ein kühler Wind strich über ihre Wangen. Gegen Abend sank die Temperatur meist unter 20 Grad. Meereswind strich durch das kurz geschnittene Gras, weit entfernt schwappte Wasser gegen die Plattform. Sonst war alles ruhig. Kata zog das Fenster zu und musterte den Steg über ihrem Kopf.

Die Clans waren in fünf Schlafhäusern untergebracht, die wie Nester aneinander klebten. Einige Meter entfernt ragte das Hauptquartier in den Nachthimmel. Hölzerne Stege führten hinüber, die als Schutz gegen Überschwemmung auf zwei Meter hohen Stelzen ruhten. Wie jeden Abend war Wilhelm nach seinem abendlichen Kontrollgang ins Hauptquartier zurückgekehrt. Tagsüber gingen die Clans dort ein und aus, nachts war das Gebäude für sie tabu.

Kata machte sich auf den Weg. Sie ging den Bewegungsmeldern aus dem Weg und huschte tief gebeugt im Schatten der Stege hinüber zum Hauptquartier. Drüben steckten zwei Wachen ihre Köpfe zusammen und flüsterten, sie achteten kaum auf ihre Umgebung. Kata umrundete die beiden in großem Abstand und näherte sich dem Gebäude. Nachts waren Fenster und Türen des Hauptquartiers geschützt wie ein Hochsicherheitsgefängnis, da konnte selbst Lien nichts ausrichten. Vor mehr als einem Jahr hatte sich Kata in einer mondlosen Nacht zum ersten Mal auf das Gelände gewagt. Seitdem unternahm sie ihre nächtlichen Streifzüge zur Sicherheit nur in großen Abständen, machte sich auch keine Notizen über das Gelände und die Überwachungssysteme. Kata umrundete das Hauptquartier und schlich an der Rückseite entlang, wo der zweistöckige Versorgungsbau angrenzte.

In einiger Entfernung kauerte sie sich hinter die Entsalzungsanlage. Näher ranzugehen wäre Selbstmord. Sie hob das Gesicht, sog tief die Gerüche der Nacht ein. Salzwasser, der Rasen unter ihren Füßen, kein menschlicher Schweiß. Kata legte sich flach auf den Boden und ignorierte die Feuchtigkeit, die durch ihre Funktionskleidung drang.

Etwa zehn Minuten später war von Weitem das Geräusch eines Hubschraubers zu hören. Das Flap-Flap-Flap der Rotorblätter kam allmählich näher und die Strahler tauchten den Hubschrauberlandeplatz in helles Licht. Am anderen Ende der Plattform setzte der Hubschrauber auf. Das Motorgeräusch verstummte, dann erloschen die Scheinwerfer. Kurze Zeit später näherte sich das Surren eines Elektrowagens. Ein Suchscheinwerfer glitt über das Gelände. Der geschlossene Wagen lag für den Bruchteil einer Sekunde in gleißendem Licht. Kata konnte zwei fremde Gesichter erkennen. Als der Wagen die Rückseite des Versorgungsgebäudes erreichte, hob sich das Rolltor und der Elektrowagen glitt hinein. Das Tor senkte sich wieder. Enttäuscht starrte Kata auf die dunkle Metallfläche.

Sie musste näher ran, wenn sie mehr wissen wollte. Bisher war sie dem Hauptquartier nachts noch nie so nahe gekommen, doch diesmal musste sie es riskieren. Zentimeter für Zentimeter tastete sie den Boden vor sich ab, prüfte den Rasen und die Holzplanken darunter nach Bewegungsmeldern und versteckten Scheinwerfern. Geschickt wich sie einigen Sensoren aus und robbte vorsichtig näher.

Mit gesenktem Kopf kroch sie in den Schatten eines niedrigen Olivenbaums. Er steckte in einem der zahlreichen Kübel, in denen das Camp-Personal Pflanzen zog. Sie tastete nach den unteren Ästen und brach einen Zweig ab. Behutsam schob sie ihn mitsamt den Blättern unter ihre Jacke.

Schließlich erreichte sie die Rückwand des Versorgungsgebäudes. Fast eine Stunde hatte sie für die letzten Meter gebraucht. Das Mondlicht glänzte fahl auf den Schienen, die von der nördlichen Anlegestelle kamen und unter den Lamellen des Rolltors verschwanden. Kata robbte dicht an die Wand und machte es sich bequem.

Zwei Stunden lang passierte nichts. Obwohl ihr Körper durch das regungslose Sitzen schmerzte und die Kälte sie quälte, verharrte Kata. Dann setzte sich unvermittelt das Tor in Bewegung. Sie hob den Kopf und spähte in das Gebäude. Vor ihr lag eine Art Garage. Der dunkle Wagen stand verlassen neben dem Gleis der Elektrobahn. In diesem Moment öffnete sich eine Tür an der hinteren Wand. Zwei Männer in dunklen Anzügen traten heraus, gefolgt von Wilhelm und der Admiralin, beide ebenfalls in feinen Klamotten. Hinter ihnen war ein Gang zu erkennen, hell beleuchtet, von dem mehrere stahlglänzende Türen abzweigten. Dann schloss eine schwere Feder die Tür mit einem dumpfen Klacken. Zu viert durchquerten sie die Garage und blieben vor dem schwarzen

Elektroauto stehen. Die Besucher sprachen leise. Kaum ein Geräusch drang zu Kata nach draußen. Sie spitzte die Ohren und konzentrierte sich ganz auf die menschlichen Stimmen. Ein Lachen, eine flapsig hingeworfene Bemerkung über die sternenklare Nacht, die Admiralin antwortete mit einer Floskel über das Mondlicht. Enttäuscht biss sich Kata auf die Lippen und drückte sich eng an die Außenwand.

Autotüren klappten, dann startete der Elektromotor und der Wagen näherte sich der Ausfahrt. Kata richtete sich vorsichtig auf. Ihre Hand ballte sich zur Faust, als ihr Blick auf das regungslose Gesicht der Admiralin fiel. Sie war der Kopf des Experiments, hatte sich all das hier ausgedacht. Wilhelm stand direkt neben ihr und als sie sein Gesicht musterte, versetzte es ihr einen Stich. Sie wusste längst, dass er Teil des Experiments war. Trotzdem konnte sie es kaum ertragen, ihn so unbefangen lächelnd neben der Admiralin zu sehen.

Da stoppte der Wagen ganz in ihrer Nähe. Kata erstarrte und wagte sich nicht zu rühren. Ein leises Surren und das Fenster der Fahrerseite senkte sich. Kata konnte den Mann erkennen, graue Haare an den Schläfen, eine markante Nase, manikürte Finger auf dem Lenkrad. Rasche Schritte kamen näher und Wilhelm beugte sich nach unten. Wortlos drückte der Besucher Wilhelm ein Papier in die Hand, dann schloss sich das Fenster wieder und der Wagen verschwand in der Nacht.

Ein Scharren, dann tauchte im offenen Tor neben Wilhelms Silhouette eine zweite auf. Erschrocken zog Kata den Kopf ein und duckte sich tief in den Schatten der Holzfassade. Plötzlich hörte sie die emotionslose Stimme der Admiralin aus nächster Nähe.

»Sorge dafür, dass sie schwanger wird. Wir haben nicht mehr viel Zeit.«

»Bist du verrückt.« Wilhelms Stimme klang gepresst. »Sie ist doch erst 16.«

Katas Nackenhaare sträubten sich. Leise Schritte, dann senkte sich das Rolltor wieder. Sie hörte die allmählich leiser werdende Stimme der Admiralin: »Bevor wir das Experiment abbrechen, will ich wissen, ob Kata und Anton ihre Gene weitergeben.«

Das Knarren der Lamellen schnitt jedes weitere Geräusch ab. Kata presste sich gegen das raue Holz und starrte ungläubig in die Dunkelheit. Ihr Magen krampfte sich zusammen und ein saures Gefühl breitete sich in ihrem Mund aus. Natürlich war immer klar gewesen, dass sie und Anton eines Tages Kinder haben sollten. Das sollte der krönende Abschluss des Experiments werden. Doch niemals hätte sie damit gerechnet, dass die Admiralin nicht einmal warten würde, bis sie erwachsen waren.

Das Tor hatte sich fast geschlossen, als Kata aus ihrer Erstarrung erwachte. Im letzten Moment zerrte sie den Olivenzeig hervor und klemmte das Holz in die Außenschiene. Das Rolltor ruckelte ein wenig und blieb dann stehen. Nur wer genau hinsah, würde merken, dass sich die Lamellen an einer Stelle nicht ganz geschlossen hatten.

Erst Minuten später wagte sie es, den Rückweg anzutreten. Der dunkle Schatten des Hubschraubers war längst am Nachthimmel verschwunden, als sie die Ostseite des Hauptquartiers erreichte. Die unteren Stockwerke waren in Dunkelheit versunken, nur ganz oben im Penthouse brannten vereinzelte Lichter. Kata schlich zurück zum Haus der Wölfe. Unterwegs begegneten ihr wie immer einige Wachleute, aber niemand bemerkte sie.

Das flaue Gefühl in ihrer Magengrube machte sie wütend. Immer wieder glaubte sie, die Stimme der Admiralin zu hören, wie sie von ihr und Anton sprach. Kata schnaubte, ausgerechnet Anton. Sie hasste diesen Angeber, der stolz darauf war, Teil des großartigsten Experiments der Welt zu sein, wie er das nannte.

Kata erreichte das Fenster der Mädchentoilette. Sie presste ihre Stirn gegen die Fassade, die noch immer die Wärme des Sonnenlichts abstrahlte, und atmete tief durch. Als ihr Herzschlag sich beruhigt hatte, kletterte sie zurück ins Schlafhaus der Wölfe. Bedächtig schloss sie das Fenster und gab es im Kontrollsystem wieder frei.

Kata huschte die Treppen empor und schlich zwischen den Schlafkabinen nach hinten. In ihrer Kabine angekommen schlüpfte sie ins warme Bett. Fin grunzte und warf sich zur Seite ohne aufzuwachen. Kata entkoppelte ihre Datenarmbänder, versteckte das Steuergerät sorgfältig zwischen den Büchern und zog sich die Decke bis unters Kinn.

Anton. Sie konnte es nicht fassen, dass sie von diesem Angeber schwanger werden sollte. Sicher kam niemand auf die Idee, dass sie miteinander schlafen sollten. Alle wussten, dass sie sich nicht mochten. Auch Anton machte aus seiner Abneigung keinen Hehl. Der Gedanke, einen Fötus von seinem Sperma in sich zu tragen, erfüllte sie mit Abscheu.

Kata starrte nach oben, wo das Mondlicht bizarre Formen an die Decke malte. Vielleicht reichte ihnen eine Befruchtung in der Petrischale. Doch daran glaubte sie nicht. Die Admiralin wollte garantiert, dass der Fötus einige Wochen, wenn nicht Monate, alt wurde, um seine Entwicklung beobachten zu können.

Kata schloss die Augen und atmete tief durch. Vermutlich blieben ihr bis zur künstlichen Befruchtung noch ein paar Wochen. Die Forscher mussten erst ihren Zyklus beobachten, Blutwerte nehmen und Hormone bestimmen. Bis dahin musste ihr etwas einfallen.

2.

Das aufdringliche Piepen des Datenarmbands holte sie aus dem Tiefschlaf. Stöhnend rollte sich Kata zur Seite, Sonnenlicht fiel ihr ins Gesicht. Mit dem Unterarm zog sie die Decke über ihre Augen. Sie tastete nach ihrem Armband und brachte endlich den quälenden Ton zum Schweigen.

Im Halbschlaf kroch sie tiefer unter ihre Decke, von draußen waren gedämpfte Stimmen zu hören und Schritte auf der Treppe. Fast wäre sie wieder eingeschlafen. Plötzlich war sie hellwach. Wenn sie nicht pünktlich beim Frühstück auftauchte, würde Wilhelm nach ihr sehen. Sie riss den Kopf hoch und rieb sich die Augen.

Dann richtete sie sich auf, angelte nach ihren Flip-Flops und quälte sich aus dem Bett. Die Schlafkuhle neben ihr war leer, Fin hatte sich vermutlich in den frühen Morgenstunden in seine eigene Schlafkabine verkrümelt, wie meist, wenn er sich zu ihr ins Bett schlich.

Kata warf sich ein Sweatshirt über und schlüpfte in ihre Jogginghose. Dann verließ sie ihre Kabine und machte sich auf den Weg zwischen den Trennwänden hindurch zur Treppe.

Sie schliefen zu fünft im untersten Mädchenschlafraum. Die Empore war mit Rollwänden so abgetrennt, das jedes Mädchen ihren eigenen Bereich hatte. Eine ausgeklügelte Lärmschutzdämmung sorgt dafür, dass sie nur wenig von den Geräuschen aus den Nachbarkabinen mitbekamen. In den Stockwerken darüber gab es noch mehr Schlafräume, zwei für die Jungs und einen weiteren für die Mädchen.

Auf dem Weg nach unten stürmten drei Jungs an ihr vorbei, unter ihnen auch Fin, der Kata im Vorbeigehen zuwinkte. Sich gegenseitig anrempelnd verschwanden die drei im Waschraum der Jungen links neben der Treppe. Kata steuerte die Tür gegenüber an. Im Waschraum der Mädchen waren fünf Duschen mit Glaswänden abgetrennt. Nur zwei andere Mädchen waren zu sehen, beschlagene Spiegel und Glasflächen verrieten, dass die meisten schon geduscht hatten.

Kata ging nach nebenan zu den Toiletten und kehrte kurze Zeit später in den Waschraum zurück. Mia stand vor einem der großen Waschbecken und putzte sich die Zähne. Im Spiegel kreuzten sich ihre Blicke und Mia musterte sie aufmerksam. Kata wich ihrem Blick aus und holte aus ihrem Schrank Handtuch und Seife. Sie suchte sich eine freie Dusche und wenige Sekunden später ergoss sich ein Wasserstrahl breit wie ein Handtuch aus einem chromglänzenden Duschkopf. Warmes Wasser schoss über ihren Kopf und sammelte sich in einer kaum sichtbaren Rinne in den grauen Steinplatten, die Boden und Wände bedeckten.

Kata musste an die Worte der Admiralin denken. *Sorge dafür, dass sie schwanger wird.* Sie sah auf ihren flachen Bauch. Unvorstellbar, dass darin in Kürze ein Baby heranwachsen sollte. Für einen Moment bekam sie es mit der Angst zu tun. Was, wenn sie es nicht schaffen würde, rechtzeitig abzuhauen. Kata fröstelte, obwohl warmes Wasser an ihrem Körper hinabrann. Sie atmete tief ein und aus. Nicht daran denken, ermahnte sie sich, lass dir von der Admiralin keine Angst machen.

»Kata?«

Sie hob den Kopf und blickte in die aufmerksamen Augen Mias.

»Alles in Ordnung?« Mia starrte sie interessiert an.

Kata zwang sich zu einem Lächeln. »Ja«, sagte sie und begann sich einzuseifen. »Musste nur an die Jahresaufgabe denken. Wir sind noch nicht sehr weit.«

»Schon klar«, erwiderte Mia spöttisch. Sie schien noch etwas sagen zu wollen, doch mit einem Blick auf Lien, die ganz versunken in ihr Spiegelbild ihre Haare kämmte, wandte sie sich ab.

Nur zehn Minuten später stand Kata mit feuchten Haaren in Jeans und T-Shirt vor dem Spiegel und putzte sich die Zähne. In spätestens fünf Minuten sollte sie drüben sein, wenn sie nicht auffallen wollte. Sie musste wie jeden Samstag eine Riesenportion Pfannkuchen verschlingen, sonst würden Mia und alle anderen wissen, das mit ihr etwas nicht stimmte. Sie spuckte aus und wischte sich den Rest Zahnpasta vom Mund.

»Ich geh schon mal rüber«, rief Lien und verschwand. Kata war jetzt die Letzte im Waschraum. Hastig verstaute sie ihr Waschzeug im Schrank.

Von draußen waren aufgeregte Stimmen zu hören. Überrascht stieß Kata die Tür auf. Das Stimmengewirr kam aus dem Eingangsbereich. Dort hatten sich fast alle vom Clan der Wölfe vor dem großen Flatscreen versammelt. Viele Stimmen gingen durcheinander, einige lachten und irgendwo erklang ein gedehntes »Wie süüüß«.

Selbst Nik stand dort, obwohl er an Samstagen immer der erste drüben im Speisesaal war, damit ihm ja keine von Sandrines Köstlichkeiten entging.

Kata trat näher. Auf dem riesigen Bildschirm war die Wölfin zu sehen, die zum ersten Mal wieder den Bau verlassen hatte. Vor drei Wochen war sie darin verschwunden, hochträchtig. Nun tummelten sich fünf Fellbündel zwischen den Beinen der Alphahündin, die wachsam die Umgebung musterte.

»Wie niedlich«, gluckste Lien und klatsche in die Hände. »Seht doch mal, wie süß ihre Kleinen sind.«

Eines der Jungen war stahlgrau, ein anderes tiefschwarz. Die restlichen drei hatten eine ähnliche graue Zeichnung wie ihre Mutter. Zwei der kleinen Fellbündel torkelten durch Grasbüschel, die sie um Handbreite überragten. Zwei andere balgten sich um einen dürren Zweig. Die Wölfin blieb immer in ihrer Nähe. Die restlichen neun Wölfe hatten sich in einiger Entfernung zwischen den Bäumen niedergelassen. Sie beobachteten die Kleinen und gähnten.

Kata schluckte. Seit sie denken konnte, verfolgten sie das Leben und auch das Sterben der meist etwa zehnköpfigen Wolfsfamilie drüben in der Biosphäre. Die Wölfe lebten im mediterranen Klima und waren alle gechipt: Irgendwo unter ihrem Fell saß ein Datenträger, der jederzeit verriet, wo sich die Tiere aufhielten und wie ihr körperlicher Zustand war.

Kata war sicher, dass auch sie einen Chip verpasst bekommen hätten, wenn die Admiralin nicht fürchten würde, dass die Elektronik ihre wertvollen Versuchsobjekte irgendwie beeinflussen und das Versuchsergebnis verfälschen könnte. Also hatte sich das Forschungsteam für Datenarmbänder entschieden. Ihr Glück.

»Vielleicht können wir sie beim nächsten Training besuchen«, flüsterte Mia hinter ihrem Rücken.

Kata zuckte mit den Achseln. »Lass ihnen das letzte bisschen Freiheit, das ihnen geblieben ist«, murmelte sie.

»Ach, komm«, zischte Mia. »Du immer mit deiner Gefängnis-Phobie. Uns geht es doch gut hier im Camp. Besser als vielen anderen Kindern auf der Welt.«

Nur dass wir hier eingesperrt sind, dachte Kata, wie Versuchstiere im Käfig. Doch sie sprach es nicht aus. Es machte keinen Sinn mit Mia zu diskutieren, sie hatten sich deshalb schon oft gestritten. Nachdenklich beobachtete sie die Wölfe, die genau wie sie gefangen waren. Erst jetzt fiel ihr auf, dass eines der grau gemusterten Jungen kleiner war als die anderen und auch ein wenig schwächer. Das stahlgraue Wolfsjunge wiederum schien sich das Hinterbein verletzt zu haben, es hinkte und setzte sich alle paar Schritte auf die Hinterläufe, um hechelnd auszuruhen. Rasch warf Kata einen Blick zur Wölfin, doch die schien sich nichts daraus zu machen.

Erst vor ein paar Wochen war ihnen klar geworden, dass die Anführerin des Rudels trächtig war. Ihr wurde übel. Die

Alphahündin war genau im richtigen Alter, um zu werfen. Es waren nicht ihre ersten, sie hatte schon viel Erfahrung. Wie mochte es sich anfühlen, wenn ein neues Lebewesen im eigenen Körper heranwuchs? Kata schüttelte den Kopf, um die quälenden Gedanken wieder loszuwerden und wandte sich rasch ab. Dabei stieß sie mit Mia zusammen, die immer noch hinter ihr stand und sie jetzt verblüfft ansah.

Kata zog die Augenbrauen hoch und hoffte, dass Mia die Klappe hielt. Hier waren überall Kameras und Mikros angebracht. Sie konnten kein einziges Wort wechseln, ohne dass alle vom Camp-Team mitbekamen, worüber sie sprachen. Mia öffnete den Mund, doch dann ertönte Tinas Stimme: »Es ist schon Viertel vor acht!«

Alle stoben auseinander und auch Mia schien es sich anders zu überlegen. Mit gerunzelter Stirn warf sie Kata einen prüfenden Blick zu und folgte den anderen.

Kata seufzte erleichtert und machte sich ebenfalls auf den Weg ins Hauptquartier. Die meisten Clan-Member mussten schon drüben sein, mit Kata zusammen waren nur noch wenige Nachzügler unterwegs. Sie betrat den weitläufigen Wohn- und Essraum durch eine zwei Meter hohe Flügeltür. Hier drängten sich zu Stoßzeiten bis zu 200 Personen. Es gab keine Hautfarbe, keine Augen- oder Nasenform, die im Camp nicht vertreten war, entweder bei den Clans, beim Personal oder bei den Wachen.

Kata schlenderte zum Tisch ihres Clans hinüber. Der drei Meter hohe Wohnraum war etwa 900 Quadratmeter groß. Es gab etliche Nischen mit Sofas und niedrigen Tischen, die mit Trennwänden in gemütliche Sitzecken eingeteilt waren. Entlang der Fensterfront standen fünf lange Tafeln, an denen die Clans mit ihren Hauseltern aßen, und ein langer Tisch für das Camp-Personal. Fast 150 lachende und gesprächige Clan-Member, das war laut, doch eine raffinierte Verkleidung der Wände und der Decke sorgte dafür, dass der Lärmpegel erträglich blieb.

Kata hatte den Tisch der Wölfe drüben im Westflügel fast erreicht. Er stand vor einem großen Fenster, durch das sie das Meer und weit draußen das künstliche Atoll sehen konnten, das die Außengrenze der schwimmenden Stadt bildete und sie vor Unwettern und Wellengang schützte.

Kata kam am Tisch der Gorillas vorbei und blickte hinüber zu Mia, die ihre Arme um Anton gelegt hatte und dem Chief der Gorillas etwas zuflüsterte. Kata fing seinen Blick auf, finster und fragend zugleich. Anton wollte aufstehen, immer noch seinen Blick auf Kata geheftet, doch Mia raunte ihm etwas ins Ohr, zog ihn zurück auf seinen Platz und erwiderte spöttisch Katas Blick.

Als Kata den Tisch der Wölfe erreichte, holte Mia sie ein und schlüpfte auf ihren Platz. Kata setzte sich neben sie und warf ihr einen nachdenklichen Blick zu. Früher waren sie einmal gute Freundinnen gewesen, sie und Mia. Doch seit Mia mit Anton zusammen war, traute Kata ihr nicht mehr.

»Komm«, sagte Mia, griff nach ihrem Teller und ging, ohne auf Kata zu warten. Mia und Kata waren die letzten am Tisch der Wölfe, die anderen hatten sich schon am Buffet bedient.

Kata schnappte sich ihren Teller und folgte Mia. Wie jeden Samstag hatte Sandrine ein Schlemmerbuffet angerichtet. Es gab Gallo Pinto, eine Mischung aus Reis, Bohnen und Gemüse, das klassische Frühstück aus Sandrines Heimat, außerdem Spiegeleier, Pfannkuchen mit Obst, Maistortillas, gebratenen Käse, Müsli, verschiedene Sorten Marmelade, Baguette, Teigtaschen mit Fisch, Gurkentörtchen und vieles mehr. Doch Kata verspürte keinen Hunger. Zögernd blieb sie stehen.

»Du warst gestern Nacht tatsächlich draußen, stimmt's?«, flüsterte eine leise Stimme direkt neben ihrem Ohr.

Kata lächelte. Sie musste nicht den Kopf drehen um zu wissen, dass Lore neben ihr stand, ihre beste Freundin.

Sie hatten schon vor längerer Zeit herausgefunden, dass es ein paar Stellen im Camp gab, wo man unbemerkt sprechen konnte. Der Speisesaal gehörte dazu. Die Geräusche von Geschirr und zahllosen Stimmen machten es unmöglich, gezielt einzelne Unterhaltungen abzuhören. Fast unmerklich nickte Kata.

»Wie war's?«, flüsterte Lore.

Kata zuckte mit den Achseln und wandte sich um. Als sie ihre Freundin sah, musste sie lachen.

Lore hatte sich eine neue Frisur verpasst. Links und rechts über den Ohren hatte sie ihren Kopf rasiert. Die restlichen Haare waren nicht mehr rot, sondern trugen alle Farben. Außerdem hatte Lore sie wie einen Hahnenkamm steil nach oben gegelt.

Lore bemerkte ihren Blick. »Mehr Papagei geht nicht«, sagte sie grinsend.

Lore war die Älteste der Papageien, mit 25 Kindern und Jugendlichen die kleinste Gruppe der fünf Clans. Unterhalb der rasierten Stellen hob sich von ihrer hellen Haut das Clan-Tattoo deutlich ab, ein Papageienkopf, in dem ihre Versuchsnummer versteckt war.

»Und?«, fragte Lore mit gesenkter Stimme.

»Nichts Besonderes«, erwiderte Kata leise. »Sie hatten hohen Besuch, wie ich vermutet habe. Aber mehr konnte ich nicht herausfinden.«

Lore wirkte enttäuscht. Rasch sah Kata weg. Wenn sie es Lore nicht sagen konnte, dann konnte sie es niemand sagen. Hier gab es keinen, dem sie mehr vertraute. Mark vielleicht. Kata verzog das Gesicht. Sie mochte jetzt nicht an Mark denken.

Lore deutete ihre Reaktion anders. »Die Pfannkuchen sind bald weg, wenn du dich nicht beeilst«, sagte sie und lachte.

Kata nickte. Als sie die verwüsteten Reste des Samstagsbuffets musterte, begegnete sie Antons Blick. Der hatte sich auf der anderen Seite des Tisches aufgebaut und starrte sie unverwandt an. Sie beachtete ihn nicht weiter und wandte sich den Resten des Buffets zu. Rasch füllte sie ihren Teller und sah dann, dass Lore, die bereits auf dem Weg zu ihrem Tisch war, inne hielt und noch einmal zurückkehrte.

»Kommst du heute Nachmittag zum Klettern?«, fragte sie atemlos.

»Ich denke schon«, erwiderte Kata. »Seid ihr oben?«

»Vor dem Mittagessen«, rief Lore über ihre Schulter und machte sich wieder auf den Weg zum Tisch der Papageien, der drüben im Ostflügel stand mit Blick auf die Kuppeln der Biosphäre.

Die schwimmende Stadt war ins Meer gebaut worden. Vier runde Plattformen mit je zwei Kilometern Durchmesser trugen das Hauptquartier und die Außenanlagen. Am Horizont zeichneten sich die grünen Hügel der Küste gegen den tiefblauen Himmel ab.

Kata kehrte zum Tisch der Wölfe zurück. Erst als sie sich auf ihren Stuhl fallen ließ, bemerkte sie, dass Wilhelm und Sabine noch immer fehlten. Die Hauseltern der Wölfe saßen bei allen Mahlzeiten an den Kopfenden. Mia glaubte, dass sie für gesittete Tischmanieren sorgen sollten. Doch Kata war überzeugt, dass sie vor allem darauf achteten, dass die wertvollen »Versuchstiere« auch gut aßen.

Ein unauffälliger Blick in die Runde bestätigte ihr, dass an allen Tischen noch zwei Plätze frei waren. Sämtliche Hauseltern fehlten. Kata konnte sich nicht erinnern, dass dies schon einmal vorgekommen war.

Drüben am Tisch der Gorillas wurde es unruhig. Die Anspannung im Speisesaal hob sich spürbar. Alle drehten die Köpfe, doch sie redeten weiter, als sei nichts geschehen. Die

Wachen waren meist unsichtbar, aber sie hatten strikte Anweisung, bei einem Tumult sofort alle Streithähne festzusetzen. Der Arrest in der Baracke war gefürchtet und konnte Tage dauern.

Die meisten am Tisch der Wölfe sprachen nun leiser, viele lauschten hinüber. Im Gegensatz zu den anderen im Camp hatten die Wölfe bessere Sinne. Manche von ihnen konnten besser riechen, andere besser hören oder sehen. Kata lehnte die gentechnisch erzeugten Eigenschaften ab. Sie hasste dieses Experiment und die Versuche, aus ihnen Übermenschen zu machen. Doch jetzt spitzte auch sie die Ohren und horchte. Anton. Sie hätte es sich denken können. Er nutzte Leas Abwesenheit. Die Hausmutter der Gorillas hatte Anton fest im Griff, was er ihr ziemlich übel nahm. Ein rascher Blick zu Mia verriet Kata, dass auch sie die Stimme ihres Freundes erkannt hatte. Rau klang sie und aggressiv.

»Du glaubst wohl, ich weiß nicht, dass du immer noch ins Bett machst?« Antons Stimme triefte vor Verachtung. »Du kleiner Pisser, du!«

Er hatte mal wieder David auf dem Kieker. Der war einige Jahre jünger als Anton, gut aussehend, freundlich und sehr beliebt. Normalerweise blieb er bei Antons Hänseleien ruhig. Doch diesmal hatte Anton ihn an einer empfindlichen Stelle getroffen, Davids Gesichtsausdruck sprach Bände. Langsam stand er auf. Sein Brustkorb hob und senkte sich und für ihn schien außer Anton niemand mehr im Raum zu existieren.

»Nimm das zurück«, sagte der Zwölfjährige mit gepresster Stimme und schob entschlossen sein Kinn vor.

Auch Anton erhob sich. Er überragte den drei Jahre Jüngeren um fast einen halben Meter. Sein Brustkorb war doppelt so breit und deutlich muskulöser.

Nur die Wölfe und die Gorillas konnten die Worte der beiden verstehen. Doch auch von den anderen Tischen wanderten immer wieder Blicke hinüber, während alle weiter sprachen, als gäbe es nichts Besonderes. Der Geräuschteppich sollte sich für die Wachen anhören wie immer.

Kata stand langsam auf. Mia griff nach ihrem Arm, doch Kata schüttelte ihre Hand ab und schlenderte betont langsam hinüber, damit die Wachen draußen an den Bildschirmen nicht durch schnelle Bewegungen aufmerksam wurden. Wer den Kamerabildern aus dem Speisesaal folgte, sollte nur ganz normalen Alltag sehen.

Anton bemerkte sie nicht, er hatte den Kopf gesenkt und sprach direkt in Davids Ohr. Kata musste genau hinhören, um seine Worte trotz des Geräuschpegels zu verstehen.

»Du setzt dich jetzt wieder hin«, zischte Anton. »Und dann vergesse ich, dass du dich mit mir anlegen wolltest.«

Davids Miene war anzusehen, dass er nicht im Traum daran dachte. Das Gorilla-Tattoo mit seiner Versuchsnummer schien zu grinsen. Kata musste sich zwingen, nicht schneller zu werden. Da bemerkte Anton sie und Kata sah den Triumph in seinen Augen.

»Sieh an«, sagte er spöttisch. Er drehte den Oberkörper nach rechts, damit die Kamera sein Gesicht nicht erfasste. »Die Alphawölfin höchstpersönlich. Wem verdanke ich denn diese Ehre?«

Er warf einen letzten verächtlichen Blick auf David, bevor er sich von ihm abwandte.

»Na, hat die Wölfin heute Nacht einen Streifzug gemacht?«, flüsterte er und verzog sein Gesicht zu einem Grinsen. »Da hat Wilhelm wohl nicht richtig aufgepasst auf seine Kleinen. Vielleicht sollte ich ihm einen Tipp geben.«

Katas Hände ballten sich zu Fäusten.

»Hey, Anton«, schaltete sich David ein und trat einen Schritt näher.

Anton fuhr herum. »Verpiss dich Kleiner«, zischte er. »Jetzt sprechen die Alten.«

Davids Mund klappte auf, doch als er Katas Blick auffing, schloss er ihn wieder. Sie senkte demütig den Kopf und bat ihn wortlos, auf seinen Platz zurückzukehren. Ein Clan-Member der Gorillas musste sie nicht lange bitten, David wusste genau, was sie von ihm wollte. Er nickte und ein Lächeln glitt über sein Gesicht, dann verschwand er.

Kata wandte sich Anton zu und achtete darauf, dass die Bildschirme draußen nur ihren Rücken zeigten. »Halt deine Klappe, du wandelndes Hirn«, sagte sie mit gedämpfter Stimme. »Auch wenn dir ein paar Neuronen für Empathie und soziales Verhalten fehlen, sollte selbst dir klar sein, dass es hier nicht um uns beide geht.«

Antons Gesicht verzog sich zu einem breiten Grinsen. Er mochte es, wenn Kata ihm Kontra gab. Das traute sich außer Lea und der Admiralin kaum noch jemand im Camp. Und Anton spielte gern seine Macht aus.

»Ach nee«, erwiderte er und reckte selbstbewusst seine breite Brust. »Und worum geht es? Vielleicht mag mich die Alphawölfin aufklären.«

Kata öffnete den Mund, doch dann wurde ihr Blick durch eine Bewegung im Innenhof abgelenkt. Eine dunkle Wolke stob nach oben und kündigte den Aufzug an.

Das Hauptquartier war ein quadratischer Bau, der einen ebenfalls quadratischen Innenhof umschloss. Eine riesige Kunststoffplatte darüber machte aus dem Innenhof ein Gewächshaus. Am Boden wuchsen Bananen, Hibiskus und Passionsblumen. Dazwischen flatterten Unmengen von Schmetterlingen. Die Unterrichtseinheit, in der die Gräfin alle Schmetterlinge erklärte und später abfragte, war gefürchtet. Es gab keinen Kontinent und kaum eine Schmetterlingsart, die hier nicht vertreten war.

Anton folgte ihrem Blick. Im Innenhof verdichteten sich die Schmetterlinge zu bunten Wolken. Sein Gesicht wurde finster.

»Wir sprechen uns noch, Wölfin«, sagte er verächtlich. Dann machte er eine drohende Geste mit der Linken und kehrte an seinen Tisch zurück.

Sicher war das nicht die Absicht der Planer gewesen, doch die Schmetterlinge wichen der Kunststoffkabine aus und so verriet ihr Aufliegen die Ankömmlinge schon lange im Voraus. Nachdenklich kehrte Kata zum Tisch der Wölfe zurück. Während ihrer Auseinandersetzung mit Anton hatte sich der Geräuschpegel kaum merklich verändert, nun erreichte er wieder seine Ausgangslage. Sie glitt auf ihren Platz und musterte Mia finster, die ihren Blick trotzig erwiderte.

Eigentlich müsste Mia wissen, wie sehr sie Kata in Gefahr brachte. Wenn das Camp-Team von Katas Fluchtplänen Wind bekam, würden sie nicht zögern, sie verschwinden zu lassen. Sie wäre nicht die erste.

Der Aufzug kam in Sicht. Die Clan-Member gönnten dem gläsernen Kasten keinen Blick. Doch es gab niemand im Speisesaal, der nicht mitbekam, wer da herabschwebte: Das gesamte Team der Hausmütter und Hausväter. Dazwischen die Admiralin und das Forscherteam. Es musste ein hochrangiges Meeting gewesen sein. Kata ahnte, worüber sie gesprochen hatten.

3.

Wilhelm und Sabine kamen mit gefüllten Tellern zum Tisch. Keines der Clan-Member ließ sich etwas anmerken. Wilhelm aß ungewohnt wortlos. Sabine alberte wie immer mit den Kleinen, doch Kata hätte schwören können, dass auf ihrem Gesicht ein dunkler Schatten lag.

Kata schnappte sich ihren leeren Teller und erhob sich. Als sie an Wilhelm vorbei kam, warf er ihr einen Blick zu, den Kata nicht deuten konnte. Ein ungutes Gefühl schnürte ihr den Atem ab, doch sie verzog keine Miene. Sie brachte ihren Teller zum Band und stellte ihn zwischen anderes verschmutztes Geschirr, das in gemächlichem Tempo in Richtung Küche verschwand. Kaito und Abedi vom Küchenteam räumten das Frühstücksbuffet ab. Leere Schüsseln und Platten stapelten sich auf einem chromglänzenden Küchenwagen. Einige Clan-Member der Papageien hatten Küchendienst und sammelten Besteck, Tassen und Gläser ein.

Sandrine baute drüben das Tagesbüffet auf. Die Küchenchefin ließ sich nur selten im Speisesaal blicken, doch nach den Hauptmahlzeiten brachte sie immer eigenhändig die Happen für zwischendurch. Als hätte sie Katas Blick gespürt, hob sie jetzt den Kopf. Kata lächelte. Sandrine blinzelte ihr freundlich zu und wandte sich dann wieder den Schüsseln mit Nussmischungen und Kokosstreifen zu, die sie mit Zitronengras und Orangenscheiben dekorierte. Kata holte sich ein Glas Saft vom Getränkestand und ging zum Treppenhaus am Ende des Ostflügels. Sie lief die Treppen hinunter ins Erdgeschoss des weitläufigen Holzbaus. Dort waren die Unterrichts- und Arbeitsräume untergebracht.

Heute Morgen wurde Chinesisch und Mathe angeboten, doch keiner der Wölfe hatte die beiden Fächer belegt. Deshalb trafen sie sich nach dem Frühstück, um an der Jahresaufgabe zu arbeiten. In diesem Jahr stand ein Fortbewegungsmittel für die Luft auf dem Plan und ein Jahr Entwicklungszeit war echt knapp.

Lien hatte ihnen den Arbeitsraum P7 im Westflügel reserviert. Als Kata dort ankam, startete Fin gerade den Beamer. Diesen Monat war er damit dran, die Arbeiten zu koordinieren. Die Sitzungen unter seiner Leitung waren meist ziemlich chaotisch. Auch jetzt lachten und plauderten die anderen unbekümmert und Fin versuchte vergeblich, für Ruhe zu sorgen.

Inzwischen waren fast fünf Minuten vergangen und Fin hatte

immer noch nicht für Ruhe gesorgt. Kata knurrte unzufrieden. Sie wollte sich eigentlich nicht einmischen, die anderen mussten es selber schaffen. Auch Fin. Aber so kamen sie nicht weiter. Schweigend erhob sich Kata und kreuzte die Arme. Lien bemerkte sie und stupste Ute und Mia an. Auch Martin, Jack und Nik kamen endlich zur Ruhe.

»Können wir jetzt anfangen?«, fragte Kata in die Stille.

Zustimmendes Gemurmel war zu hören, dann wurde es wieder ruhig. Kata setzte sich. Fin lächelte ihr dankbar zu und blickte auf seine Notizen.

»Wir hatten vier Vorschläge für die Jahresaufgabe«, begann er. Jeder Clan konnte selbst entscheiden, welches Flugobjekt er bauen wollte, und so zählte Fin nun auf: »Ein Muskelkraft-Flugzeug, ein Schwingenflugzeug, einen Tragschrauber und ein Luftschiff. Gestern Morgen um 10 Uhr habe ich die Abstimmung im Intranet beendet, alle haben eine Stimme abgegeben. Mehr als 70 Prozent der Gruppe wollen das Schwingenflugzeug bauen.«

Alle klatschten, nur Jack verzog das Gesicht.

Von der Zustimmung beflügelt, sprach Fin rasch weiter: »Mia soll herausfinden, wie die Maschine gebaut wird, und Martin will sich um die Bordtechnik kümmern. Das Gehäuse konstruieren Lien und Jack, für die Tragflächen ist Kata zuständig. Wer welche Einzelteile baut, entscheiden wir, sobald die Pläne stehen. Im Intranet haben wir schon erste Entwürfe eingestellt, die Martin angefertigt hat.«

Fin tastete nach dem Beamer und warf ihn dabei fast vom Tisch. Als sich hinter ihm an der Wand ein Bild abzeichnete, war es die Zeichnung vom Tragschrauber. Erneut flammte Unruhe auf. Hastig loggte sich Fin in das Camp-System ein und klickte sich durch die Schulplattform. Endlich tauchte an der Wand hinter ihm die flüchtige Skizze eines Schwingenflugzeugs auf.

Aus Filmen und Erzählungen des Lehrpersonals wusste Kata, dass in vielen Ländern der Erde die Schulen einen festen Lehrplan hatten. Doch das Lehrerteam im Camp wollte den Clans möglichst viel Eigenverantwortung übertragen. Ihr Unterricht entsprach nicht dem Push-Prinzip, sondern dem Pull-Prinzip: Nicht das Lehrerteam entschied, was die Clans lernten, sondern die Clan-Member entschieden, was sie lernen wollten. Dabei mussten sie jede Woche mindestens fünf Kurse besuchen. Wenn sie eine Lerneinheit absolviert hatten, wurde das auf ihrer elektronischen Karte vermerkt. Hinzu kam die Jahresaufgabe, deren Fortschritte sie alle drei Monate auf einer Camp-Versammlung präsentieren mussten.

»Wer schreibt heute Protokoll?«, fragte Fin und blickte in die Runde.

Schweigen breitete sich aus.

»Jack?« Fin lächelte den schmächtigen Dreizehnjährigen hoffnungsvoll an.

»Immer ich«, maulte dieser, griff aber nach seinem Tablet, um sich Notizen zu machen.

»Ich habe mir überlegt, wie wir für den Start ausreichend Schubleistung bekommen«, meldete sich Ute zu Wort.

Hocherfreut bat Fin sie nach vorne.

Ute verband ihr Tablet mit dem Beamer und projizierte Zeichnungen eines Schwingenflüglers an die Wand, der etwa ein Drittel der Originalgröße haben sollte.

»So ein Quatsch«, rief Lien. »Je größer wir das Ding bauen, desto schwerer wird es. Jedes Gramm mehr erhöht das Risiko, dass wir es nicht vom Boden hochkriegen.«

»Wir bauen ein Modell aus leichtesten Materialien«, protestierte Ute, »wenn unsere Berechnungen stimmen, dann sollte die Größe kein Problem sein.«

Ein leises Summen war zu hören und geistesabwesend blickte sich Kata um. Ihr Blick fiel auf das Westfenster, neben dem der

Holzschacht für den Speiseaufzug verlief. Der Übungsraum P7 grenzte mit einer Wand an das Versorgungsgebäude. Der Speiseaufzug verband das Versorgungsgebäude mit den oberen Etagen des Hauptquartiers. Von hier aus konnte sie nur den geschlossenen Schacht sehen.

Stimmengewirr brandete auf und Kata wandte sich der hitziger werdenden Diskussion zu, welche Größe der Schwingenflügler haben sollte.

Das Geräusch des Aufzugs ließ Kata erneut den Kopf heben. Ihr Blick fiel auf den Holzschacht, in dem es leise summte. Kata wusste, dass Sandrine den Aufzug nutzte, um Essen für das Krankenzimmer und die Medikamente nach oben zu befördern.

Fin hatte es endlich geschafft, die Diskussion zu beenden und eine Umfrage zu starten. Utes Baupläne wurden mehrheitlich angenommen. Er begann, gemeinsam mit den anderen einen Zeitplan aufzustellen. Kata versuchte ihm zuzuhören, doch wenig später wanderte ihr Blick wieder zum hölzernen Außenschacht.

Schon seit Monaten zeichnete Kata die Ankerzeiten des Versorgungsschiffes auf. Das brachte einmal die Woche frische Lebensmittel und war die einzige sichtbare Verbindung zur Außenwelt. Das Schiff war die beste Möglichkeit zur Flucht, doch bisher hatte Kata keinen Weg in die Garage gefunden, den die Wachen nicht kontrollierten. Ob sie es schaffen konnte, sich in den winzigen Speiseaufzug zu klemmen?

»Kata?« Fins Stimme riss sie aus ihren Gedanken.

»Ja?« Kata hob den Kopf und blickte in zahlreiche Augenpaare. Sie hatte wohl etwas Entscheidendes verpasst. Als Fin stumm blieb, wiederholte sie: »Ja?«

Ratlos blickte sie umher und begegnete dem aufmerksamen Blick von Mia, der zum Schacht des Speiseaufzugs wanderte und wieder zu ihr zurück.

»Die Kenndaten bereits gebauter Schwingenflügler«, wiederholte Fin geduldig. Hinter seinem Rücken verdrehte Ute die Augen. »Die wolltest du recherchieren.«

»Klar«, erwiderte Kata und grinste. Sie rutschte vom Stuhl, schnappte ihr Tablet und ging nach vorne. Im Internet hatte sie mehrere wissenschaftliche Studien mit Eckdaten von Schwingenflüglern gefunden. Sie brauchte nur einen Blick auf ihre Aufzeichnungen, um alles wieder vor Augen zu haben. Dann präsentierte sie konzentriert die Fakten, die sie in den vergangenen Tagen zusammengetragen hatte.

Eine halbe Stunde später waren sie durch. Ute und Martin verzogen sich in einen kleineren Arbeitsraum, um weiter zu diskutieren, wie sie mit einfachsten Mitteln Gelenke konstruieren konnten, die zu einer gekoppelten Schlag- und Drehbewegung in der Lage waren.

Kata warf einen Blick auf den Wochenplan. Die Mathe-Einheit lief noch eine Stunde und eigentlich musste sie ein paar Berechnungen anstellen, damit sie beim nächsten Treffen erste Zahlen für Spannweite und Flügelfläche präsentieren konnte.

Trotzdem beschloss Kata, nach oben zu gehen, um wenigstens eine halbe Stunde mit Lore und Mark zu klettern. Das machte sie immer samstags und heute hatten schon genug mitbekommen, dass sie neben der Spur war. Kata sah sich um, doch Mia war verschwunden. Wahrscheinlich wartete Anton bereits auf sie, um sich berichten zu lassen.

Nachdenklich stopfte sie das Tablet und die Unterlagen in ihren Rucksack. Mit einem letzten Blick auf den Aufzugsschacht machte Kata sich auf den Weg zur Trainingshalle. Fin war noch damit beschäftigt, die Gläser einzusammeln. Wer den Vorsitz hatte, musste auch dafür sorgen, dass die Meute den Arbeitsraum sauber verließ.

»Hey, Kata, sieh mal!« Lachend winkte Lore von der Decke. Sie liebte es, an der Kletterwand das Überkopfklettern zu üben. Mark, Chief der Bären, stand am Boden und sicherte sie mit dem Seil.

Die Trainingshalle lag im zweiten Stock des Hauptquartiers, war zehn Meter hoch und wie der Wohnraum offen gestaltet. Drei Wände wurden von einem Kletterfelsen bedeckt, der mehr als neun Meter in die Höhe ging. Etliche Trainingsmatten lagen für verschiedene Kampfsportarten bereit und drüben gab es eine Halfpipe für Skateboards und Stuntscooter.

Einige aus den Clans hingen schon am Felsen, andere hatten es sich auf den Kletterplattformen unter der Decke bequem gemacht, Stimmen und Gelächter drangen aus der Ferne bis zu ihnen. Drüben trainierte eine Gruppe Kickboxen.

»Hey, Kata.« Mark begrüßte sie mit einem Nicken, ließ aber Lore nicht aus den Augen.

»Hey, Mark«, erwiderte Kata, ohne ihn anzusehen.

Als sie neben ihn trat, machte ihr Herz einen Sprung. Lore und Mark waren schon seit einem halben Jahr zusammen und trotzdem tat es immer noch weh. Doch sie ließ sich nichts anmerken. Einträchtig schweigend sahen sie Lore beim Klettern zu. Schließlich seilte sie sich ab und landete neben ihnen auf dem Boden.

»Und, wie weit seid ihr?« Lore klinkte ihren Klettergurt aus und warf das Ende Mark zu, der ihn einrollte und zusammen mit dem Sicherungsseil verstaute.

»Es wird«, antwortete Kata und verzog das Gesicht. »Gestern haben wir beschlossen, dass wir einen Schwingenflügler bauen.«

»Na endlich!« Lore lachte und fuhr sich über den bunt gefärbten Hahnenkamm, der zu ihrem hautengen und in allen Farben schillernden Kletter-Outfit passte. »Wir haben uns schon gefragt, ob ihr das gesamte erste Quartal braucht, um eine Entscheidung zu treffen.«

Kata grinste. Die Wölfe waren bekannt dafür, dass Gruppenentscheidungen ein Problem waren und manchmal mehr Zeit in Anspruch nahmen, als die Umsetzung der Pläne.

»Wir haben schon den äußeren Rahmen für die Flügel gebaut«, berichtete Mark. Er nahm die Seilenden zusammen und verstaute sie im Sack. Das Tattoo seines Genpools leuchtete auf seiner dunklen Haut ungewohnt rot und wirkte entzündet, Dilma musste es erst vor Kurzem nachgearbeitet haben.

Als er aufsah und ihren Blick bemerkte, fragte Kata rasch: »Was ist mit dem Motor?«

Viel lieber hätte sie einen Tragschrauber gebaut wie die Bären, war aber von den anderen überstimmt worden.

Mark schilderte, wie sie die Leistung des Motors berechnet hatten, damit er mindestens fünfzig Kilo in die Luft bringen konnte.

»Ihr seid echt schon weit«, erwiderte Kata.

Lore begann laut klirrend, die Karabiner zu gruppieren und in den Beutel zu verfrachten. Mark drehte seinen Oberkörper, sodass die Kameras nur seinen Rücken aufnehmen konnten.

Kata ließ seinen Mund und seine Hände nicht aus den Augen. Vor zwei Jahren hatte Elli, die Älteste der Delfine, für ein unerlaubtes Rennen mit den Wasserscootern eine Woche Baracke aufgebrummt bekommen. Als sie zurückkam, hatte sie von einem Wachmann Lippenlesen und ein paar Gebärden gelernt. Wilhelm war stinksauer, als er davon erfuhr. Den Wachmann hatten sie danach nie wieder gesehen. Doch die neue Form der Kommunikation war eine willkommene Abwechslung und in kürzester Zeit konnte fast jedes Clan-Member wenigstens ein paar Gebärden und übte sich im Lippenlesen.

»Lore hat erzählt, du warst heute Nacht wieder draußen?«, formten Marks Lippen, ohne dass ein Ton zu hören war. Ein kurzes Heben des rechten Zeigefingers verriet, dass er wissen wollte, ob das stimmte.

Auch Lore warf Kata einen fragenden Blick zu und verstaute unbeirrt die Karabiner laut klappernd in ihrem Beutel. Kata nickte. Sie brauchte sich nicht von den Kameras abzuwenden, da Lore direkt vor ihr stand und den Blick auf ihr Gesicht versperrte. Hier oben war es ohnehin am leichtesten, die Kameras auszutricksen. Es gab insgesamt nur vier, die in großen Abständen auf halber Höhe hingen, und je nachdem, wo man in der Halle stand, war die Entfernung zu weit, um einen vernünftigen Ton aufzuzeichnen. Das hatte Lien schon vor zwei Jahren herausgefunden.

»Sie hatten hohen Besuch«, erzählte sie, ohne dass ein Laut zu hören war. »Zwei Männer. Dem Haarschnitt nach würde ich auf amerikanische Soldaten tippen. Hochrangige Militärs: durchtrainiert, teuer gekleidet, ostamerikanischer Akzent mit bildungssprachlichem Wortschatz.«

»Wer war vom Camp-Team dabei?«, fragte Lore mit einer Geste der linken Hand. Mit der Rechten schwang sie klirrend den Beutel mit den Kletterhaken über ihre Schulter.

»Nur Wilhelm und die Admiralin«, erwiderte Kata.

»Das höchste Gremium also«, murmelte Mark.

Kata nickte zustimmend, dann zögerte sie. Am liebsten hätte sie weitererzählt. Doch sie wollte die beiden nicht mit reinziehen. Das war zu gefährlich. Für Lore und Mark. Und auch für sie selbst.

Mark hob fragend den Kopf, er musste ihr Zögern bemerkt haben. Mit einer Handbewegung forderte er sie auf, weiterzusprechen. Kata schüttelte den Kopf. Sie sah, wie sich die Blicke von Lore und Mark trafen. Fast musste sie grinsen. Die beiden kannten sie einfach gut. Rasch wandte sie sich ab.

»Ich muss zu Chiyoko. Hab noch eine Mathe-Aufgabe zu erledigen«, sagte sie laut.

»Wir wollten doch noch bouldern«, rief Lore ihr verblüfft nach.

Kata drehte sich um und lief ein paar Schritte rückwärts. »Heute nicht«, erklärte sie lachend, »bis morgen sollte ich die Zahlen für die Jahresaufgabe durchgerechnet haben. Sonst muss Fin mir eine Strafe aufbrummen.«

Lore und Mark wechselten einen vielsagenden Blick, dann erwiderten sie ihr Lachen. Erleichtert steuerte Kata das Treppenhaus an. Diesmal hatte sie den beiden noch etwas vormachen können. Schade eigentlich, dachte Kata und stieß einen tiefen Seufzer aus, es hätte gut getan, mit Lore und Mark darüber zu sprechen.

Auf dem Weg nach unten nahm sie immer zwei Stufen auf einmal. Vielleicht konnte sie einen Abstecher in die Küche machen. Im ersten Stock schlenderte sie zum Tagesbuffet. Sandrine bestand darauf, dass immer etwas zu essen bereit stand, wie es in ihrer karibischen Heimat üblich war. Kata schnappte sich eine Handvoll Erdnüsse und schob sie in ihre rechte Jackentasche. Dann lief sie über den Steg hinüber in die Küche, die das oberste Stockwerk des Versorgungsgebäudes bildete. Hier dominierte Edelstahl bei den zahllosen Schränken, Kochstellen und Arbeitsstationen.

Sandrine stand vor einem Grill und wendete Hähnchenschenkel, die auf einer riesigen Metallfläche brutzelten. Sie blickte nur kurz auf, als sich Kata neben ihr auf die Ablagefläche schwang und eine Erdnuss aus der Tasche holte. Nachdenklich befreite sie zwei Kerne aus der Schale und steckte sie in den Mund. Die zerdrückte Schale schob sie in die andere Tasche.

»Alles klar?«, murmelte Sandrine, griff mit der Fleischzange nach einem fertig gegarten Stück und legte es zu einigen anderen in eine Metallwanne. Obwohl das Frühstück nicht lange zurück lag, lief Kata das Wasser im Mund zusammen. Drüben an der Gemüsestation schälte und entkernte Kaito Papayas. Er warf ihr einen kurzen Blick zu und nahm die nächste Frucht.

»Alles cool«, erwiderte Kata und steckte sich grinsend eine Erdnuss in den Mund. Sandrine legte weitere Hähnchenschenkel auf den Grill. Das laute Zischen machte ein Gespräch unmöglich. Kata puhlte genüsslich Erdnüsse und stopfte die Schalen in ihre Tasche.

Zehn Minuten später rutschte Kata von der Ablage. Obwohl sie kein weiteres Wort gewechselt hatten, fühlte sie sich gestärkt.

»Muss wieder los«, sagte sie und grinste.

Sandrine nickte ihr zu. Kata schlenderte am Speiseaufzug vorbei, den sie bis heute kaum beachtet hatte. Es genügte ein Blick, um festzustellen, dass die Tür aus Metall war. Es konnte also niemand sehen, was im Aufzug war, wenn er hier durchkam. Damit war ihre erste Frage beantwortet.

Kata ging rasch weiter. Ein Blick auf ihr Datenarmband verriet, dass es in einer Stunde Mittagessen gab. Sie hatte nur noch ein paar Wochen, um ihre Flucht vorzubereiten. Doch sie wollte es nicht versauen, durfte nicht zu schnell vorgehen.

Sie beschloss, zu Chiyoko in die Mathestunde zu gehen. Am Mittwoch stand die nächste Besprechung der Jahresaufgabe an, bis dahin sollten die Berechnungen fertig sein. Kata kehrte ins Treppenhaus zurück und steuerte die Unterrichtsräume an. Drüben im Eckzimmer gab Chiyoko samstags immer Mathe.

»Kata!« Das war Wilhelms Stimme. Unvermittelt stand er dort, er musste ihr durch das Treppenhaus gefolgt sein.

»Wo warst du?«, fragte er misstrauisch. Sein Blick glitt forschend über die Unterlagen, die sie in der Hand hielt. Kata hob die Zettel mit den Notizen für die Jahresaufgabe hoch.

»In der Trainingshalle bei Mark und Lore«, erklärte sie leichthin. »Und jetzt geh ich zu Chiyoko. Ich muss bis nächste Woche die Flügelfläche für unseren Schwingenflügler berechnen.«

Wilhelm musterte sie mit zusammengezogenen Augenbrauen.

»Du hast heute Nachmittag einen zusätzlichen Arzttermin«, sagte er grimmig. »Sei doch bitte um 15 Uhr im Untersuchungsraum 18B.«

Auf einmal spürte Kata ihren Herzschlag. So schnell also. Nur mit Mühe schaffte sie es, entspannt und trotzdem überrascht zu klingen.

»Wieso Arzt?«, fragte sie und riss die Augen auf. »Die nächste Untersuchung steht doch erst in vier Wochen an.«

»Sondertermin«, erwiderte Wilhelm knapp. »Nur Routine, nichts Besonderes.«

Ohne ein weiteres Wort ließ er sie stehen. Wütend blickte ihm Kata nach. Nichts Besonderes, dachte sie und schnaubte.

Zum Mittagessen gab es Hähnchenschenkel. Auf dem Büffet türmte sich auf großen Platten gegrilltes Fleisch, daneben standen Schüsseln mit Salaten: Papaya, Spinat, Karotten, Weißkraut und Reis. Kata balancierte den Teller auf der Rechten und nahm sich eine der Keulen.

Hinter ihr tauchte Lore auf. »Warum bist du vorhin so schnell abgehauen?«, fragte sie leise und beugte sich zu den Salatschüsseln hinüber.

»Ich muss für die Jahresaufgabe noch so viel berechnen, das schaffe ich nicht ohne Chiyoko«, erwiderte Kata und wich ihrem Blick aus.

»Hat dich doch sonst nicht gejuckt«, erwiderte Lore skeptisch. Ihr fragender Blick schien Kata zu durchbohren.

»Ich will Fin nicht im Stich lassen«, erklärte Kata und lächelte entschuldigend. »Er ist diesen Monat dran und kann ein bisschen Unterstützung gebrauchen.«

Den ganzen Weg zum Tisch der Wölfe glaubte sie, Lores Blicke in ihrem Rücken zu spüren. Aufatmend glitt Kata auf ihren Platz. Mia hatte bereits zu essen begonnen und warf ihr einen forschenden Blick zu. Kata senkte den Kopf und stopfte

Salat in sich hinein. Ich muss künftig vorsichtiger sein, dachte sie und stieß ihre Gabel so heftig in die Hähnchenkeule, dass sie am anderen Ende wieder austrat.

4.

Wenige Zeit später hatte sich der Speisesaal gelehrt. Viele waren nach unten in die Unterrichtsräume verschwunden, um an der Jahresaufgabe zu arbeiten. Kata machte sich ebenfalls auf den Weg ins Erdgeschoss. Chiyoko hatte ihr gezeigt, wie man die Flügelfläche eines Schwingenflüglers abhängig vom Gesamtgewicht ausrechnete. Jetzt wollte sie in Excel eine Tabelle aufbauen, damit sie das Gesamtgewicht und die Flügelfläche frei variieren konnte.

Es waren noch zwei Stunden Zeit bis zu ihrem Termin bei der Ärztin. Kata folgte einer Gruppe zehnjähriger Delfine ins Treppenhaus. Kichernd und sich gegenseitig schubsend rannten sie die Stufen nach unten. Kata blickte ihnen geistesabwesend nach. Untersuchungsraum 18B war im dritten Stock, nur wenige Meter vom Speiseaufzug entfernt. Außerdem gab es direkt daneben einen Wartebereich mit Fenster, das nach Westen hinausging. Von dort konnte man die Einfahrt in das Camp und den Anleger sehen. Eigentlich war ihr Termin bei der Ärztin die beste Gelegenheit, sich den Aufzug und den Weg zum Anleger genauer anzusehen. Kurz entschlossen machte Kata kehrt und folgte der Treppe nach oben.

Die Gänge im dritten Stock waren leer. Weit hinten öffnete sich eine Tür und einer der Forscher trat aus dem Labor. Ein neugieriger Blick streifte sie, dann schloss sich die Tür des gegenüberliegenden Arbeitszimmers hinter ihm.

Kata schlenderte scheinbar ziellos durch die Flure. Wie jede Etage des Hauptquartiers hatte auch diese rund 900 Quadratmeter. Langgestreckte Gänge schlossen den quadratischen Innenhof ein. Hier oben hatten sich die Forscher eingerichtet mit zahllosen Labors, Untersuchungsräumen und Computerarbeitsplätzen. Im Untersuchungsraum 18B wurden die Clan-Member alle drei Monate komplett durchgecheckt. Dazu gehörte eine Tastuntersuchung, ein Bluttest, ein Belastungstest, Ultraschalluntersuchungen und vieles mehr.

Die Admiralin wollte jeden Moment ihres Heranwachsens dokumentieren. Manche im Camp munkelten, sie wolle eines Tages die kompletten Daten an mehrere Geheimdienste verkaufen. Vor allem die jüngeren Clan-Member glaubten, sie seien die erste Generation übermenschlicher Krieger, die für ihren Einsatz auf fremden Planeten vorbereitet wurden. Egal wer recht hatte, die Forscher im Camp überwachten akribisch alle Trainingsfortschritte und Körperregungen jedes einzelnen, zeichneten sie auf, werteten sie aus und fertigten komplizierte Statistiken an. Kate hatte ihre Daten schon etliche Male gesehen, die Ärzte machten kein Geheimnis daraus. In ihrer digitalen Akte war fein säuberlich vermerkt, in welchem Alter sie wie groß gewesen war, wie viel sie gewogen hatte, wie leistungsfähig ihr Körper war und welche Fähigkeiten sie entwickelte. Auch ihre übernatürlichen Fähigkeiten wurden akribisch vermessen und aufgezeichnet. Nur im Vergleich mit dem Camp-Team wurde klar, welche ihrer Fähigkeiten ihnen gentechnisch verpasst worden waren. Der Clan der Wölfe hatten feinere Sinnesorgane als durchschnittliche Menschen. Ansonsten waren sie ganz normale Menschen, soweit man das normal nennen konnte. Fins Geruchssinn war um 10 Prozent besser als der des Lehrpersonals, Katas sogar um 50 Prozent.

Auch ihre psychische Gesundheit wurde regelmäßig getestet. Die Admiralin hatte Sorge, dass aus ihnen allen Freaks werden könnten. Früher, als sie noch jünger waren, hatten sie in kleineren Gruppen gewohnt, gemeinsam mit einem Hausvater und einer Hausmutter, die für ihre emotionale Bindung zuständig waren. Erst seit einigen Jahren lebten sie in den Schlafhäusern wie in einem Internat. Und obwohl sie Teil eines total abgefahrenen Experiments waren, schienen alle soweit normal zu sein. Obwohl, Kata schnaubte, als sie an Anton denken musste. Sie mochte Anton nicht und hielt ihn für das größte Arschloch, das auf diesem Planeten herumlief. Doch obwohl sie es nicht gerne zugab, auch er befand sich laut seiner Tests durchaus im »normalen« Rahmen. Was solche Forscher eben für normal hielten. Wenn sie dieses Experiment für normal hielten, mussten sie eine ziemlich merkwürdige Vorstellung von Normalität haben.

Die Ärzte achteten außerdem auf ihre Fortpflanzungsfähigkeit. So wie es im Moment aussah, konnten nicht alle Clan-Member später Kinder bekommen. Bei Kata hatte schon vor zwei Jahren die Menstruation eingesetzt und die Ärztin hatte ihr damals erklärt, dass ihre Fortpflanzungsorgane normal ausgebildet seien.

Für einen Moment wünschte sich Kata, dass dies nicht der Fall wäre. Dabei wollte sie später gerne Kinder haben. Aber nicht hier, nicht im Camp. Ob sie jemals ein normales Leben führen würde?

Kata hielt inne und schloss für einen Moment die Augen. »Du schaffst es«, flüsterte sie und dachte an die Filme aus aller Welt, die sie schon gesehen hatte. Darin waren auch fröhliche Kinder zu sehen gewesen. So ein Leben hätte sie gern, unbeobachtet, unbeschwert, kein Versuchstier, nicht Teil eines Experiments.

Kata richtete sich auf. Sie würde es schaffen, das alles hinter sich lassen, ein unauffälliges Leben führen, Kinder haben. Sie schüttelte sich, als könne sie damit den Zweifel loswerden, der schon seit Jahren an ihr nagte und ihr einflüsterte, sie würde in diesem verdammten Camp verrecken und nie die normale Welt kennenlernen.

Wütend öffnete sie die Augen und wischte sich die Haare aus der Stirn. Konzentrier dich, sagte sie sich wortlos, konzentrier dich auf das, was vor dir liegt. Was du tun musst, damit du hier herauskommst. Für Zweifel hast du keine Zeit.

Sie blickte sich mit gerunzelter Stirn um. Ihre Erinnerung hatte sie nicht im Stich gelassen. Im Wartebereich neben Untersuchungsraum 18B gab es ein Fenster, durch das sie nach hinten hinaussehen konnte. Kata trat näher. Die Schienen der Elektrobahn lagen verlassen in der Nachmittagssonne. Sie führten direkt vom Anleger zum Versorgungsgebäude und verschwanden unter dem Rolltor.

Kata und die anderen waren nie weiter gekommen als bis zur westlichen Außenmauer des Hauptquartiers. Dort endete das Terrain, auf dem sie sich frei bewegen durften. Jenseits davon wurden sie sofort festgesetzt.

Mit gerunzelter Stirn blickte sie auf ihr Datenarmband. Noch eine Stunde bis zur Untersuchung, sie sollte ihre Zeit gut nutzen. Sie wandte sich um und musterte den Gang. Auch hier oben waren die Wände zum Innenhof aus Glas. Nachdenklich beobachtete Kata einige Schmetterlinge, die auf der anderen Seite der Scheibe herumflatterten. Dann ging sie weiter zum Aufzug.

Der Schacht klebte an der westlichen Außenmauer und war komplett mit Holz verkleidet. Kata schob sich dicht an das Fenster heran und sah nach unten, wo der Schacht zwischen Hauptquartier und Versorgungsgebäude verschwand.

Der Zugang zum Versorgungsgebäude war gut überwacht. Sobald sie der Treppe zu nahe kam, die aus der Küche nach unten führte, tauchte sie auf sämtlichen Überwachungsbildschirmen auf. Doch im Speiseaufzug gab es keine Kamera, genau wie bei den Waschräumen und Toiletten.

Sie ging weiter und betrachtete die Abdeckung des schmalen Aufzugs, der aus glasklarem Kunststoff bestand. Hier oben war meist nicht viel los. Vielleicht konnte sie es schaffen, ungesehen in die Aufzugskabine zu klettern. Der Weg nach unten führte über drei Stockwerke. Nur in der Küche gab es eine weitere Tür und die Abdeckung aus Metall ließ nicht erkennen, was sich darin befand.

Sie blickte auf. Die Gänge waren leer, aus den Labors und den Untersuchungszimmern drang kein Laut. Geräuschlos öffnete Kata die Tür des Speiseaufzugs, der etwa auf Bauchhöhe in die Wand eingelassen war. Sie stellte sich mit dem Rücken zur Kamera, sodass die Wachleute an den Bildschirmen nicht erkennen konnten, was sie tat. Mit der Spanne zwischen Daumen und Zeigefinger maß sie den Innenkasten. Viermal in der Höhe, dreieinhalb Mal in der Tiefe und viermal in der Breite. Also knapp 200 Kubikzentimeter. Ein Schatten huschte über die glänzende Oberfläche. Kata fuhr herum.

Im Innenhof formte sich eine bunte Wolke aus Schmetterlingen, die zur gegenüberliegenden Seite driftete und auseinanderstob. Hastig schloss Kata den Speiseaufzug und schlenderte betont langsam zum Wartebereich. Aufatmend ließ sie sich auf einen der Stühle fallen. Keine Sekunde zu früh, schon kam der Glaskasten in Sicht, darin Wilhelm und Marie Leibold, die Ärztin. Kata atmete tief durch. Die beiden sollten nicht merken, dass sie außer Atem war.

Als sie Wilhelms erstauntem Blick begegnete, verzog sie keine Miene. Sachte wippend blieb der Aufzug stehen und die Glastüren glitten auseinander.

»Was machst du hier?«, fragte Wilhelm misstrauisch und trat nach der Ärztin auf den Gang.

Kata warf einen überraschten Blick auf ihr Datenarmband. »Ich soll um 13 Uhr zur Untersuchung hier sein, schon vergessen?«

»14 Uhr«, gab Wilhelm gedehnt zurück.

»Hab ich wohl falsch verstanden«, sagte Kata leichthin und zuckte mit den Achseln. Sie erhob sich. »Ich komme später wieder.«

»Bleib hier, wenn du schon mal da bist.« Leibold wühlte in ihrer Jackentasche, förderte einen Schlüssel zutage und öffnete die Tür.

Nur mit Mühe konnte Kata ihre Enttäuschung verbergen. Keine weitere Möglichkeit, den Aufzug zu untersuchen. So schnell konnte sie sich hier oben nicht mehr blicken lassen, ohne sich verdächtig zu machen. Die Tür zum Untersuchungszimmer 18B schwang auf. Leibold trat ein und winkte Kata, ihr zu folgen. Mit gerunzelter Stirn blieb Wilhelm auf dem Gang zurück.

»Bitte zieh dich aus«, sagte die Ärztin und deutete auf einen Paravent, der einen Teil des Zimmers abtrennte.

Kata erstarrte und ihre Augen weiteten sich. Mitten im Raum stand auf einem beweglichen Metallsockel ein riesiger Stuhl mit weißem Sitzpolster und metallenen Fußstützen. Ein gynäkologischer Untersuchungsstuhl. Kata schluckte. Der war neu hier.

Als sie hinter den Paravent trat, fiel ihr Blick ein letztes Mal zur Tür, die in Zeitlupe von einer starken Feder geschlossen wurde. Wilhelm stand noch immer im Flur und beobachtete sie. Kata kannte ihn, seit sie denken konnte, er war wie ein Vater für sie. Wütend starrte sie ihn an und Wilhelm erwiderte ihren Blick ohne eine Regung. Dann klappte die Tür mit einem dumpfen Geräusch zu.

Hinter dem Paravent schien die Luft kälter zu sein als im Rest des Zimmers. Was wäre, wenn sie sich weigern würde? Der Gedanke war Kata gestern Abend schon gekommen. Doch es würde ihr nichts nützen. Sie musste an Tim denken, Marks besten Freund. Schon als Achtjähriger hatte er sich geweigert, die Tests mitzumachen. Aber das hatte nur dazu geführt, dass sie ihn umso mehr überwachten. Am Ende wagte er die Flucht und danach war er nie wieder aufgetaucht. Manche glaubten, er hätte es geschafft und würde jetzt irgendwo draußen leben.

Doch Mark glaubte nicht daran. Tim wäre niemals einfach nur verschwunden, davon war er überzeugt. Er hätte einen Weg gefunden, das Experiment zu beenden und sie alle zu befreien. Kata streifte entschlossen die Schuhe ab. Sie wollte das hier überleben. Und sie wollte frei sein. Wenn sie dazu diese Untersuchung über sich ergehen lassen musste, dann würde sie es tun.

Kata knöpfte die Kargohose auf, schlüpfte heraus und warf sie auf einen niedrigen Hocker. Ebenso die Unterhose. Mit gerunzelter Stirn musterte sie ihre Socken und beschloss, sie anzulassen. Auf Strümpfen und mit nacktem Unterkörper trat sie hinter dem Paravent hervor. Leibold saß bereits auf einem Hocker mit Rollen vor dem Gynstuhl.

»Geht ganz schnell«, sagte die Ärztin und blinzelte ihr freundlich zu.

Doch Kata ließ sich nicht täuschen. Leibold gehörte zu den Hardlinern im Camp.

»Du hast ja schon einmal eine gynäkologische Untersuchung gehabt«, sprach Leibold sanft weiter. »Nichts Neues für dich.«

Kata fühlte sich unbehaglich. Zögernd ging sie hinüber und stieg auf den Sockel des Untersuchungsstuhls. Sie schob sich zwischen die beiden Fußhalterungen und setzte sich auf das weiße Papier, das ausgebreitet auf dem Polster lag. So blieb sie einen Moment sitzen und ließ ihre Beine nach unten hängen.

»Lass dir Zeit«, murmelte die Ärztin und rollte auf ihrem Untersuchungshocker hinüber zur Theke. Dort legte sie ein paar Instrumente zurecht und steckte sich etwas in die Tasche.

Kata legte sich zurück. Das Papier fühlte sich kalt an. Ihr Blick blieb an der Decke hängen, die einige Meter über ihr auf mehreren Holzträgern ruhte. Dann hob sie das rechte Bein und schob es in die Halterung, danach das andere. Leibold kam mit ihrem Hocker zurückgerollt, genau zwischen ihre Beine. Kata stieß den Atem aus.

»Schon in Ordnung«, murmelte Leibold. »Ich bin ganz vorsichtig. Entspann dich.«

»Ich bin nicht freiwillig hier«, erwiderte Kata wütend. Ihre Stimme klang ungewohnt hohl in dem spärlich eingerichteten Untersuchungszimmer.

Leibold quittierte ihre Bemerkung mit einem flüchtigen Grinsen. Dann wandte sie ihren Blick Katas Unterleib zu.

»Ich werde dich jetzt untersuchen«, erklärte die Ärztin mit einem falschen Lächeln.

»Habe ich eine Wahl?« Düster blickte Kata sie an.

Leibold ignorierte ihre Antwort. »Okay, ich bin soweit«, sagte sie. Ihre Hände waren warm und geschickt. Kata presste die Lippen zusammen, als die Ärztin sie mit kundigen Fingern untersuchte.

»Wann hattest du das letzte Mal deine Tage?«

»Vor einer Woche«, murmelte Kata.

Die Hände der Ärztin zogen sich wieder zurück. »Ich mache noch kurz einen Ultraschall«, erklärte Leibold, beförderte die gebrauchten Handschuhe in den Mülleimer und kehrte zu Kata zurück. Sie rollte eines der Geräte dichter an den Untersuchungsstuhl heran. »Dann hast du es schon hinter dir.« Sie griff nach einer Kunststoffflasche mit spitzer Tülle.

»Das Zeug spritze ich dir auf den Bauch, das brauche ich, damit ich den Ultraschall machen kann«. Sie schüttelte die Flasche und hielt die Tülle auf Katas Bauch. »Ist etwas kühl.«

Dann drückte sie die Flasche zusammen und spritzte farbloses Gel auf ihre Haut. Das Zeug war ziemlich kalt, doch Kata ließ sich nichts anmerken. Mit einem Untersuchungsgerät, das Kata an einen dreidimensionalen Spatel erinnerte, verteilte die Ärztin das Gel auf ihrem Bauch. Sie zog den fahrbaren Monitor zu sich her und der Bildschirm zeigte ein schwarz-weißes Bild, das sich mit jeder Bewegung veränderte, die Leibold mit dem Untersuchungsgerät machte.

»Das ist deine Gebärmutter«, erklärte die Ärztin und zeigte auf einen hellen Fleck auf dem Monitor. Dann wanderte ihr Finger weiter. »Hier ist dein rechter Eierstock, dort dein linker.«
Kata hob den Kopf und musterte das sich unaufhörlich verändernde Bild. Dann ließ sie sich zurückfallen und starrte zur Decke. Sie fühlte sich gedemütigt und ausgenutzt. Diese kranken Forscher wollten, dass sie von Anton schwanger wurde. Jetzt.
»Alles in Ordnung«, erklärte Leibold fröhlich und schob den fahrbaren Monitor zur Seite. Mit der Rechten zog sie eine Reihe Papiertücher von einer Rolle und legte sie Kata auf den Bauch.
»Du kannst dir das Gel abwischen und dich anziehen. Ein paar Fragen habe ich noch an dich. Geht aber ganz schnell. Dann bist du mich wieder los.«
Ihr wurde übel, als sie sah, wie die Ärztin ihr fröhlich zuzwinkerte und dann mit dem Hocker hinüber zu dem kleinen Schreibtisch rollte. Kata richtete sich auf, zog erst das eine Bein aus der Halterung, dann das andere. Als sie mit geschlossenen Beinen auf der Kante des Untersuchungsstuhls saß, atmete sie auf. Zögernd wischte sie das Gel von ihrem Bauch. Das verschmierte Papier ließ sie auf den Boden fallen, was Leibold mit einem Stirnrunzeln quittierte. Doch sie sagte nichts.
Katas mit Socken bekleideten Füße machten auf dem Fliesenboden kein Geräusch. Hinter dem Paravent streifte sie die Unterhose über, dann die Hose. Obwohl es nur ein wenig Stoff war, fühlte sie sich nicht mehr so ausgeliefert. Aufatmend schloss sie die Knöpfe und schlüpfte in ihre Sportschuhe. Dann trat sie vor und ging hinüber zum Schreibtisch der Ärztin.
»Setz dich«, sagte diese mit einem falschen Lächeln und wies auf den Stuhl vor sich.
Kata ließ sich fallen und musterte Leibold. Die Frau gehörte zur Führungsclique, sie war eine von denen, die sich das Experiment ausgedacht hatten. Es kostete Kata viel Kraft, ihre Wut zu verbergen.

Leibold schien nichts zu merken. Sie starrte auf den Bildschirm ihres Tablets und sah Kata nicht an, als sie weitersprach. »Du hast seit zwei Jahren deine Menstruation?«

»Ja«, stieß Kata hervor.

»Kommt sie immer regelmäßig?«, fragte die Ärztin weiter und blickte forschend über den Rand ihrer Lesebrille.

»Ja.«

Die Ärztin nickte und ihre grauen Locken wippten. Sie machte sich einige Notizen und sah nicht auf, als sie weitersprach. »Dein Jungfernhäutchen ist noch intakt. Du hattest bisher keinen Geschlechtsverkehr?«

Die Ärztin hob den Kopf und lächelte sanftmütig.

Kata schluckte. »Nein, hatte ich nicht«, antwortete sie trotzig.

Leibold machte sich weitere Notizen.

»Du hast bisher noch nicht nach Verhütungsmitteln gefragt«, fuhr sie fort.

»Nein«, erwiderte Kata gedehnt, »habe ich nicht.«

Kata wusste, dass ein paar der anderen Mädchen bereits mit ihren Freunden schliefen.

Leibold hob immer noch lächelnd den Kopf. »Das war's«, sagte sie freundlich. »Ich muss dir nur noch Blut abnehmen, dann sind wir durch.«

Sie kam hinter dem Schreibtisch hervor und nahm eine Schale von der Theke, in der alles bereit lag. Kata legte ihren Arm auf den Schreibtisch. Der Stich fühlte sich kalt an und mit einem leichten Ziehen in ihrem rechten Arm floss Blut durch eine Kanüle in ein Plastikröhrchen.

Kata spürte, wie sich ihr Mund zusammenzog. Sie musste jetzt fragen, sonst machte sie sich verdächtig. »Was soll das alles?«, würgte sie hervor. Ihre Zunge fühlte sich ausgetrocknet an, als wäre sie angeschwollen.

Leibold zeigte keine Regung. Sie füllte weitere Teströhrchen, zog die Nadel wieder heraus, stöpselte das letzte Röhrchen zu und legte es neben die übrigen in die Schale. Dann kehrte die Ärztin zu ihrem Schreibtisch zurück und setzte sich.

Mit einem leichten Lächeln musterte sie Kata. »Du bist bereit für den nächsten Schritt unseres Experiments«, sagte sie freundlich. »Du weißt ja, ihr seid etwas ganz Besonderes. Die Weiterentwicklung der Menschheit. Über euch wird man noch sprechen, wenn die normalen Menschen längst ausgestorben sind.«

»Der nächste Schritt.« Kata dehnte die Worte, bis sie unnatürlich und lächerlich klangen.

Leibold nickte. »Du darfst schwanger werden.«

Es stimmte also. Katas Atem ging schneller und ein diffuser Schwindel machte ihr zu schaffen.

Die Ärztin schien das nicht zu bemerken. »Von Anton«, erklärte sie zufrieden. »Ihr beide seid ja unsere Königskinder. Nun ist es Zeit herauszufinden, wie eure Gene sich bei der nächsten Generation auswirken.« Ein Lächeln grub sich in die Fältchen um ihren Mund.

Kata stemmte sich hoch. Die Wut wühlte in ihren Eingeweiden und der Boden unter ihren Füßen schwankte.

»Okay«, erklärte die Ärztin fröhlich, »wir sind durch. Du kannst gehen.«

Mechanisch setzte Kata einen Fuß vor den anderen. Endlich schloss sich die Tür hinter ihr. Schwer atmend stand sie einige Zeit reglos im Gang. Schließlich beruhigte sich ihr Atem und auch ihre Gedanken. Sie hatte nichts Neues erfahren. Trotzdem, die unbekümmerte Freude der Ärztin war unerträglich.

»Das lasse ich nicht zu«, flüsterte sie lautlos, »niemals.«

Kata riss sich zusammen, schob beide Hände in ihre Hosentaschen und zwang sich dazu, in einem gemächlichen Tempo über den Gang zu schlendern. Endlich stand sie vor dem Speiseaufzug. Dort blieb sie scheinbar zufällig stehen und musterte den Griff und die Tür aus klarem Kunststoff. Es müsste zu schaffen sein. Aber sie brauchte ein bisschen Übung, um in einen so kleinen Raum zu kriechen.

Der Gedanke an ihre Flucht vertrieb das miese Gefühl in der Magengrube. Hinter ihr öffnete sich die Tür von Untersuchungszimmer 18B. Rasch wandte sich Kata ab und machte sich auf den Weg zum Treppenhaus. Leibold trat mit einem Packen Unterlagen in der Hand in den Flur. Die Ärztin wirkte verblüfft, als Kata ihr im Vorübergehen zulächelte.

Kata kehrte in ihre Schlafkoje zurück und starrte geistesabwesend auf ihr Tablet. Auf den Bildschirmen der Überwachungscrew mochte es so aussehen, als ob sie den Nachmittag lesend auf ihrem Bett verbrachte, während sie fieberhaft darüber nachdachte, wie sie es schaffen konnte, in den Speiseaufzug zu klettern.

Als sie etliche Stunden danach in Gedanken versunken auf ihr Datenarmband blickte, stellte sie fest, dass es später war als gedacht. Die anderen mussten schon beim Abendessen sitzen. Kata legte das Tablet zur Seite und rannte die Treppe hinunter. Ihre Schritte hallten laut über die Plattform, als sie über den Steg zum Speisesaal lief. Atemlos trat sie in den großen Raum, wo sie ein starker Geruch nach gebratenem Fleisch und das übliche Stimmengewirr empfing. Am Tisch der Wölfe saßen wie gewohnt Sabine und Wilhelm. Als Kata vorbeiging, hob Wilhelm den Kopf, als hätte er ihren Blick gespürt. Er schien sie intensiver zu mustern als sonst. Unwillig schüttelte Kata den Kopf.

Sie ging direkt zum Buffet, wo Sandrine gerade Nachschub für die Vorspeise brachte, frittierte Heuschrecken. Kata nahm sich einige davon und kehrte zu den Wölfen zurück. Die anderen saßen schon über ihre Teller gebeugt. Kata rutschte neben Mia und spürte auf einmal, wie hungrig sie war. Sie spießte eine der Heuschrecken auf und begann zu essen. Flüchtig sah sie hinüber zu Mia, die eine winzige Portion Heuschrecken auf ihrem Teller hatte und mit angewiderter Miene im Limetten-Dip herumstocherte.

»Bring's hinter dich«, murmelte Kata zwischen zwei Bissen.

Schon von klein an hatten sie Insekten zu essen bekommen. Erst später im Kulturunterricht lernten sie, dass diese Tiere in weiten Teilen der Erde als wenig appetitlich galten. Doch Kata sah keinen Unterschied darin, ob sie nun ein Hähnchen oder eine Heuschrecke auf dem Teller hatte. Beides waren tote Tiere.

»Du hast gut reden.« Vorwurfsvoll musterte Mia Katas Teller, auf dem die Portion rasch kleiner wurde. »Du magst das Zeug ja. Ich kann das Knacken nicht ausstehen, wenn man auf den Chitinpanzer beißt.« Mia verzog angewidert das Gesicht.

»Aber nur so kommst du an das Eiweiß, und das schmeckt echt gut«, erwiderte Kata und grinste.

Sie warf einen raschen Blick zu ihren Hauseltern. Sabine unterhielt sich mit Ute und Wilhelm diskutierte mit Fin, ob er heute Abend den Actionfilm sehen durfte.

»Ach, komm«, hörte Kata Fin betteln. Schmeichelnd legte er seinen Kopf an Wilhelms Schulter.

»Vergiss es«, sagte Wilhelm und grinste. »Keine Chance, mich weichzukochen. Zwölf Jahre Mindestalter bedeutet, du musst noch drei Jahre warten, bevor du *Batman* sehen kannst.«

Fin zog eine Schnute und trollte sich unter Protest.

»Du liegst heute Abend pünktlich um 20 Uhr im Bett, wie immer«, rief Wilhelm ihm nach.

Kata holte mit einer raschen Bewegung zwei Heuschrecken von Mias Teller zu sich herüber. Es blieb nur eine zurück.

»Danke« flüsterte Mia.

»Hey, das ist gemein«, protestierte eine heisere Stimme hinter ihnen. »Alle müssen probieren.«

Kata brauchte sich nicht umdrehen, sie wusste, dass Jack hinter ihnen stand. Rasch warf sie einen Blick zu Sabine und Wilhelm, die nichts bemerkt hatten.

»Möchtest du was sagen?« Kata stieß ihre Gabel schwungvoll in eine Heuschrecke, nahm sie hoch und drehte sich um.

Jack blickte irritiert auf das frittierte Tier, dann zu Kata. Ohne ihn aus den Augen zu lassen, biss sie der Heuschrecke mit einem lauten Knacken den Kopf ab. Das Grinsen verschwand aus seinem Gesicht.

Kata hob fragend die Augenbrauen.

»Nö«, murmelte Jack verlegen, wandte sich ab und trottete mit seinem Teller an das andere Ende der Tafel.

5.

Nach dem Essen schlenderte Kata hinunter zum Cube, Schauplatz des beliebtesten Zeitvertreibs im Camp. Auch heute hatten sich unten am Steg schon etliche Clan-Member vor dem riesigen Würfel aus transparentem Kunststoff versammelt. Lachend und mit lauten Pfiffen kommentierten sie das laufende Spiel. Heute kämpften die Papageien in zwei Dreierteams gegeneinander. Lore führte die beiden Jüngsten ihres Clans, Zati und Elif. Tom, der Zweitälteste, war mit Cai und Jim im Cube, die nur wenig jünger waren als er.

Die transparenten Innenwände des Cubes waren übersät mit Griffen, Stangen und Stufen in allen Formen und Größen. Während des Spiels drehte sich der Würfel gemächlich um die eigene Achse. Die Hälfte des Cubes lag unter Wasser und die Rotation sorgte dafür, dass die Clan-Member auf der Jagd nach dem Zepter, einem 30 Zentimeter langen Stab, laufen, springen, schwimmen und tauchen mussten. Jedes Team sollte das Zepter über alle sechs Wände des Würfels führen. Ein elektronisches Signal zeigte an, wie viel Prozent die Spieler bereits hinter sich gebracht hatten, während das gegnerische Team versuchte, ihnen den Stab abzunehmen. Körperkontakt war strikt untersagt und die meisten Teams setzten auf schnelle Wechsel. Im Sekundentakt wanderte der Stab von einer Hand zur anderen, dabei war der Moment der Übergabe der kritischste.

Gerade hangelte sich Tom an einer Wand nach oben und das elektronische Signal verriet, dass sein Team bereits 83 % der Würfelseiten hinter sich gebracht hatte. Tom grinste siegessicher, als er nach dem orangefarbenen Klettergriff tastete. Kata blickte nach oben, wo sich Lore gerade in Stellung brachte. Aus ihrem Papageienkamm hatte sie einen Zopf geflochten und ihr enganliegender, in allen Farben gemusterter Sportanzug tropfte. Sie musste schon ein paar Tauchgänge hinter sich haben, obwohl sie Wasser sonst nur zum Waschen mochte.

Lore duckte sich, um die nächste Drehung des Cubes nutzen zu können. Kata sah, wie ihre Schulterblätter zuckten. Lore und auch einige andere aus dem Clan der Papageien hatten Ansätze von Flügeln. Lore war bekannt für ihre waghalsigen Sprünge, die sie mit ihren Flügeln besser steuern konnte als andere. Tom kletterte in rasantem Tempo die letzte noch fehlende Würfelwand nach oben, wo Cai bereits auf ihn wartete, um das Zepter entgegenzunehmen. Die Rotation katapultierte Tom aus seinem Gleichgewicht, er klammerte sich mit der Linken an eine Steighilfe und streckte das Zepter Cai entgegen, lange würde er sich nicht mehr halten können.

Nun duckte sich Lore, ihre zarten Flügel wuchsen über ihre Schultern hinaus, dann sprang sie kräftig ab, schoss auf Tom zu und griff im Sprung nach dem Zepter. Überrascht riss Tom den Kopf nach oben und Cai versuchte, das Zepter zu fassen zu bekommen. Doch die Schwerkraft hatte Lore bereits nach unten getragen und sie tauchte tief ins Wasser.

Die Clan-Member auf dem Steg lachten und klatschen. Das elektronische Signal zeigte ihnen, dass Lores Team nur noch 2 % des Würfels fehlten. In den nächsten Minuten wechselte das Zepter noch einige Male das Team, doch am Ende schaffte es Lore, mit ihren beiden Jüngsten die Ältesten ihres Clans zu besiegen. Bei der improvisierten Siegerehrung auf dem Steg klatschten sich die sechs ab und vereinbarten eine Revanche für den nächsten Tag. Für heute war es zu spät, es wurde bereits dunkel und sie mussten bei Einbruch der Dunkelheit in ihre Schlafhäuser zurückkehren.

In dieser Nacht wälzte sich Kata unruhig im Bett. Der Wettkampf im Cube hatte sie auf andere Gedanken gebracht, doch nun brannte erneut die Wut in ihrem Magen. Ihre Gedanken kreisten um Leibold und ihre Untersuchung. Die Admiralin wollte tatsächlich, dass sie schwanger wurde. Niemals, niemals würde sie das zulassen.

Sie hörte, wie leise Schritte sich näherten. Sie wandte den Kopf und sah im schwachen Mondlicht, wie eine schemenhafte Gestalt hereinhuschte und zu ihr ins Bett schlüpfte. Ein kleiner Körper schmiegte sich an sie und eiskalte Füße schlangen sich um ihre Waden. Kata brummte leise: »Hm?«

»Ich kann nicht schlafen«, wisperte Fin und schmiegte seinen Kopf in die Kuhle unter ihrem Kinn.

Statt einer Antwort schlang Kata ihre Arme um seinen Oberkörper. Seine Nähe ließ ihr Herz langsamer schlagen. Obwohl die Nachtwache an den Daten seines Armband sehen konnte, dass er so manche Nacht bei ihr schlief, hatten sie bisher noch nie Ärger bekommen.

»Wilhelm hätte mich echt den Film sehen lassen können«, flüsterte Fin empört.

»Morgen früh bist du wieder weg«, murmelte sie und spürte, wie ihre Lider schwer wurden. Im Einschlafen kam ihr der Speiseaufzug in den Sinn und der Gedanke daran gab ihr neuen Mut.

Als Kata am nächsten Morgen aufwachte, war Fin verschwunden. Sie quälte sich mühsam aus dem Bett und erschrak beim

Blick auf ihr Datenarmband. Schon wieder so spät. Rasch schlüpfte sie in Jeans und T-Shirt, hastete nach unten und wusch sich flüchtig.

Im Speisesaal empfing sie Stimmengewirr. Einige Clan-Member kamen ihr entgegen, sie hatten schon gegessen und waren auf dem Weg zu den Unterrichtsräumen. Am Tisch der Papageien blickte Lore kurz auf, winkte ihr lachend und vertiefte sich wieder in ein lebhaftes Gespräch mit Per.

Heute stand chinesisches Essen auf dem Speiseplan. Am Buffet füllte Kata eine kleine Schüssel mit Reisbrei und schaufelte zwei Löffel gebratenes Gemüse darüber. Mia beendete gerade ihr Frühstück, als Kata auf ihren Platz rutschte.

Neugierig glitt ihr Blick über Katas Gesicht. »Du siehst müde aus, war gestern was?«

»Nein«, murmelte Kata und bemühte sich, möglichst gelangweilt zu wirken. Sie griff nach ihrem Löffel. »Wieso?«

Wortlos begann sie zu essen. Als ihre Blicke sich begegneten, zog Kata angriffslustig die Augenbrauen hoch. Mia zuckte mit den Achseln, schnappte sich ihren Teller und verschwand.

Kata aß weiter und während sie gedankenverloren kaute, begegnete sie Wilhelms forschendem Blick. Ihre Hand verkrampfte sich, doch sie versuchte, sich nichts anmerken zu lassen. Kata fühlte sich beobachtet, unbehaglich fragte sie sich, ob sie wirklich so leicht zu durchschauen war.

Sie zwang sich, langsam weiterzuessen. Ihre Schüssel war noch nicht ganz leer, da warf sie den Löffel hinein, schnappte sich beides und erhob sich erleichtert. Auf dem Weg nach unten machte sie einen Abstecher zum Band und stellte das Geschirr ab.

Im Erdgeschoss betrat sie den Unterrichtsraum, in dem Chiyoko heute Vormittag Mathe unterrichtete. Mehr als zwanzig Clan-Member saßen an den Tischen verteilt und brüteten über Rechenaufgaben. Chiyoko schlenderte von Gruppe zu Gruppe, erklärte hier eine Aufgabe und rechnete da etwas vor. Auch Anton saß an einem der Tische, neben ihm Betty, seine engste Freundin, rasend eifersüchtig auf Mia, und sein bester Kumpel Mike.

Kata suchte sich einen Platz möglichst weit entfernt von Antons Clique und breitete ihre Unterlagen aus. Bei den ersten Rechnungen war sie am Runden gescheitert. Sie nahm sich die Zahlen erneut vor und rechnete weiter.

»Wie weit bist du?«, fragte Chiyoko, als sie einige Zeit später an Katas Tisch auftauchte.

Chiyoko war streng, aber fair. Sie musste mindestens 50 Jahre alt sein, stammte aus Japan und erzählte in den Erdkundestunden gern von ihrem Großvater, einem Meister im Bogenschießen.

Chiyoko sah sich Katas Berechnungen nur kurz an, dann erklärte sie ihr, wo der Fehler lag. Endlich konnte sie weiterrechnen und es dauerte keine zwei Stunden, dann war die Tabelle vollständig. Aufatmend lehnte sie sich zurück. Mit Chiyokos Hilfe hatte sie in Excel eine stabile Standardrechnung für die Flügelfläche aufgebaut. Jetzt konnten sie das Gewicht des Fliegers verändern und sahen sofort, wie groß die Flügelfläche sein musste. Als Kata Chiyoko heranwinkte, bestätigte diese mit einem Nicken, dass sie richtig lag.

Erleichtert schloss Kata ihr Tablet. Auf dem Weg nach draußen konnte sie sich einen Blick zu Antons Clique nicht verkneifen. Anton und Mike flüsterten und ignorierten sie, so gut sie konnten. Kata war ziemlich sicher, dass sie nicht über Mathe sprachen. Betty beobachtete sie mit gerunzelter Stirn und ohne eine Regung.

Das Frühstück hatte in Katas Magen kaum Spuren hinterlassen. Hungrig kehrte sie in den Speisesaal zurück. Sie nahm sich einen Teller und häufte sich eine Frühlingsrolle, eine Teigtasche und eine Honigbanane darauf. Am Getränkebuffet füllte sie sich einen Becher mit Jasmintee, dann steuerte sie ihren Lieblingsplatz an, eine kleine Sitzgruppe, halb hinter einem Pfeiler verborgen, wo sie den Kameras den Rücken zuwandte.

Der Jasmintee war heiß und schmeckte süßlich. Kata verputzte die Frühlingsrolle und ging dann noch mal die Exceltabelle durch. Plötzlich ließen sich Lore und Mark ihr gegenüber in zwei niedrige Sessel fallen. Verblüfft hob Kata den Kopf und blickte in zwei Paar Augen, die sie entschlossen musterten. Lore hatte sich Kekse und ein Glas Milch mitgebracht. Mark verschränkte die Arme vor der Brust, sein Gesichtsausdruck war grimmig.

»Nun sag schon«, begann Lore leise. »Wir wissen ohnehin, dass was ist.«

Kata schob ihr Tablet zur Seite und blickte sich scheinbar gleichgültig um. Drüben saßen zwei Clan-Member der Papageien und diskutierten lautstark die besten Materialien für ihr Luftschiff. Jetzt hoben beide den Kopf, neugierige Blicke streiften sie, dann vertieften sie sich wieder in ihr Gespräch. In der großen Koje alberte eine lärmende Gruppe aus dem Haus der Delfine. Die Umgebungsgeräusche waren laut genug, um ungestört reden zu können.

»Ihr dürft euch auf keinen Fall etwas anmerken lassen«, erwiderte Kata.

Mark schnaubte. »Du meinst, nicht so wie du«, sagte er und grinste.

Kata musste lachen. Lore verzog erleichtert das Gesicht.

»Das merkt nur ihr«, fuhr Kata leise fort. »Ihr kennt mich einfach gut.«

»So wie Mia«, warf Lore ein.

Kata verdrehte die Augen. »Mia« sagte sie und schnaubte.

Mark nahm sich ein paar Kekse aus Lores Schüssel und schob sie in den Mund. »Das könnte ein Problem sein«, sagte er kauend.

»Das IST ein Problem«, murmelte Kata, blickte sich vorsichtig um und vergewisserte sich, dass niemand auf sie achtete. »Sie hält Anton immer auf dem Laufenden.«

Lore brummte unzufrieden. Mark griff nach ihrem Glas und trank einen Schluck.

»He«, protestierte Lore, »hol dir doch was Eigenes.«

Mark grinste und drückte ihr einen Kuss auf die Schulter. Betroffen blickte Kata zur Seite. Ihr Gesicht brannte und sie rieb sich hastig Augen und Wangen, um die verräterische Röte zu überdecken.

»Nun sag schon«, fuhr Mark fort und ließ seine Hand auf Lores Schulter liegen. »Wir wissen längst, dass etwas nicht stimmt.«

Kata zwang sich, nicht auf Marks Hand zu achten, und rutschte tiefer in den Schatten des Pfeilers.

»Wenn du dich weiterhin wie eine Geheimagentin in Ausbildung verhältst, weiß es in ein paar Tagen ohnehin das ganze Camp«, erklärte Lore trocken.

Kata musste grinsen und Lore begann zu kichern. Kata gluckste. Lores Lachen war einfach zu ansteckend, und am Ende hingen sie wie zwei kichernde Teenager auf ihren Sesseln. Schlimmer. Sie waren zwei kichernde Teenager. Selbst Mark konnte sich ein Grinsen nicht verkneifen, dann seufzte er übertrieben, stand auf und schlenderte zum Getränkebuffet.

Als er mit einem Glas Cola Zero zurückkehrte, bemühten sie sich, wieder ernst zu werden. Lore hielt nicht lange durch, sie bekam erneut einen Lachanfall, doch unter Marks amüsiertem Blick beruhigte sie sich schnell wieder. Er ließ sich auf seinen Sessel fallen, stellte das Glas ab und blickte Kata forschend an.

»Ich habe gehört, was die Admiralin zu Wilhelm gesagt hat«, begann Kata. Sie formte die Worte mit ihren Lippen, ohne einen Laut von sich zu geben.

Lore runzelte die Stirn.

»Nun sag schon«, drängte Mark leise.

Kata warf einen Blick hinüber zu den Delfinen. Eine Lachsalve zeigte, dass die immer noch mit sich selbst beschäftigt waren.

»Ich und Anton sollen ein Kind bekommen.«

Lore schnappte nach Luft und Mark hob überrascht die Augenbrauen.

»Sie will wissen, ob wir unsere Gene weitergeben«, berichtete Kata.

»Die gentechnisch veränderten Gene«, murmelte Lore.

Kata nickte. »Gestern Nachmittag hatte ich die erste Untersuchung.«

»Jetzt schon?«, formte Mark mit den Lippen, ohne einen Ton von sich zu geben. »Die nächste Untersuchung ist doch erst in vier Wochen!«

Kata nickte und verzog das Gesicht. »Das hier«, Kata blickte sich um, sah zum appetitlich angerichteten Buffet, zu den Schmetterlingen im Innenhof und zu den gemütlichen Sitzecken, »das ist alles Staffage. Wir sind ihre Versuchskaninchen.«

»Nicht nur Staffage«, erwiderte Mark und schnaubte verächtlich. »Schließlich müssen wir uns doch ‚gut entwickeln' um das Ergebnis nicht zu verfälschen.«

»Gut versorgte Versuchskaninchen«, warf Lore ein und runzelte besorgt die Stirn.

»Warum ausgerechnet du und Anton?«, fragte Mark.

»Wir sind die einzigen mit dem Königsgen«, erwiderte Kata leise, »dazu geboren, ein Land oder eine Gruppe zu führen.«

»Stimmt«, erwiderte Lore sarkastisch, »besonders das mit dem Land kannst du noch gut gebrauchen.«

»Vergiss die telekinetischen Fähigkeiten nicht«, erwiderte Kata, verdrehte die Augen und grinste.

Lore musste lachen. Die Forscher waren überzeugt davon, dass Kata und Anton die Gedanken anderer lesen konnten.

Theoretisch zumindest. Anton versuchte seit Jahren, das zu trainieren. Doch er schaffte es nicht einmal herauszufinden, woran ein Lehrer dachte, wenn der sich auf ein bestimmtes Wort konzentrierte. Und Kata weigerte sich standhaft, die Tests der Forscher mitzumachen.

»Musst du tatsächlich schwanger werden von dem blöden Typ?«, fragte Lore und Kata sah, dass ihre Augen feucht wurden. »Wir sind doch noch nicht mal erwachsen.«

Kata zwinkerte ihr beruhigend zu. »Keine Spur«, erwiderte sie entschlossen. »Das werde ich nicht zulassen.«

Mark und Lore wechselten einen Blick, den Kata nicht deuten konnte.

»Wie?«, fragte Mark leise und hob die Augenbrauen.

»Ich haue ab«, erwiderte Kata tonlos.

Lore riss die Augen auf und warf einen vorsichtigen Blick zu Mark, der auf seinem Sessel erstarrt war. Ein dunkler Schatten legte sich über sein Gesicht. Rasch sah sie wieder hinüber zu Kata.

»Hast du heute Nachmittag die Zahlen?«

Überrascht blickten sie auf. Fin war unbemerkt an ihren Tisch getreten. Als er ihre Blicke bemerkte, zog er unwillkürlich die Schultern hoch.

»Was?«, fragte er und drehte die Handflächen nach oben.

»Erwachsenengespräche«, erwiderte Lore leichthin und grinste.

»Klar«, murmelte Fin und tippte sich an die Stirn.

»Heute Morgen war ich bei Chiyoko«, sagte Kata rasch. »Ich hab alles zusammen.«

»Super.« Fin reckte den Daumen und grinste zufrieden. Mit einem neugierigen Blick in die Runde trollte er sich.

»Wann?«, fragte Mark mit rauer Stimme und schien aus seiner Erstarrung zu erwachen.

»Ich muss schnell sein«, erwiderte Kata, ohne einen Laut von sich zu geben. »Leibold hat mich gestern untersucht. Wahrscheinlich soll die Insemination schon bald sein.«

Lore verzog angewidert das Gesicht. »Versuchskaninchen«, flüsterte sie, »wie du immer sagst.«

»Wann?«, wiederholte Mark.

»Vielleicht in zwei oder drei Wochen«, erwiderte Kata zögernd. »Bis dahin habe ich es hoffentlich geschafft.«

»Wir kommen mit«, sagte Mark entschlossen.

»Das ist zu riskant«, flüsterte Lore entsetzt. »Eine kommt vielleicht durch, aber zu dritt haben wir keine Chance. Ihr wisst, was passiert, wenn sie uns erwischen.«

Sie schlug sich die Hand vor den Mund und sah besorgt zu Mark. Dieser blickte betreten zu Boden und schluckte. Lore griff nach seiner Hand.

Mark wand sich aus ihrem Griff und schnappte sich die leere Schüssel. »Ich hole uns noch ein paar von den Dingern«, erklärte er mit rauer Stimme und ging mit schweren Schritten zum Buffet.

Lore und Kata sahen ihm nach.

»Heute ist es ein halbes Jahr«, sagte Lore und ihre Augen füllten sich mit Tränen.

Kata nickte betroffen, es fühlte sich an, als wäre es gestern gewesen. Bis vor Kurzem hatten sich gelegentlich Delfine in der Biosphäre blicken lassen. Sie waren den Fluss hinaufgeschwommen bis zum Wasserfall und dann wieder abgetaucht. Vor einem halben Jahr hatte sich Tim beim Training in der Biosphäre auf einen der Delfine geschwungen und war mit ihm verschwunden. Kurze Zeit später hatten sie draußen vor dem künstlichen Atoll Motorboote gehört, dann Schüsse. Auf ihre verzweifelten Fragen nach Tim hatten sie keine Antwort bekommen. Fast war es, als hätte es ihn nie gegeben. Seitdem war kein Delfin mehr in der Biosphäre gesichtet worden.

Schweigend warteten sie, bis Mark zurückkam. Er stellte die mit Keksen gefüllte Schüssel ab und sah zu Lore. In seinem Blick lag Entschlossenheit.

»Ohne dich gehe ich nicht«, sagte er. Lores Augen wurden feucht und wortlos drückte sie seine Hand.

»Ich hole euch hier raus.« Entschlossen blickte Kata sie an. »Alle. Sobald ich draußen bin. Versprochen.«

Lore nickte unter Tränen. Kata spürte, dass sie nicht an eine erfolgreiche Flucht glaubte.

6.

Die Geräusche der anderen Mädchen weckten Kata. Sie blickte auf ihr Datenarmband und warf hastig die Bettdecke zur Seite. Schon wieder zu spät! Dabei war heute Training in der Biosphäre und das konnte sie jetzt wirklich gebrauchen. Schließlich musste sie es schaffen, sich ungesehen in einen Speiseaufzug zu falten und auf einem Schiff zu verstecken.

Sie warf sich ihren Bademantel über und lief hinunter ins Bad. Wenige Minuten später stand sie in Kargohosen und Funktionsshirt vor dem Waschbecken und putzte sich die Zähne. Auf dem Weg nach oben zurrte sie ihre Jacke fest und stopfte noch rasch die Hose in ihre Stiefel. In der Biosphäre durfte kein Stück der Kleidung lose herabhängen, das könnte sie im Ernstfall das Leben kosten.

Als Kata am Flatscreen vorbeikam, stoppte sie kurz. Die Alphawölfin lag an den Stamm eines Baums geschmiegt und beobachtete ihre Jungen, die ausgelassen auf einer sonnenbeschienen Lichtung tobten. Katas Herz zog sich zusammen. Ob sie jemals Kinder haben würde? Gesunde Kinder, für die sie sich bewusst entschieden hatte? Sie wischte sich die Augen und räusperte sich. Der schlechteste Moment, um sentimental zu werden, schalt sie sich und wandte sich ab.

Die Stimmung im Speisesaal war gelöst. Auf die Trainingseinheiten in der Biosphäre freuten sich alle. Kata ging hinüber zum Buffet. Noch immer stand chinesisches Essen auf dem Speiseplan. Sie nahm sich ein Spiegelei und häufte gedämpftes Gemüse und etwas Reisbrei daneben. Auf dem Weg zum Tisch der Wölfe winkte sie Lore. Diese erwiderte den Gruß mit einem Lächeln, doch sie wirkte besorgt.

Kata ließ sich auf ihren Platz fallen. Überrascht registrierte sie, dass Mia unverwandt auf ihren Teller starrte. Sie sah verweint aus.

Kata zog die Augenbrauen zusammen. »Alles in Ordnung?«, fragte sie und griff nach den Essstäbchen.

»Klar«, stieß Mia hervor und beugte sich noch tiefer über ihren Teller.

Sie wirkte traurig und Kata fragte sich, wie viel es ihr ausmachte, dass Kata nun mit Lore befreundet war. Früher war Mia eine ihrer besten Freundinnen gewesen, bis das mit Anton anfing. Kata hatte sich mit Lore angefreundet, doch Mia schien keine andere Freundin gefunden zu haben. Stattdessen hing sie mit Anton und seiner Clique herum.

Kata zuckte mit den Achseln und machte sich über das Ei und das Gemüse her. Wenig später brachte sie ihren Teller zum Band. Anton hatte heute mit anderen Gorillas Küchendienst. Sie grinste herausfordernd und drückte ihm den beschmutzten Teller in die Hand. Er bleckte die Zähne und fauchte leise.

»Wir sehen uns«, erwiderte Kata leise und rümpfte die Nase, sodass ihre Schneidezähne frei lagen. Anton verstand die Drohung. Trotzdem wirkte er heute anders und Kata hätte schwören können, dass auch er bedrückt war.

Neben dem Ausgang stand ein Tisch, auf dem das Küchenteam Essensboxen zurechtgestellt hatte. Kata nahm sich beim Hinausgehen eine der Boxen und verstaute sie in ihrem Rucksack.

Sie sammelten sich auf dem Sportgelände neben dem Hauptquartier. Die meisten waren schon dort, als Kata eintraf. Die

Luft war angenehm, vielleicht 20 Grad, und ein schwacher Wind streifte ihr Gesicht und brachte den Geruch nach Salzwasser mit.

Die letzten Nachzügler trödelten aus dem Speisesaal. Alle trugen die gleichen funktionalen Rucksäcke mit Proviant, Wasser und den nötigsten Medikamenten.

Sabine, Wilhelm und die anderen Hauseltern kontrollierten Rucksäcke, Kleidung und Ausrüstung. Schon vor zwei Tagen waren in allen Häusern Packlisten verteilt worden. Diesmal sollten sie nicht nur Macheten, Taschenlampen und Insektenspray mitbringen, sondern auch Zelt und Schlafsack. Das Training würde also länger als einen Tag dauern.

Gestern Abend waren Wilhelm und Sabine durch die Schlafkabinen gegangen und hatten alles sorgfältig kontrolliert. Der letzte Check heute Morgen fiel entsprechend knapp aus. Auch Kata öffnete ihren Rucksack und ließ Sabine hineinsehen, die mit einem Nicken weiterging.

Wilhelm war bereits durch und Kata beobachtete aus den Augenwinkeln, wie er mit Lea und Tolu sprach, den Hauseltern der Gorillas. Mit angespanntem Gesicht redete er auf sie ein und Kata schien es, als sehe er dabei immer wieder zu ihr herüber.

Sie senkte den Kopf, stopfte beide Hände in ihre Hosentaschen und schlenderte ein paar Schritte zur Seite. Von hier aus konnte sie den Anleger sehen. Ihr Datenarmband zeigte 9.10 Uhr. In Kürze müsste das Versorgungsschiff wie jeden Mittwoch mit frischen Vorräten einlaufen.

Hinter ihr wurde es ruhig, das Sammelritual begann. Kata ging hinüber zu den Wölfen. Ein Clan-Member nach dem anderen nannte seine Zahl im Clan, dann den Clan und die Nummer seiner heutigen Position. Zuletzt war Tom dran, der kleinste der Delfine, der heute die Nummer 144 trug. Einer fehlte.

Kata beobachtete, wie Lea und Tolu sich verärgert austauschten. Anton war nicht dabei.

»Er hat heute Küchendienst«, hörte sie Mia über die Köpfe der anderen rufen.

Neugierige Blicke trafen sie, einige Clan-Member kicherten. David, der jüngste Gorilla, flüsterte mit Nik, seinem besten Freund. Sie sahen hinüber zu Mia und begannen zu kichern. Verärgert streckte sie ihnen die Zunge heraus.

Kata senkte den Kopf und lief hin und her, als warte sie ungeduldig auf den Abmarsch. Unauffällig beobachtete sie die Einfahrt. Endlich tauchte in der Fahrrinne der weiße Bug des Versorgungsschiffes zwischen den Ausläufern des künstlichen Atolls auf. Jede Woche wurde seine Fracht in die Waggons der Elektrobahn verladen, die auf Schienen bis in die Garage fuhr.

Kata schlenderte zurück zu den anderen und warf einen Blick zum Versorgungsbau, wo die Elektrobahn gerade Richtung Anleger startete. Sie warf einen Blick auf ihre Uhr, als warte sie ungeduldig darauf, dass es endlich losginge. Exakt 9.15 Uhr, wie immer war das Versorgungsschiff pünktlich.

»Da ist er endlich«, hörte sie Lien hinter sich murmeln.

Mit beiden Händen in den Hosentaschen schlenderte Anton betont lässig die Treppe des Hauptquartiers herunter.

»Wir warten schon fast fünf Minuten auf dich«, fuhr Lea ihn an.

»Sandrine wollte, dass ich noch die Spülmaschine einräume«, erwiderte Anton und grinste.

»Dann hättest du deinen Küchendienst früher antreten müssen«, erwiderte Lea knapp. »Das kostet dich zwei Stunden Küchendienst extra.«

»Ach, komm, Lea«, protestierte Anton lautstark. »Dafür kann ich doch echt …«

»Damit wären wir schon bei vier Stunden extra«, erwiderte Lea trocken.

Mit einem verärgerten Grunzen wandte sich Anton an Tolu. Doch der grinste nur: »Big Mama hat gesprochen.«

Die Stimmen der anderen wurden leiser, bis schließlich Ruhe eintrat. Wilhelm hob die Hand, um wie immer seine Ansprache zu halten, doch dann hielt er inne. Überrascht folgte Kata seinem Blick.

In der Tür des Hauptquartiers stand die Admiralin. Jetzt erstarben auch die letzten, im Flüsterton geführten Gespräche und angespannte Stille breitete sich aus. Margaret Decker, von allen nur die Admiralin genannt, kam mit finsterem Blick die Treppe herunter.

Sie ließ sich sonst nie blicken, aß in ihren eigenen Räumen und arbeitete entweder in ihrem Büro oder in einem der Labors. Kaum jemals sprach sie eines der Clan-Member an.

Unter den neugierigen Blicken der schweigenden Kinder und Jugendlichen trat sie zu Wilhelm und redete leise auf ihn ein. Sein Gesicht verdüsterte sich und er schien protestieren zu wollen, doch die Admiralin schnitt ihm mit eisiger Geste das Wort ab. Sie warf einen letzten kalten Blick auf die Wartenden und kehrte zurück ins Hauptquartier.

Die anderen Hauseltern musterten Wilhelm irritiert, doch sein Gesicht zeigte keine Regung. Er räusperte sich, dann begann er zu sprechen und nur ein leichtes Flackern in seinem Blick verriet seine Anspannung.

»Planänderung«, begann er mit ausdrucksloser Stimme. »Heute trainieren nur die Clan-Chiefs: Kata, Lore, Anton, Mark und Elli. Die anderen können gehen.«

Ein enttäuschtes Raunen ging durch die Meute.

»Sorry, Leute«, rief Sabine über die Köpfe hinweg, »aber ihr habt es gehört. Ihr könnt euch wieder umziehen und habt dann Zeit für eure üblichen Aufgaben.«

Kata hob die Augenbrauen und sah hinüber zu Lore. Diese zuckte mit den Achseln. Allmählich leerte sich der Platz und zurück blieben die Ältesten der fünf Clans: Kata von den Wölfen, Anton von den Gorillas, Lore von den Papageien, Mark von den Bären und Elli von den Delfinen. Jetzt winkte Wilhelm die fünf zu sich. Zögernd traten sie näher.

»Ihr geht direkt zur Biosphäre. Dort warten Gerard und Mimi, die beiden werden euch sagen, was heute auf dem Programm steht.«

Selbst Anton hatte es die Sprache verschlagen. Wortlos stellten sie sich in einer Reihe auf: Elli an der Spitze, hinter ihr Mark, dann Lore, Kata und Anton. Elli setzte sich in Bewegung und begann zu traben, die anderen folgten ihr.

Vom Sportgelände aus waren es noch rund 500 Meter bis zum Rand der Plattform. Wie ein Holzteller schwamm die Plattform auf zahllosen Pontons, die von oben nicht zu sehen waren. Gegenüber dem Hauptquartier führte ein 20 Meter breiter Holzsteg einen Kilometer weit über das Wasser und endete vor drei aneinandergrenzenden Plattformen. Auf jeder stand eine Kuppel, die mit den anderen verbunden war. Gemeinsam bildeten sie ein riesiges Gewächshaus mit drei getrennten Biosphären. Dahinter ragte etwa einen Kilometer entfernt die Küste aus dem Wasser.

Sie erreichten den Steg und Elli betrat als erste die Holzplanken. Ihre gleichmäßigen Schritte hallten über das Wasser. Kata warf einen Blick hinüber zum Hubschrauberlandeplatz, der wie meist verlassen in der Sonne lag. Nach und nach erreichten auch die anderen den Holzsteg und dumpf dröhnten die Schritte in ihren Ohren.

Etwa fünf Minuten später näherten sie sich dem Haupteingang der Biosphäre. Auf drei Plattformen ragte je eine Kuppel in den Himmel, an der obersten Stelle rund 50 Meter hoch. Das waren mehr als 3.000.000 Quadratmeter Fläche mit einer lichtdurchlässigen Hülle aus transparenten Kunststoffkacheln.

Elli blieb vor dem Haupteingang der Biosphäre stehen, die sie alle nur den Dschungel nannten. Dann stoppten auch die anderen. Gerard und Mimi erwarteten sie bereits neben ihrem Amphibienfahrzeug, dem Pinguin. Gerard und Mimi wachten über die Aufgaben und sorgten dafür, dass ihr Training in der Biosphäre so hart wie möglich war. In den künstlich angelegten Landschaften sollten sie das, was sie drüben in der Trainingshalle übten, unter weitgehend »echten« Bedingungen ausprobieren.

Gerard und Mimi musterten die fünf Ankömmlinge mehrere Sekunden lang schweigend.

»Heute gibt es ein Spezialtraining«, begann Mimi und schickte drohende Blicke über die angespannten Gesichter. »Wir haben wie immer eine Aufgabe für euch. Diesmal kommt es vor allem darauf an, dass ihr sie gemeinsam bewältigt.«

Kata presste verärgert die Lippen zusammen, Anton schnaubte höhnisch.

»Ihr seid heute im mittleren Teil der Biosphäre«, fuhr Mimi fort. »Tropischer Regenwald, das heißt, reichlich Wasser, giftige Spinnen und Schlangen.«

Lore stöhnte und verdrehte die Augen. Jede Kuppel bildete ein in sich geschlossenes klimatisches Biotop und in der mittleren Kuppel herrschte tropisch-feuchtes Klima. Schon vor Jahrzehnten musste der Regenwald angelegt worden sein mit üppig wachsenden Palmen, Kakaopflanzen und meterdicken Polstern aus Moos- und Heidekräutern. Ein breiter Strom kreuzte den Wald und niemand vom Clan der Papageien mochte fließendes Gewässer, da bildete Lore keine Ausnahme.

Mimi achtete nicht auf Lore. »In den kommenden zwei Tagen seid ihr auf euch gestellt, wir greifen nur im dringendsten Notfall ein. Denkt daran, dass ihr in euren Rucksäcken Medikamente habt. Falls jemand von euch gebissen wird, müsst ihr euch selber verarzten. Und haltet euch von dem Wasserfall fern.«

Kata nickte. Über zahlreiche aufgetürmte Felsen stürzte ein breiter Strom mehrere Meter nach unten in ein Steinbecken und bildete am Fuß des Wasserfalls einen starken Strudel. Bisher hatten sie erst einmal das Becken durchquert und die starke Strömung zu spüren bekommen.

Jetzt übernahm Gerard, er wollte ein weiteres Mal ihre Ausrüstung überprüfen. Anton protestierte, schließlich hatten die Hauseltern alles schon zweimal kontrolliert. Doch Gerard ließ sich nicht erweichen und sie mussten erneut ihre Rucksäcke absetzen.

Dann übernahm wieder Mimi. »Ihr seid soweit«, sagte sie und hielt einen Umschlag in die Luft. »Hier ist eure Spezialaufgabe. Hat die Admiralin heute Morgen abgegeben, diesmal hat sie sich selbst etwas ausgedacht. Ihr könnt die Anweisungen drinnen lesen. Los jetzt.«

Mimi wollte Lore den Umschlag übergeben, doch bevor diese danach greifen konnte, schnappte sich Anton das Papier.

»Endlich«, knurrte er und stürmte zum Eingang der Biosphäre, ohne sich um die anderen zu kümmern. Zögernd folgte Elli. Sie hatte das Tor fast erreicht, als sie sich überrascht umblickte. Mark, Lore und Kata standen noch immer wie fest verankert.

»Was jetzt?«, fragte Elli verblüfft und hielt inne.

Anton verschwand im Haupteingang der Biosphäre.

»Viel Glück«, sagte Mimi knapp. Für sie ungewohnt herzlich.

»Jetzt kommt schon«, rief Elli ihnen zu. »Je eher wir das hinter uns bringen, desto besser.«

Kata gab sich einen Ruck und machte sich auf den Weg, Mark und Lore schlossen sich ihr an. Elli hatte auf sie gewartet und gemeinsam betraten sie die mittlere Kuppel, die wie alle anderen etwa zwei Kilometer im Durchmesser hatte. Die hohe Luftfeuchtigkeit nahm Kata für einen Moment den Atem, gleichzeitig brach ihr der Schweiß aus. Es herrschten nahezu 30 Grad und der intensive Geruch nach Erde, Zedern und Ananas flutete ihre Atemwege.

7.

Anton stand neben einer Palme und schwenkte wütend den aufgerissenen Umschlag. »Eine Spurensuche«, rief er wütend, noch bevor die anderen ihn erreicht hatten. »Die sind doch komplett bescheuert, eines der Tiere ist verletzt und wir sollen herausfinden, wo es sich versteckt hat. Was soll denn der Scheiß?«

Kata stutzte. Sie musste an die Wölfin und ihre Jungen denken. Obwohl sie schon seit Jahren regelmäßig Exkursionen machten, waren sie weit davon entfernt, die Biosphäre wirklich zu kennen. Neben Insekten und Schlangen gab es noch ein paar weitere Tierarten. Aras zum Beispiel, die in bunten Schwärmen laut krächzend an ihnen vorüberzogen und sogar ein paar Gorillas, die sie bisher nur auf dem Flatscreen zu sehen bekommen hatten.

Mit einem verächtlichen Zischen zerdrückte Anton das Papier und warf es hinter sich in das Dickicht.

»Hör doch mal auf zu nerven und fang an zu denken«, fuhr Elli ihn an und verschwand im dicht wachsenden Farn. Wenig später tauchte sie mit dem Brief in der Hand wieder neben ihnen auf.

Zu fünft standen sie in der Runde und wechselten finstere Blicke. Elli strich das Papier glatt und warf einen flüchtigen Blick auf das Geschriebene. Dann stopfte sie es in die Seitentasche ihres Rucksacks.

»Steht nichts weiter drauf«, verkündete sie unzufrieden.

»Sag ich doch«, brauste Anton auf.

Elli warf ihm einen finsteren Blick zu.

»Wo fangen wir an zu suchen?«, fragte Kata ruhig.

»Hört auf zu schwafeln und kommt schon.« Anton achtete nicht weiter auf die anderen und marschierte los.

»Lass uns doch erst mal besprechen, wie wir an die Sache herangehen«, rief Mark ihm nach.

»Immer dieses blöde Gequatsche«, rief Anton über die Schulter und steuerte eine schmale Lücke an, die sich zwischen einer Palme und dem angrenzenden Dickicht auftat. »Kostet nur Zeit und bringt uns keinen Schritt weiter.«

»Du Blödmann«, rief Lore ihm nach.

Anton blieb stehen und drehte sich um. »Kommt ihr endlich, damit wir gemeinsam den verletzten Ara einfangen können?« Er grinste verächtlich.

»Wir können auch getrennt suchen«, erwiderte Mark ruhig.

»Wir sollen die Aufgabe gemeinsam lösen«, gab Elli zu bedenken.

Anton verzog das Gesicht. »Eine Zusammenarbeit mit Hohlköpfen wie euch ist nicht möglich«, zischte er wütend. »In einem Gewächshaus ein verletztes Tier zu suchen, wird wohl nicht so schwierig sein.«

Elli musterte ihn verärgert.

In diesem Moment war ein Grollen zu hören. Es kam von weit her, leise erst, dann schwoll es allmählich an. Kata hob den Kopf und lauschte. Der Wölfin traute sie das Geräusch nicht zu. Doch obwohl sie ein ähnliches Geräusch noch nie gehört hatte, war sie sicher, dass es von einem Tier stammte. Das Grollen wurde beängstigend laut und dröhnte in ihren Ohren. Dann erstarb es so plötzlich, wie es begonnen hatte.

»Was ist das?«, fragte Elli und blickte sich nachdenklich um. Schließlich wandte sie sich nach Norden. Das Geräusch schien von den äußeren Rändern des Regenwalds zu kommen.

Auf Antons Gesicht trat ein breites Grinsen. »Doch kein Kindergarten«, erklärte er befriedigt und straffte die Schultern.

»Los jetzt!« Er verschwand in dem dichten Gestrüpp aus Farn und niedrig wachsenden Palmen.

Kata sah hinauf zur Kamera, deren Objektiv sich nun leise surrend auf die versprengte Gruppe richtete. Die Außenwände des Dschungels waren ähnlich gesichert wie das Hauptquartier. Kameras gekoppelt mit Bewegungsmeldern sorgten dafür, dass niemand sich von außen der Biosphäre nähern konnte, ohne sofort auf den Bildschirmen des Wachpersonals aufzutauchen. Doch in den Kuppeln gab es nur wenig Technik. Ein paar Kameras, aus denen die extremen Wetterbedingungen in kurzer Zeit Technikschrott machten.

»Na denn, die Suche geht los!« Elli grinste und heftete sich an Antons Fersen. Ihre Augen fest nach Norden gerichtet, blieb sie dicht hinter ihm. Gemeinsam verschwanden sie im grünen Dickicht.

»Kommt«, sagte Kata entschieden und winkte den anderen, ebenfalls Anton zu folgen.

Verblüfft starrte Mark sie an. »Willst du wirklich dem blöden Kerl hinterher?«, fragte er und verzog das Gesicht.

»Da er sich nicht absprechen will, gibt es nur einen Weg, zusammen zu bleiben«, erklärte Kata kurz. »Wir folgen ihm.«

Wütend warf Mark den Kopf in den Nacken, doch Lore folgte Kata und zog auch Mark hinter sich her. Sie hasteten durch dicht gewachsenen Farn, bis Anton und Elli wieder in Sicht kamen. Der Chief der Gorillas warf einen zufriedenen Blick über seine Schulter.

»Na, sind die Küken endlich der Papa-Ente gefolgt?«, ätzte er und trabte in unvermindertem Tempo weiter.

Kata ignorierte ihn und duckte sich im Gehen unter die weitausladenden Blätter eines Gummibaums. Anton schien noch schneller zu werden und auch Elli beschleunigte ihren Schritt.

Der Regenwald war ihnen vertraut, ein- bis zweimal im Monat trainierten sie hier, und hatten dabei im Farn und zwischen den Bäumen ihre Spuren hinterlassen, die für Außenstehende kaum zu erkennen waren. Doch am Rande der Außenhülle gab es immer noch etliche Stellen, die aussahen, als wären sie seit Jahren nicht mehr betreten worden.

Kata hob das Gesicht. Das verletzte Tier war nicht mehr zu hören, nur die Wasserfälle, die an der hinteren Wand über mehrere Felsbrocken in die Tiefe stürzten. Sie roch die Pflanzen, die es nur hier gab: Palmen, Kakaopflanzen und riesige Orchideen. Sie sah abgestorbene Kletterpflanzen, hoch gewachsene Lorbeer- und Gummibäume, bunte Blüten, dichtes Moos und Farn soweit sie blicken konnte.

Anton trabte noch immer an der Spitze der kleinen Kolonne. Kata widerstrebte es zutiefst, ihm schweigend zu folgen. Doch Antons Ego sollte nicht gleich zu Beginn die Gruppe auseinanderreißen.

Ganz leise erklang das Grollen wieder, diesmal eher aus dem Osten der Biosphäre. Das Tier bewegte sich, war also nicht angekettet und auch nicht so stark verletzt, dass es sich an einem Ort verkrochen hätte. Kata war sicher, dass der Schmerz das Tier zu einem unberechenbaren Gegner machte. Ihre Nackenhaare sträubten sich. Die Admiralin kannte kein Mitleid, das hatte sie schon oft bewiesen. Anton änderte seinen Weg und lief weiter in die Richtung, aus der sie das Geräusch zuletzt gehört hatten. Schweigend folgten ihm die anderen. Das Rauschen des Wasserfalls kam allmählich näher. Die Luft veränderte sich, der Geruch von Wasser und Algen mischte sich unter den betäubenden Duft der Orchideen.

Kata stockte. Sie roch noch etwas anderes. Wie die Kopfnote eines teuren Parfüms legte sich eine dünne Duftspur über die anderen, wild und bedrohlich.

»Ich rieche es«, sagte sie und blieb stehen.

Lore gesellte sich zu ihr, dann Mark.

»He«, rief Kata gedämpft.

Antons Schritt stockte. Jetzt blieb auch Elli stehen und sah fragend zu Kata. Anton zögerte, dann kehrte er widerwillig zurück.

»Hat die Alphawölfin etwas gerochen.« Er schnaubte verächtlich.

»Ja, hat sie«, fuhr Lore ihn an.

Kata hob die Nase und sog tief den wilden Geruch ein. »Es ist vor Kurzem hier vorbei gekommen«, sagte sie leise. Kata ging in die Knie und senkte ihr Gesicht dicht über den Boden.

»Was gibt's da unten zu sehen?«, zischte Anton verächtlich.

»Jetzt halt doch einfach mal die Klappe«, fauchte Lore.

»Blut«, erwidere Kata leise. »Es riecht nach Tier und nach Blut.«

Zweifelnd sog Elli die Luft ein und atmete durch den Mund wieder aus. »Sicher?«

»Ich glaube, es ist ein Bär«, sagte Kata und blickte sich um.

»Ach, nee.« Anton zog verächtlich die Mundwinkel nach unten. »Die leben drüben, im mediterranen Klima. Durch die Schleusen kommen sie nicht durch.«

Jede der drei Kuppeln hatte ein anderes Klima und damit lebten dort andere Pflanzen und Tiere.

Kata zuckte mit den Achseln.

»Aber egal, was es ist – wir brauchen nur zu warten«, erklärte Anton zufrieden. »Es ist nicht weit von hier. Wahrscheinlich läuft es uns gleich in die Arme.«

Kata richtete sich auf und erwiderte nachdenklich Antons Blick. Er verzog das Gesicht zu einem provozierenden Grinsen.

»Besser wir überraschen das verletzte Tier, als dass es uns überrascht«, widersprach ihm Elli.

Wieder erklang das Grollen und Kata glaubte, den Schmerz des Bären herauszuhören. Er musste sich bewegt haben, das Geräusch hatte sich wieder entfernt.

»Er ist schon längst weiter«, rief Elli und wandte sich in Richtung der Geräusche. »Kommt schon!«

»Also gut.« Anton spuckte die Worte aus, als seien es Giftpfeile. Er schob sich an Elli vorbei und begann zu laufen.

»Jetzt wartet doch mal«, rief Lore.

Anton achtete nicht auf sie und verschwand im Gebüsch.

»Kommt«, wiederholte Elli, winkte den anderen und folgte ihm.

Wieder erklang der Schrei.

Kata hob den Kopf und sog die Luft ein. Sie ging einige Schritte in Richtung der Palme, neben der Anton im grünen Dickicht verschwunden war. Doch der Geruch wurde schwächer. Kata stoppte. Wie in Trance wandte sie den Kopf in alle Richtungen, atmete tief ein und aus. Geruchspartikel drangen in ihre Nase, Blut vermischt mit dem strengen Eigengeruch des Bären. Sie drehte sich mit dem ganzen Körper, bis die Duftspur deutlicher zu werden schien. Automatisch machte sie einige Schritte und ging in die Hocke, weil der Geruch in Bodennähe stärker war. Gebückt lief sie weiter und ihr wurde klar, dass sie richtig lag.

Laut krächzend flog eine Gruppe bunt gemusterter Aras auf und verschwand zwischen den Baumwipfeln. Geistesabwesend blieb Kata stehen und blickte zurück. Mark und Lore wurden von einem riesigen Farn verdeckt. Kata wandte den Kopf nach rechts, dort war Anton verschwunden. Nichts rührte sich mehr, Anton und Elli waren schon weit weg.

Kata wandte sich wieder der Fährte zu. Sie konnte den verletzten Bären riechen, kräftiger noch als zuvor. Tief sog sie den Atem ein und spürte, wie der Geruch von Blut in ihr Gehirn vordrang und wichtiger wurde als alles andere.

Ohne zurückzublicken setzte sie sich in Bewegung und huschte weiter, immer dem Geruch nach, der mit jedem Schritt stärker zu werden schien.

»Kata? Kata!«, hörte sie Lore von Weitem rufen, überrascht zunächst, dann ärgerlich. »Rennst du jetzt auch noch weg, oder was?«

Kata glaubte, etwas von »Kindergarten« zu hören, doch sie achtete nicht weiter darauf. Der Geruch nach Blut lockte sie immer weiter. Wie ein schlafendes Tier erwachte etwas in ihr, das sich unbekannt anfühlte und aufregend zugleich.

Kata duckte sich unter grün gefächerte Farnwedel und huschte an den rauen Stämmen einiger Brotnussbäume vorbei. Der wilde Geruch wurde stärker und erfüllte sie mit Mut und der Lust, den verletzten Bären zu fangen. Für einen Moment fragte sie sich, was passieren würde, wenn sie ihn fand. Es gab zwei Bären in der Biosphäre, einen hatte sie mal von Weitem gesehen, sonst kannte sie die beiden nur vom Flatscreen im Schlafhaus der Bären. Der jüngere hatte helles Fell und war nicht sehr groß, der ältere war größer und hatte ein zotteliges, dunkleres Fell. Hatte sich einer von ihnen verletzt und die Admiralin so auf diese Aufgabe gebracht? Welcher der beiden war gefährlicher? Rasch verdrängte Kata jeden Gedanken an die Gefahr und lief geduckt weiter.

Dann wurde der Geruch, dem sie schon die ganze Zeit gefolgt war, schlagartig stärker. Sie blieb stehen und beugte sich tief über den Boden. Dort glänzte ein Blutfleck, nicht größer als eine Münze. Die Oberfläche wirkte krustig und braun. Vorsichtig fuhr Kata mit dem Finger darüber. Der Fleck fühlte sich noch feucht an, doch die Farbe veränderte sich bereits.

Ein Geräusch war zu hören, bedrohlich leise, bedrohlich nahe. Bedächtig hob Kata den Kopf. Nichts zu sehen, doch wieder hörte sie dieses leise Geräusch. Tief sog sie den Atem ein und roch erneut ein Tier, doch es war ein leichter Geruch von einem kleineren Tier.

Kata fragte sich, ob sie sich auf ihren Geruchssinn verlassen konnte. Sie war noch nie in einer solchen Situation gewesen. Konnte sie die Gerüche wirklich so eindeutig unterscheiden?

Vorsichtig ließ sie sich auf alle Viere herunter. Ein Zweig knackte unter ihrem rechten Knie. Sie erstarrte. Auch das Tier schien innezuhalten und für einige Sekundenbruchteile war nichts mehr zu hören. In ihren Ohren dröhnte ihr Herzschlag und wurde immer schneller.

Sie waren oft zum Training in der Biosphäre und Kata kannte weite Teile des Geländes wie ihre Westentasche. Sie hatte gelernt, sich lautlos zu bewegen und Fährten zu lesen. Doch bisher hatten sie es nicht mit lebenden Tieren zu tun bekommen. Wieder fragte sich Kata, was passieren würde, wenn sie auf den Bären traf. Sie hatte ein paar Genschnipsel von einem Wolf in sich und wusste nicht, wie sich das auswirken würde. Könnte es passieren, dass ihr Jagdtrieb außer Kontrolle geriet?

Kata schob sich auf allen Vieren vorsichtig durch dicht stehende Bromelien. Das Moos unter ihren Händen und Füßen gab kein Geräusch von sich. Eine Bewegung hielt ihren Blick fest. Eine Maus. Das kleine Tier hielt inne und erwiderte ihren Blick mit starrem Kopf. Dann huschte es weiter und verschwand in einem kaum sichtbaren Loch am Fuß einer Zeder.

Kata kam näher und spähte in die dunkle Röhre. Sie spürte das unsinnige Verlangen, darin zu wühlen, bis die Maus zwischen ihren Fingern zappelte. Sie musste grinsen.

Dann erstarrte sie. Ein leises Grollen erklang und wurde rasch lauter. Kata glaubte, noch mehr Schmerzen aus dem Geräusch herauszuhören als zuvor. Sie schnellte hoch und fiel in leichten Trab. Farnwedel klatschten gegen ihre Arme und Palmblätter streiften ihr Gesicht. Der Schrei verstummte.

Schwer atmend blieb Kata stehen. Wieder schien der Geruch des verletzten Tieres ihre Gehirnwindungen praktisch lahm zu legen. Sie holte tief Luft, setzte sich wie hypnotisiert in Bewegung und folgte der Fährte. Von Ferne hörte sie das Rauschen des Wassers, das rasch näher kam. Der Schrei musste vom anderen Flussufer kommen. Als sie sich dem stetig dahinfließenden Strom näherte, verstärkte sich der Geruch nach Blut.

Kata blieb am Ufer stehen und beobachtete nachdenklich die andere Seite. Das Wasser wurde im Nordosten in die Biosphäre gepumpt und ergoss sich nahe der Außenhülle über eine Felswand in die Tiefe. Das aufgewühlte Salzwasser durchquerte zwischen Mangrovenbäumen einen schmalen Abschnitt des Regenwalds, um am Nordrand die Biosphäre wieder zu verlassen und direkt ins Meer zu stürzen.

Drüben auf der anderen Seite des Flusses musste das Tier sein. Was auch immer es sein mochte, es war schwer verletzt und litt unter Schmerzen. Wütend ballte Kata ihre Hände. Solche Aktionen sahen der Admiralin ähnlich.

Das dumpfe Grollen war wieder zu hören. Kata sah aufmerksam den Flusslauf hinunter. Drüben gab es zwischen der Außenhaut der Biosphäre und dem Fluss nur einen schmalen Streifen Land, von dichtem Mangrovenwald bewachsen. Bisher war sie erst zweimal dort gewesen.

Kata wusste, dass die Strömung ziemlich stark war und fragte sich, ob sie es riskieren konnte, hinüberzuschwimmen. Auf der Suche nach einer bestimmten Stelle lief sie am Ufer entlang. Beim letzten Training war ihr aufgefallen, dass die dort Strömung schwächer war. Die Mangrovenbäume standen im Wasser und Kata musste mehrmals einige Schritte hinein waten, um den Baumstämmen auszuweichen. Als sie das schmale Uferstück erreichte, stieg ihr ein anderer Geruch in die Nase. Menschlicher Geruch. Suchend blickte sie sich um und entdeckte Anton am gegenüberliegenden Flussufer. Er hatte sich hinter einen Mangrovenbaum geduckt, direkt hinter ihm kauerte Elli. Ihre Kleider glänzten nass, sie mussten durch die Furt auf die andere Seite gelangt sein. Jetzt stand Anton auf, um die schützende Deckung zu verlassen. Elli schüttelte den Kopf und rief ihm mit düsterer Miene etwas zu. Ihre Worte konnte Kata nicht verstehen, das Tosen des Wasserfalls erstickte alle anderen Geräusche. Doch Anton achtete nicht auf Elli und verließ den schützenden Baumstamm.

Kata blickte sich suchend um und entdeckte Lore und Mark auf ihrer Seite des Flusses in der Nähe des Wasserfalls. Sie schwenkte beide Arme und trabte los. Als Lore sie sah, gab sie Mark ein Zeichen und die beiden kamen ihr entgegen.

Auch Elli hatte nun die Deckung verlassen und folgte Anton kopfschüttelnd. Kata runzelte unwillig die Stirn und lief schneller. Dabei behielt sie Anton und Elli im Auge, die sich auf der anderen Seite des Flusses ebenfalls Richtung Wasserfall bewegten.

Mark und Lore kamen näher. »Da bist du ja«, rief Lore Kata entgegen.

Kata zog entschuldigend die Schultern hoch. Lore grinste. Kata wurde langsamer, zeigte auf die gegenüberliegende Seite und blieb schließlich stehen. Mark und Lore hatten sie erreicht und traten neben sie.

Schweigend beobachteten sie Anton und Elli, die sich dem Wasserfall näherten. Da ertönte hinter den beiden ein schmerzerfüllter Schrei, diesmal ganz aus der Nähe. Sie sahen, wie Anton den Kopf hob, lauernd und angespannt. Auch Elli war stehengeblieben.

Da brach hinter Anton und Elli eine dunkle Gestalt aus dem Dickicht hervor, tapsend, taumelnd. Es war tatsächlich ein Braunbär, der jüngere von beiden. Irgendwie musste er in die Kuppel mit dem tropischen Klima geraten sein, obwohl die drei Kuppeln mit ihren unterschiedlichen Klimazonen getrennt waren. Nun hob das Tier den Kopf und brüllte erneut seinen Schmerz hinaus, dumpf klang sein Schrei und verzweifelt.

Kata beobachtete, wie sich Anton und Elli hinter einen Stein zurückzogen und dabei den Bären nicht aus den Augen ließen. Dieser hob den Schädel und seine suchende Schnauze ließ vermuten, dass er Witterung aufnahm. Er rührte sich nicht von der Stelle, doch immer wieder drehte er den Kopf hinüber zu dem Stein, hinter dem Elli und Anton Deckung gesucht hatten. Trotzdem schien er die beiden nicht zu bemerken, denn schließlich schüttelte das Tier seinen Kopf und wandte sich laut brüllend dem Wasser zu.

Aus den Augenwinkeln nahm Kata hinter dem Stein eine Bewegung wahr und erstarrte. Elli hatte Anton am Arm gepackt und selbst aus dieser Entfernung war zu erkennen, dass ihre braune Gesichtshaut fahl geworden war. Anton schlug wild um sich und riss sich schließlich los. Er trat hinter dem Stein hervor und begann Richtung Fluss zu laufen. Dabei hob er beide Arme und schwenkte sie. Der Bär wandte den Kopf, dann machte er einen Sprung nach vorne und folgte Anton. An seiner rechten Flanke klaffte im verklebten Fell eine tiefe Wunde, die bei jedem Schritt rot aufleuchtete.

»Verdammt, ist der schnell«, flüsterte Lore und sprach aus, was Kata dachte.

Auch Anton wirkte überrascht, doch unbeirrt steuerte er auf das Flussufer zu.

Der Abstand zwischen dem Bären und Anton verringerte sich. Der Chief der Gorillas erreichte das Wasser und watete, so schnell er konnte, in tieferes Gewässer. Der Bär folgte ihm.

Kata stockte der Atem, als sie beobachtete, wie das riesige Tier allmählich näher kam. Anton sah über die Schulter, dann begann er zu rennen, so gut das Wasser es zuließ, und half mit rudernden Armbewegungen nach. Das schien den Bären weiter aufzustacheln. Er folgte in großen Sprüngen und hatte Anton fast erreicht. Kata hielt den Atem an.

»Hey! Hey!« Elli trat hinter dem Stein hervor und schwenkte ebenfalls ihre Arme.

Kata beobachtete, dass der Bär stutzte und sich umsah. Elli rief noch einige Male und rannte auf das Flussufer zu, weit genug von Anton entfernt, dass der Bär sich zwischen ihr und Anton entscheiden musste.

Anton ließ sich ins Wasser sinken und tauchte ab. Überrascht blickte der Bär auf die Wasseroberfläche, wo Anton gerade noch zu sehen gewesen war. Dann änderte er seine Richtung und folgte Elli, die ihre Arme schwenkte und ins Wasser rannte.

Sie kämpfte gegen die starke Strömung, dann ließ sie sich ins Wasser fallen und begann mit großen, unruhigen Zügen zu schwimmen.

Voll Entsetzen beobachteten Kata, Mark und Lore, dass auch der Bär zu schwimmen begann. Das Wasser schien seinen Schmerz zu lindern, denn seine Bewegungen wurden kräftiger und er konnte Elli allmählich einholen. Doch diese war in ihrem Element angekommen, nicht umsonst war sie Chief der Delfine. Ohne einen Blick nach hinten zu werfen, wurden ihre Schwimmzüge ruhiger und schneller. Dicht gefolgt von dem Bären, den sie nicht zu bemerken schien. Sie machte immer größere Schwimmzüge. Obwohl auch der Bär schneller paddelte, wurde der Abstand zwischen ihr und dem Tier größer. Dann tauchte Elli ab. Sie konnte länger als irgendjemand sonst die Luft anhalten. Der Bär paddelte noch ein kurzes Stück weiter, irritiert suchte er Wasseroberfläche vor sich ab. Als Elli auch nach mehr als einer Minute nicht wieder aufgetaucht war, verlor der Bär schließlich das Interesse und drehte ab. Nun schwamm er in die Gegenrichtung und steuerte wieder auf Anton zu, der mit weit ausholenden Bewegungen gegen die Strömung in Richtung Wasserfall schwamm.

Anton wandte den Kopf, als wollte er sich vergewissern, dass der Bär ihm folgte. Kata beobachtete, wie sich ein breites Grinsen über sein Gesicht legte, als er den Bären ganz in der Nähe entdeckte. Zügig schwamm er weiter Richtung Wasserfall.

Sie hörte, wie Lore neben ihr überrascht den Atem einsog. Am Fuß des Felsens gab es einen starken Strudel. Vermutlich wollte Anton den Bären dorthin locken. Doch das Risiko war groß. Erst vor einem Monat war Nik beim Training dem Strudel zu nahe gekommen und wäre ertrunken, wenn Mimi ihn nicht mit dem Schlauchboot herausgezogen hätte.

Der Schädel des schweren Tiers tanzte auf dem Wasser und kam Anton immer näher. Dieser hatte den Strudel fast erreicht und umrundete die nach unten zeigende Wassersäule in respektvollem Abstand.

Der Bär schien seinen Vorteil zu wittern. Anstatt wie Anton einen weiten Bogen um die sich drehenden Wellen zu machen, schwamm er direkt darauf zu. Kaum hatte er sich dem Strudel genähert, erfassten ihn die Wellen und zogen ihn mit sich. Hektisch paddelte der Braunbär gegen den Sog und stand nahezu senkrecht im Wasser. Doch die drehenden Wassermassen zogen seinen Kopf allmählich unter die Wasseroberfläche. Sein Hals streckte sich und Kata glaubte die Panik in seinen Augen zu erkennen. Seine Schnauze öffnete sich weit und das Gebrüll, angsterfüllt und aus tiefster Seele, jagte ihr einen Schauer den Rücken hinunter. Dann verstummte der Bär, sein Kopf wurde unter Wasser gezogen und schließlich verschwand er aus ihrem Blickfeld.

Kata spürte, dass sie vor lauter Anspannung den Atem angehalten hatte. Sie holte tief Luft und beobachtete, wie Anton triumphierend den Arm aus dem Wasser reckte und einen begeisterten Schrei ausstieß.

Dann sank er zurück ins Wasser und machte sich auf den Weg zu ihnen. Wie zuvor umrundete er den Strudel, doch der Sieg hatte ihn leichtsinnig gemacht und Kata sah, dass er der Wassersäule gefährlich nahe kam. Schon erfasste ihn eine Welle und Anton schwamm hektisch in die Gegenrichtung. Seine Bewegungen wurden schneller, doch er kam dem Strudel immer näher. Hörbar sog Lore den Atem ein. Atemlos mussten sie zusehen, wie Anton trotz kräftiger

Schwimmzüge allmählich ins Zentrum der Wassersäule gezogen wurde.

Kata riss beide Arme nach oben. »Elli! Elli!«, rief sie laut.

Nur das Oberhaupt der Delfine war im Wasser geschickt genug, um eine Chance gegen den Strudel zu haben. Elli hatte gerade die andere Seite des Flusses erreicht und kletterte in einiger Entfernung an Land. Als sie die Rufe hörte, blickte sie auf.

Kata deutete zum Wasserfall, wo Anton inzwischen verzweifelt gegen den Sog kämpfte. Elli stutzte, dann rannte sie zurück ins Wasser und begann zu schwimmen. Doch sie war viel zu weit entfernt und näherte sich dem Ertrinkenden quälend langsam.

Kata glaubte, einen Motor zu hören und starrte in das grüne Dickicht. Das mussten Mimi und Gerard sein. Die Motorengeräusche waren noch weit entfernt. Es würde zu lange dauern, bis die beiden ankamen.

Mark stieß einen Schreckensschrei aus. Kata riss ihren Kopf herum und musste mit ansehen, wie Anton verzweifelt kämpfte. Trotzdem rückte er dem Zentrum des Strudels immer näher. Mit einem Blick flussaufwärts wurde ihr klar, dass Elli keine Chance hatte, ihn noch rechtzeitig zu erreichen. Kata warf den Rucksack ab und riss sich die Schuhe von den Füßen.

»Warte«, sagte Lore ruhig und legte ebenfalls ihren Rucksack zur Seite. »Du schafft das nicht mehr, im Wasser sind wir zu langsam.« Sie schlüpfte aus ihrem T-Shirt.

Entsetzt stieß Kata den Atem aus. »Tu's nicht«, rief sie gegen das Tosen des Wasserfalls.

»Das ist der Kerl nicht wert«, zischte Mark und griff nach Lores Arm.

»Könnt ihr damit leben, dass wir nichts unternehmen?«, fragte Lore und sah die Freunde ruhig an. »Dann sind wir nicht besser als die Forscher.«

Mark ließ seine Hand sinken. Reglos beobachteten Kata und er, wie der Kadaver des Bären wie ein Korken an die Wasseroberfläche schoss und an ihnen vorbei flussabwärts trieb.

Kata musterte flehentlich ihre beste Freundin. Lore erwiderte ihren Blick, als bitte sie um ihre Zustimmung. Schließlich senkte Kata den Kopf und nickte.

Lore trat ans Ufer und sah hinüber zum Fuß des Wasserfalls. Antons Bewegungen wurden langsamer und er schnappte verzweifelt nach Luft.

Ohne das T-Shirt war Lores Spezial-BH zu sehen. Er hatte mehrere dünne Riemen, die oberhalb und unterhalb ihrer Schulterblätter verliefen. Dazwischen lagen hauchzarte Knochen dicht an ihren Rücken geschmiegt. Ihre Schulterblätter zuckten, dann kam Bewegung in die zarten Gebilde, die sich zaghaft öffneten, über ihre Schultern hinauswuchsen und sich zu Flügeln entfalteten. Kleine weiße Federn bedeckten die nun straff gespannte dünne Haut.

Die Schwingen bewegten sich zunächst zögerlich, dann pumpte Lore mit zwei kräftigen Schlägen Luft unter ihre Flügel. Kata spürte den Luftzug auf ihren Wangen und Tränen traten in ihre Augen. Lores Flügel waren so schön und so schrecklich zugleich.

Lore bewegte ihre Flügel einige Male auf und ab, dann ließ ein gellender Schrei sie inne halten. Anton riss verzweifelt einen Arm nach oben, seine Stimme verriet Todesangst.

Die Motorengeräusche kamen näher und voller Hoffnung wandte Kata den Kopf. Doch von Mimi und Gerard war noch nichts zu sehen. Und Anton starb jetzt, hier vor ihren Augen.

Ein letzter kräftiger Flügelschlag, dann hob Lore vom Boden ab. Zitternd blieb sie über dem Ufer hängen und versuchte, sich mit hastigen Flügelschlägen in der Luft zu stabilisieren.

»Du schaffst das.« Mark rannte ins Wasser und gab sich Mühe, überzeugend zu klingen.

Doch Kata spürte die Angst in seiner Stimme und war sicher, dass auch Lore sie hören konnte. Mit weit aufgerissenen Augen beobachtete sie, wie Lore mit dem rechten Fuß die Wasseroberfläche streifte und ins Trudeln kam. Mark sog scharf den Atem ein. Doch zwei weitere kräftige Flügelschläge trugen Lore nach oben, in sicherem Abstand zur glitzernden Wasseroberfläche.

Hinter ihnen brach ein Fahrzeug durch dichtes Gestrüpp und erleichtert riss Kata den Kopf herum. Sie erkannte im Vorüberfahren die angespannten Gesichter von Mimi und Gerard. Ein ersticktes Gurgeln ließ sie erneut den Atem anhalten. Antons Kopf wurde unter Wasser gezogen. Mit verzweifeltem Rudern beider Arme versuchte er wieder nach oben zu kommen.

Die Schnauze des Amphibienfahrzeugs tauchte in den Fluss ein, dann verstummte der Motor. Gespenstische Stille breitete sich aus, nur das Tosen des Wasserfalls war zu hören. Kata glaubte fast, die Geräusche von Lores Flügel wahrnehmen zu können. Jetzt näherte sie sich der Stelle, wo Anton unter der Wasseroberfläche verschwunden war.

Kata merkte kaum, dass sie nur noch stoßweise atmete. Der Chief der Gorillas hatte noch nicht aufgegeben, seine Hand durchbrach erneut die Wasseroberfläche. Mit einem tiefen Stöhnen stieß Lore nach unten und ergriff seine verzweifelt in der Luft rudernde Hand. Mit einem Ruck wollte sie ihn nach oben ziehen, doch seine nasse Hand rutschte durch ihre Finger. Klatschend fiel sein Arm zurück aufs Wasser und verschwand im Strudel.

Lautes Aufheulen zeigte, dass Mimi und Gerard versuchten, den Motor des Pinguins zu starten. Das Röhren des stotternden Motors erhob sich über die gespenstische Szenerie und erstarb wieder.

Gebannt starrten Kata und Mark zum Strudel. Lore kam erneut ins Trudeln und drohte, in das aufgewühlte Wasser zu stürzen. Ihre verzweifelten Flügelschläge waren zu hektisch, um sie zu stabilisieren. Kata griff entsetzt nach Marks Hand und seine Finger klammerten sich um ihre.

Lore kämpfte und schaffte es schließlich, ihren Flügelschlag zu verlangsamen und sich erneut in Position zu bringen. Als ob er es geahnt hätte, schoss Antons Hand ein weiteres Mal aus dem Wasser, und diesmal brachte er auch seinen Kopf nach oben. Kein Schrei drang aus seiner Kehle und Kata presste Marks Hand, als sie Antons verzweifeltes Schnappen nach Luft hörte.

Endlich jaulte der Motor hinter ihnen auf und Sekundenbruchteile später war ein sattes Dröhnen zu hören. Mimi steuerte das Fahrzeug ins Wasser und angespannt beobachtete Kata, dass sie Kurs auf den Strudel nahmen.

Lore flog nun dicht über dem Wasser und reckte Anton ihre Hand entgegen. Sie kam der Wasseroberfläche gefährlich nahe und ihre Fingerspitzen tauchten ins Wasser ein. Sie versuchte, Antons Unterarm zu fassen zu bekommen und auch Antons Finger schlangen sich um ihren Unterarm. Die beiden hielten einander fest umklammert und Lore begann, mit den Flügeln zu arbeiten. Doch der hektische Flügelschlag ging in starkes Zittern über. Der Dunst des Wasserfalls trug Lores angestrengtes Stöhnen bis zu ihnen herüber.

»Du schaffst es«, flüsterte Mark und presste Katas Finger, dass es weh tat.

Lores Körper hob sich zentimeterweise und mit ihr Antons Oberkörper, der nun bis zur Brust aus dem Wasser ragte. Dann kam Lore nicht mehr voran, obwohl ihre Flügel immer schneller schlugen. Als Kata hörte, wie verzweifelt Lore um Luft rang, traten Tränen in ihre Augen.

Anton hing keuchend und hustend über der Wasseroberfläche und brachte Lore ins Schlingern. Wie ein kopulierendes Libellenpaar hingen die beiden in der Luft, zitternd, nahezu regungslos. Es konnte nur noch Sekundenbruchteile dauern, bis sie in ihrer tödlichen Umarmung in den Strudel stürzten.

Da hatten Mimi und Gerard die beiden endlich erreicht. Gerard packte Antons Oberkörper und zerrte ihn ins Boot, während Mimi mit dem Motor gegen den Strudel kämpfte. Als Anton über den wulstigen Rand des Amphibienfahrzeugs rutschte, zerrte er die verzweifelt mit den Flügeln schlagende Lore hinter sich her. Beide Körper stürzten mit einem dumpfen Geräusch auf die Planken. Der Motor heulte auf und mit einer schäumenden Bugwelle brachte Mimi sie in Sicherheit.

Kata spürte die Wärme von Marks Hand in der ihren. Wie erstarrt blieben sie stehen, noch immer auf den Fluss starrend. Als ihre Hände sich lösten, mieden beide den Blick des anderen. Die Stille zwischen ihnen fühlte sich falsch an.

8.

Stunden später saßen Kata und Mark im dritten Stock des Hauptquartiers. Die Ärztin war schon ewig bei Lore im Krankenzimmer 47A. Endlich öffnete sich die Tür und Wilhelm trat auf den Flur.

»Tut mir leid«, sagte er mit schleppender Stimme und sein Gesicht wirkte grau. »Wir können noch nichts sagen. Wir müssen erst warten, wie sie die Nacht übersteht.«

»Ob sie die Nacht übersteht«, flüsterte Kata.

Mark warf ihr einen entsetzten Blick zu. Wilhelm vergrub beide Hände in den Taschen seiner zerknitterten Hose und zog den Kopf zwischen die Schultern. Mit geschlossenen Augen verharrte er für einen Moment, dann ließ er die Schultern wieder sinken und blickte sie müde an.

»Geht bitte ins Bett«, sagte er.

»Aber …« Kata schnellte hoch und baute sich vor ihrem Hausvater auf. Spontan nahm er sie in den Arm. Kata wollte ihn wegstoßen, doch dann rannen Tränen über ihre Wangen und sie barg ihren Kopf an seiner Schulter.

»Schhhh«, flüsterte Wilhelm in ihr Ohr und wiegte sie wie ein kleines Kind, bis ihr Weinen nachließ.

Kata wand sich aus seinen Armen. Ohne den Blick zu heben kramte sie nach einem Taschentuch.

»Bitte geht jetzt hinüber in eure Schlafhäuser«, sagte Wilhelm. »Im Moment darf niemand zu ihr und das wird sich auch in den kommenden Stunden nicht ändern.«

»Du gibst uns Bescheid!«, forderte Mark und bedachte ihn mit einem finsteren Blick.

»Versprochen«, erklärte Wilhelm.

»Wenn ihr uns da nicht reingeschickt hättet, wäre das nie passiert«, zischte Mark.

Kata sah, wie sich Wilhelms Hände in seinen Taschen zu Fäusten ballten. Doch sein Gesicht zeigte keine Reaktion.

»Bitte geht jetzt hinüber«, erwiderte er kalt und wich Marks Blick nicht aus.

Dieser rührte sich nicht.

»Komm schon«, sagte Kata schließlich, griff nach Marks Arm und zog ihn mit sich.

Schweigend gingen sie hinüber zum Aufzug. Als sich die Tür hinter ihnen schloss, hing die Erinnerung an Lores ersten Flug fast greifbar zwischen ihnen.

Die Forscher hatten lange mit Tiergenen experimentiert. Viele Föten starben, bis sie die richtige Mischung aus menschlichen Genen und Tiergenen gefunden hatten. Schließlich wollten sie Menschen mit tierischen Merkmalen züchten, keine Tiere. Der Triumph musste groß gewesen sein, als es endlich geglückt war. Doch erst, als die Kinder heranwuchsen, wurde deutlich, welchen Preis sie dafür bezahlten.

Lore hatte Flügel, zart wie die Schwingen eines Flamingos. Sie konnte auch fliegen. Doch der menschliche Körper war nicht dafür gemacht, sich an dünnen Flügeln in die Luft zu erheben. Lore war zehn, als sie die ersten ernsthaften Flugversuche unternahm. Jeder einzelne brachte sie an den Rand der Erschöpfung. Als sie es endlich schaffte, sich vom Boden zu lösen, konnte sie zehn Meter fliegen. Dann erlitt sie einen Zusammenbruch. Ihr Körper brauchte Wochen, um sich von der Anstrengung zu erholen. Die Ärztin hatte damals gesagt, dass jeder weitere Flug Lore das Leben kosten könnte.

Mark und Kata wechselten keine Worte auf dem Weg nach draußen. Als sie sich auf der Treppe des Hauptquartiers verabschiedeten, ging Mark auf Kata zu, als wollte er sie umarmen. Ihr Herz machte einen Satz und gleichzeitig fühlte sie sich schlecht wegen Lore. Sie wich ihm aus. In seinen Augen konnte sie sehen, wie sehr ihn das verletzte. Mit gesenktem Kopf trat er einen Schritt zurück und murmelte mit belegter Stimme einen Abschiedsgruß.

Kata rannte hinüber zum Schlafhaus der Wölfe. Tränen rannen über ihr Gesicht und sie wollte lieber nicht darüber nachdenken, warum sie weinte. Sie legte sich ins Bett und kurze Zeit später tappten nackte Füße in ihre Schlafkoje. Als Fin sich zu ihr ins Bett kuschelte, schmiegte sie sich dankbar an seinen warmen Körper und schlief schneller ein, als sie erwartet hätte.

Am nächsten Morgen war ihr nicht nach Essen zumute. Sie holte sich am Frühstücksbuffet nur einen Tee und setzte sich neben Mia, ohne weiter auf sie zu achten. Später ging sie zur Geschichtsstunde, die hatte sie schon letzte Woche belegt. Kevin, Hausvater der Bären, erzählte von den großen Weltkriegen des vergangenen Jahrhunderts. Doch seine Stimme schien von weither zu kommen und kaum hatte er einen Satz ausgesprochen, konnte Kata sich nicht mehr daran erinnern, was er gesagt hatte.

Nach dem Unterricht rannte sie die Treppen hinauf in den Krankenflügel. Schwer atmend stand sie vor Lores Krankenzimmer, doch der Pfleger ließ sie nicht zu ihr.

Mittags knurrte ihr Magen und obwohl sie keinen Appetit hatte, aß sie ein paar Bissen. Am Nachmittag ließ sie den Unterricht sausen und trainierte in der Trainingshalle an den Geräten, bis ihr alle Muskeln weh taten. Zum Duschen kehrte sie ins Schlafhaus der Wölfe zurück. Sie kam gerade aus dem Waschraum, als Wilhelm in die Eingangshalle trat. Er wirkte müde und dunkle Schatten lagen unter seinen Augen, doch er lächelte.

»Du kannst jetzt zu ihr.« Er nickte ihr flüchtig zu. »Sie ist über den Berg, sagt Dr. Leibold.«

Kata rannte los. Drüben im Hauptquartier mochte sie nicht auf den Aufzug warten, lieber nahm sie die Treppen im Laufschritt. Atemlos erreichte sie den dritten Stock und stand endlich vor Lores Krankenzimmer. Der Pfleger hob abwehrend die Hand, dann schien er sich zu erinnern, dass er andere Weisung hatte.

Kata atmete tief durch und ihre Hände zitterten, als sie den Türöffner drückte. Im Zimmer war es dämmrig, in einer Ecke brannte ein schwaches Licht. Auf Zehenspitzen schlich Kata hinüber zum Bett. Lore sah blass und müde aus, doch sie war wach und wandte ihr den Kopf zu. Kata lächelte zaghaft und zog sich einen Hocker heran.

»Ich hatte solche Angst«, flüsterte sie.

»Ich bin zäh«, krächzte Lore und blinzelte.

Kata beugte sich hinüber und legte die Stirn an Lores Schulter. Sie griff nach der Hand ihrer Freundin und spürte dankbar ihre Wärme. Kata wagte kaum zu atmen, Lore sollte nicht merken, dass sie weinte. Dann richtete sie sich auf und wischte sich energisch die Nase.

»Genug getrauert«, flüsterte Lore, »schließlich lebe ich noch.« Sie verzog das Gesicht zu einem Grinsen.

Kata antwortete mit einem zaghaften Lächeln.

»Stell dir vor, sie wollten mir die Flügel amputieren«, murmelte Lore.

Kata runzelte die Stirn. »Vielleicht …«, begann sie zögernd und brach ab, als sie Lores empörten Blick bemerkte.

»Die sind ein Teil von mir«, flüsterte Lore und ihr Gesicht verzerrte sich vor Anstrengung, »ganz egal, woher sie stammen. Jetzt gehören sie zu mir. Genau so, wie sie sind.«

Kata nickte. Sie konnte Lore verstehen. »Außerdem brauchst du sie für den Cube«, erwiderte sie und grinste.

Lore musste lachen. Ihr Lachen klang viel leiser als sonst und ihre Stimme krächzte. Aber sie klang wie Lore.

Erleichtert drückte Kata ihre Hand und legte sie dann vorsichtig zurück aufs Bett. Sie rutschte ganz dicht an Lore heran, sodass die Kameras ihr Gesicht nicht aufnehmen konnten.

»Ihr müsst mitkommen«, formte sie mit den Lippen, ohne einen Laut von sich zu geben.

»Was meinst du?«, fragte Lore tonlos zurück.

»Du siehst doch, jeden Tag kann etwas Neues passieren. Seit die beiden Männer hier waren, ist alles anders, bedrohlicher«, erwiderte Kata stimmlos. »Wer weiß, was die Admiralin noch vorhat.« Es fiel ihr schwer, ruhig zu bleiben.

Lores Blick huschte zur Kamera, die gegenüber von ihrem Bett hing und ihr Gesicht aufnahm. Kata rutschte noch etwas näher, bis Lores Mund im Schatten ihrer Schulter lag.

»Ihr müsst mitkommen«, formte sie erneut mit den Lippen und ließ Lore nicht aus den Augen. »Du und Mark. Zu dritt schaffen wir es vielleicht, die anderen zu befreien, bevor es zu spät ist.«

Sie konnte sehen, wie Lores Augen sich weiteten.

Kata griff erneut nach Lores Hand und drückte sie fest. »Bitte«, formten ihre Lippen flehend, dann sprang sie auf und stolperte blind vor Tränen zur Tür.

»Kata«, rief Lore ihr nach, dann begann sie zu husten.
Entsetzt hörte Kata, wie der Hustenanfall Lore den Atem nahm. Hastig kehrte sie zum Bett zurück und strich beruhigend ihren Arm, bis Lore wieder Luft bekam.

»Allein ist deine Chance größer, dann kannst du …«, krächzte Lore, doch als sie Katas warnenden Blick bemerkte, schwieg sie betroffen.

Kata wandte erneut der Kamera den Rücken zu. »Bis dahin lebst du vielleicht nicht mehr!«, formten ihre Lippen lautlos. »Du bist alles, was ich habe. Du und Fin. Meine Familie! Fin ist noch eine Weile in Sicherheit, er ist noch so klein. Aber du!« Kata ließ sich auf den Hocker fallen, drückte ihre Stirn gegen Lores Schulter und schloss die Augen. Ihre Schultern zuckten, doch kein Schluchzen drang über ihre Lippen.

Kata spürte, wie Lore tief durchatmete und ihre Hand fest zwischen beide Hände nahm. Schweigen breitete sich aus.

»Okay«, stieß Lore schließlich hervor. »Ist okay. Ich rede mit Mark.«

Kata presste Lores Hand und vor Erleichterung traten ihr erneut Tränen in die Augen. Sie atmete durch den offenen Mund ein und aus, bis ihr Atem sich beruhigt hatte. Dann richtete Kata sich auf, räusperte sich und begann zu erzählen, erst stockend, dann immer flüssiger: vom Unterricht und von den Aufgaben, die noch vor den Wölfen lagen, bis sie endlich den Schwingenflügler zusammenbauen konnten.

Als Kata sich von ihr verabschiedete, ging es Lore schon viel besser, auch wenn sie noch ziemlich erschöpft aussah. Im Schlafhaus traf Kata auf Wilhelm, der sie forschend musterte. Tonlos erwiderte sie sein »Gute Nacht« und versuchte, sich nichts anmerken zu lassen. Es fiel ihr schwer, auf dem Weg in ihre Schlafkoje nicht schneller zu werden. Oben angekommen, warf sie sich aufs Bett und betrachtete abwesend die Decke. Wilhelm hatte sie so merkwürdig angesehen, ob er etwas ahnte?

9.

Es war der vorletzte Tag der chinesischen Wochen. Am Morgen sahen sie einen Film über die Kulturrevolution in China und nachmittags hielt ihnen Ma-Lee einen Vortrag über das Wachstum der Bevölkerung und die daraus resultierenden Umweltprobleme. Zum Mittagessen hatte ihnen Sandrine ein üppiges chinesisches Festessen zubereitet. Die Buffettische blieben leer, stattdessen standen auf allen Tischen mehrere Drehteller mit gefüllten Schüsseln darauf. Für jedes Clan-Member hatte das Küchenteam eine Schale bereitgestellt und zwei Stäbchen danebengelegt.

Kata nahm sich Reis und dazu geröstete Shrimps, gedämpfte Paprika und Karotten. Sie vermisste Lore, die noch mindestens einen weiteren Tag im Krankenflügel bleiben sollte.

Nach dem Essen stürmte Kata zu ihr hinauf und brachte ihr geschmorte Bananen im Teigmantel, ihren Lieblingsnachtisch. Auch Lore hatte chinesisches Essen bekommen und verschlang gerade Glasnudeln mit Morcheln. Doch für die Bananen ließ sie alles andere stehen und aß vergnügt Katas Nachtisch, um gleich darauf noch ihre eigene Portion zu vertilgen. Kata berichtete von Ma-Lee und sie kicherten, als Kata erzählte, dass die heute Morgen kaum laufen konnte, weil sie mit Stöckelschuhen und einem eng geschnittenen Qipao, einem chinesischen Kleid, in den Unterricht gekommen war.

Nachmittags trafen sich die Wölfe zur Konstruktionsbesprechung. Sie diskutierten erneut über die Größe des Fliegers und am Ende gab Lien nach und sie einigten sich darauf, die große Version zu bauen. Kurze Zeit später kam die Werkstattleiterin Dilma hinzu und gemeinsam überlegten sie, welches Material für die Schwingen am besten geeignet war. Dilma plädierte für Glasfaserkunststoff, von dem sie größere Mengen vorrätig hatte. Die Wölfe stimmten zu und Dilma versprach ihnen, noch heute die entsprechenden Mengen bereit zu legen. Dann konnten sie schon morgen mit dem Bau der Flügel beginnen.

Abends war im Kinosaal die *Rote Laterne* zu sehen. Viele der Älteren fanden sich ein und genossen Eistee mit chinesischem Knabberzeug, das Sandrine ihnen bringen ließ.

Am nächsten Morgen berichtete Ma-Lee über die verbotene Stadt in Peking und die Gepflogenheiten am Kaiserhof. Die Jüngeren kicherten als Ma-Lee erzählte, dass der gesamte Stab der Ärzte sich jeden Morgen um eine kleine Schüssel versammelte. Darin lag der Stuhlgang des Kaisers und gemeinsam beugten sie sich darüber und machten sich Gedanken über die Verdauung und die Gesundheit des kleinen Jungen, der bereits Kaiser war. Kata blieb das Lachen im Hals stecken, zu sehr erinnerte sie die Geschichte an das Camp und daran, wie sehr sie alle unter Beobachtung standen.

Den Nachmittag verbrachte sie bei Lore. Die hatte sich den ganzen Morgen gelangweilt und freute sich, als Kata in ihr Krankenzimmer schlüpfte und das Tablet auspackte. Sie entschieden sich für den ersten Band der Reihe mit der Astronautin, lasen sich gegenseitig daraus vor und kicherten, als Lore die Astronautin nachahmte, wie sie mit der Froschmaske in das fremde Raumschiff eindrang.

Später kam Leibold vorbei. Kata und Lore bedrängten sie, bis sie schließlich erlaubte, dass Lore am nächsten Morgen in das Schlafhaus der Papageien zurückkehren durfte. Als Kata sich von Lore verabschiedete, lagen unter den Augen ihrer besten Freundin noch dunkle Ringe, doch ihr Lächeln war wieder fast so strahlend wie früher.

Am Tag darauf durfte Lore zum ersten Mal wieder gemeinsam mit den anderen essen. Sie wirkte noch etwas blass, doch kurze Zeit später war sie schon wieder ganz die Alte. Nach dem Mittagessen trafen sie sich in Katas Lieblingsnische. Mark wich nicht von Lores Seite und eng aneinander geschmiegt machten sie es sich auf dem Sofa bequem. Verlegen blickte Kata zur Seite. Um sie herum klapperten Teller und Besteck. Fin und Mia waren gemeinsam mit Jack und Tom zum Küchendienst eingeteilt. Geräuschvoll sammelten sie alle noch verbliebenen Teller ein und packten sie auf den Küchenwagen.

Kata räusperte sich und blickte Lore und Mark fest an. »Wir brauchen einen Ort, an dem wir ungestört planen können«, sagte sie ohne einen Laut.

Mark und Lore nickten.

»Ich weiß auch, wo«, sagte Kata stimmlos. »Kommt heute Abend zu mir. Ihr wisst schon.«

Die beiden nickten. Dann wechselten sie das Thema und sprachen über die Jahresaufgabe. Mark erzählte, dass sie ihren ersten Probeflug für den Tragschrauber verschoben hatten, weil Dirk, der Hauptkonstrukteur der Bären, auf einmal zweifelte, ob die Flügel auch stabil genug waren.

Nach einer Weile verabschiedete sich Kata und ließ die beiden allein. Nachmittags hörte sie sich eine Stunde über die industrielle Entwicklung in China an. Am späten Nachmittag kehrte sie in den Wohnraum zurück, um noch ein wenig zu lesen. Eigentlich sollten sie für den Unterricht mit Lea *Der Prozess* von Kafka lesen, doch Kata nahm sich lieber den Schluss der *Astronautin* vor.

Später kam Lore dazu und sie plauderten und machten sich Gedanken über Dirk, der an seiner eigenen Konstruktion zweifelte, ohne ihre Verabredung für den Abend zu erwähnen.

Als Mark Lore abholte, gingen sie hinüber zu den Tischen, um gemeinsam mit ihren Clans zu essen.

Gegen acht Uhr ging Kata hinüber ins Schlafhaus der Wölfe. Fin und Ute hingen in der Diele vor dem Flatscreen herum und sahen den Welpen zu, die im hohen Gras tollten. Als Kata eintrat, verabschiedete sich Ute mit einem Kichern und rannte die Treppen hoch. Kata setzte sich zu Fin, der die Welpen nicht aus den Augen ließ.

»Ob sie merken, dass sie eingesperrt sind?«, fragte er nachdenklich und kuschelte sich an sie.

»Ich weiß es nicht«, erwiderte Kata zögernd. »Aber hier haben sie ihre Familie.«

»Wenn sie frei leben, sind ihre Reviere viel größer«, protestierte Fin.

»Ja«, erwiderte sie und schluckte.

»Bestimmt sind sie traurig deshalb«, stieß Fin hervor.

Kata starrte auf den Bildschirm. Dann zog sie die Schultern hoch.

»Vielleicht finden sie irgendwann einen Weg nach draußen«, flüsterte sie in sein Ohr.

Verschwörerisch grinste Fin sie an und Kata zwang sich zu einem Lächeln.

»Jetzt komm«, sagte sie leichthin, »solltest du nicht längst im Bett liegen?«

Fin riss die Augen auf und zuckte mit den Achseln. »Sabine ist noch drüben im Hauptquartier, Martin wollte mit ihr sprechen«, sagte er betont lässig.

»Ich bring dich hoch«, sagte Kata, erhob sich und hielt ihm die Hand entgegen.

»Och«, maulte er, doch dann nahm er ihre Hand und hüpfte vor ihr die Treppen nach oben zum Schlafsaal der Jungen. In den anderen Kojen war es längst ruhig, nur hinter Jacks Trennwand drang leise Klaviermusik hervor.

Kata wartete, bis Fin den Bademantel zur Seite gelegt und seine Clogs neben das Bett geschoben hatte und unter die Decke geschlüpft war. Dann setzte sie sich auf die Bettkante, zog seine Decke bis an sein Kinn und strich ihm die Haare aus der Stirn.

»Was denkst du, wo sind unsere Eltern?«, fragte er und blickte sie ernst an.

»Ich weiß es nicht«, erwiderte sie leise. Sein sehnsüchtiger Blick traf Kata ins Herz. Sie strich über seine Wange.

Seine Lider flatterten und senkten sich. »Irgendwann gehe ich sie suchen«, erklärte er schläfrig.

»Irgendwann«, flüsterte Kata und begann leise zu summen: »Weißt du, wie viel Sterne stehen.«

»Ich bin doch kein Baby mehr«, murmelte Fin, schloss die Augen und schlief innerhalb weniger Sekunden ein.

Kata wartete, bis sein Atem regelmäßiger und tiefer wurde. Dann stand sie leise auf und kehrte zurück zur Treppe. Vorsichtig warf sie einen Blick nach unten in die Eingangshalle. Niemand war zu sehen, nur der Flatscreen warf diffus flackerndes Licht. Selbst in Jacks Schlafkoje war es ruhig geworden.

Kata kehrte in ihre eigene Schlafkoje zurück und schlüpfte in ihre Kletterklamotten. Sie musste an Fin denken. Früher hatte sie sich ähnliche Fragen gestellt, heute quälte sie der Gedanke, warum ihre Eltern das eigene Kind diesem Experiment ausgeliefert hatten. Ärgerlich runzelte sie die Stirn und verbot sich das sinnlose Grübeln. Sie schnappte sich ihre Kletterschuhe und lief die Treppe hinunter. Am liebsten wäre sie gerannt, doch sie bemühte sich, sich möglichst wie immer zu bewegen.

Drüben im Hauptquartier nahm sie sich vom Abendbuffet ein paar Kekse, etwas Milch und eine Cola und ging hinauf in die Trainingshalle. Ein Blick nach oben verriet ihr, dass Lore und Mark eine der Plattformen besetzt hatten. Schon als Kinder hatten sie herausgefunden, dass die Kameras und die Mikrofone nicht aufzeichneten, was auf den Kletterplattformen passierte. Drei hingen dicht unter der Decke, waren vor allem dafür gedacht, dass sie sich ausruhen konnten, wenn sie die Felsen überwunden hatten.

Kata deponierte das Glas auf einem der niedrigen Tische, die herumstanden. Während sie in ihre Schuhe schlüpfte und den Klettergurt festmachte, schob sie zwei Kekse in den Mund und leerte die Milch. Die Cola verstaute sie in ihrem dünnen Kletterrucksack.

Lore und Mark hatten die kleine Plattform über dem steilen Kletterfelsen für sich ergattert. Kata beobachtete, dass zwei Delfine sich zu ihnen gesellen wollten, doch Lore verteidigte ihr Revier. Kata brauchte nur zehn Minuten für die Kletterwand. Die Clans waren im Klettern inzwischen so gut, dass keiner aus dem Camp-Team mithalten konnte.

Als Kata oben ankam, klinkte sie sich mit dem Karabiner in die Seilrolle ein und schwang sich am gespannten Seil zur Plattform hinüber. Drüben angekommen klinkte sie sich aus und hakte ihren Karabiner in das Sicherungsseil der Plattform. Dann ließ sie sich Lore und Mark gegenüber mit untergeschlagenen Beinen nieder. Als ihr Blick auf Lore fiel, musste sie grinsen. Diese hatte ihre Haare mit reichlich Gel zu einem Papageienschopf geformt.

Lore fing ihren Blick auf und grinste. »Ich hab mich schon gefragt, wo du bleibst.«

»Fin hing vor dem Flatscreen herum und ich habe ihn ins Bett gebracht«, erwiderte Kata und strich sich eine Strähne aus dem Gesicht. »Wäre sonst aufgefallen.«

Mark zog die Augenbrauen zusammen. »Wie hast du dir die Flucht vorgestellt?«

Lore warf ihm einen warnenden Blick zu. Doch Kata war dankbar, dass sie sich nicht mit langen Vorreden aufhalten musste.

»Das Versorgungsschiff.« Kata beugte sich den beiden entgegen und senkte ihre Stimme. »Kommt einmal die Woche und liegt ein paar Stunden am Anleger. Die Ladung wird auf der Elektrobahn verstaut. Ein Teil davon ist in Transportboxen verstaut und das Schiff wartet, bis die Boxen ein oder zwei Stunden später mit der Bahn wieder zurückkommen. Dann werden sie von der Bahn runtergeschafft und unter Deck verstaut. Das dauert nochmal etwa eine halbe Stunde. Dann verschwindet das Schiff wieder.«

»Was ist mit den anderen?«, fragte Lore.

»Holen wir nach, sobald wir es geschafft haben«, erwiderte Kata.

»Die sind doch längst weg, wenn wir draußen ankommen. Die Admiralin wird nicht warten, bis wir sie auffliegen lassen«, wandte Mark ein.

»Wir gehen auf direktem Weg zur Polizei. So schnell kann sie nicht verschwinden. Nicht mit so vielen Leuten.« Kata rieb sich nachdenklich die Stirn und wünschte inständig, sie könnte Fin mitnehmen. »Es gibt keine Alternative. Willst du etwa mit 145 Clan-Membern fliehen?«

Mark schnaubte und auch Lore musste grinsen.

»Außerdem würde Anton niemals mitkommen.« Kata verzog das Gesicht. »Der ist doch viel zu stolz darauf«, sie ahmte Antons Tonfall nach, »Teil dieses großartigen Experiments zu sein und die Gene eines Führers zu haben!«

Lore verdrehte die Augen, doch sie wirkte noch immer besorgt.

»Wir werden das schaffen«, flüsterte Kata. Sie packte Lore an der Schulter und musterte sie eindringlich. »Wir werden es schaffen. Und dann holen wir die anderen hier raus.«

Lore nickte, doch Kata sah Zweifel in ihren Augen. »Ich würde Fin nicht zurücklassen, wenn ich nicht fest daran glauben würde«, flüsterte sie.

Drüben auf der größeren Plattform brandete Gelächter auf. Sie blickten hinüber und sahen Elli, die gerade unter allgemeinem Gelächter eine Show abzog. Sie mussten nicht lange rätseln, ohne Zweifel war Ma-Lee zu erkennen, wie sie mit Stöckelschuhen in den Vorführsaal stolzierte.

Mark grinste.

»Wie willst du da reinkommen?«, fragte Lore leise. »In das Versorgungsschiff?«

»In den Transportboxen«, flüsterte Kata. »Die werden im Camp geleert und mit der Bahn zurück zum Schiff gebracht.«

Mark runzelte die Stirn. »Die merken doch sofort, wenn da jemand drin hockt.«

Kata schüttelte den Kopf. »Die sind schwer. Bin ich ziemlich sicher. Sie müssen ja den Seegang aushalten. Da kommt es auf ein paar Kilo mehr oder weniger nicht an. Wir können uns einfach auf drei Boxen verteilen.«

»Aber dann müssen wir in den Versorgungsbau. Wie kommen wir da rein?«

»Mit dem Speiseaufzug«, erwiderte Kata leise. »Ist groß genug, habe ich ausgemessen.«

»Aber nur eine Person.« Mark runzelte die Stirn. »Wir müssen also dreimal damit in die Tiefgarage runter.«

»Sandrine merkt doch sofort, dass was nicht stimmt, wenn der Aufzug dreimal nach unten fährt.« Lore verzog das Gesicht.

»Wir fahren schon vorher runter. Über ein oder zwei Stunden verteilt. Dann fällt es nicht so auf«, versicherte Kata.

»Das merken sie doch in der Küche«, wandte Mark ein.

Kata schüttelte den Kopf. »Dort ist eine Stahlplatte vor dem Aufzug. Sie können nicht hineinsehen.«

»Und wie schaffen wir es in die Transportboxen?«

Lores Stimme klang jetzt zaghaft. Kata griff nach ihrer Hand und drückte sie fest.

»Wir haben noch ein paar Wochen Zeit, das herauszufinden«, sagte sie und ihre Stimme klang zuversichtlicher, als sie sich fühlte. »Ich werde vorher mit dem Aufzug nach unten fahren und beobachten, wie sie entladen werden. Dann wird mir schon was einfallen.«

Von drüben war erneut Gelächter zu hören.

»Okay.« Lore richtete sich auf und ein entschlossener Zug legte sich um ihre Lippen. »Wir werden das schaffen.«

Lore griff nach Marks Hand, dann drückte sie auch Katas. Kata spürte, dass Lores Finger zitterten. Sie erwiderte Lores Händedruck und umschloss die Finger ihrer besten Freundin, bis das Zittern allmählich nachließ. Vorsichtig sah sie hinüber zu Mark. Dieser hatte den Blick fest auf Lore geheftet, nun wandte er den Kopf und nickte ihr entschlossen zu. Es war ein gutes Gefühl, Verbündete zu haben.

Am Wochenende wurde es warm und das Thermometer kletterte auf über 32 Grad. Sie nutzen die Gelegenheit für ausgedehnte Ballspiele im Außenbecken und Sandrine organisierte ein Picknick für Samstagabend. Abedi schleppte mehrere Grills nach draußen und unter lautem Gelächter rösteten sie Steaks, Würstchen, Gemüse, Käse und Marshmallows über den glühenden Kohlen. Dann lieferten sich Kata, Lore, Mark, Elli und etliche andere ein Rennen mit den Wasserscootern. Die Elektromotoren machten keine Geräusche, umso lauter schallte das Lachen der Clan-Member über das Wasser. Nik und Sita bettelten, weil sie es endlich den Großen nachtun wollten. Doch Wilhelm war unerbittlich und erst als Kata unter großem Getöse baden ging, besserte sich die Laune der Jüngsten.

Später leerte sich die Wiese allmählich. Die letzten sammelten sich um eine Feuerschale, die ihren flackernden Schein auf die Gesichter warf. Das Gelächter jenseits des Stegs verriet, dass noch ein paar auf dem Wasser waren.

»Nimmst du mich auf einem der Scooter mit?«

Fins leise Stimme riss Kata aus ihren Gedanken. Er hatte sich an sie herangeschlichen und saß nun mit unschuldiger Miene zu ihren Füßen.

»Du weißt doch …«, begann Kata zögernd und warf einen vorsichtigen Blick in die Runde. Fin hatte den Moment gut ausgewählt, die Hauseltern hatten sich schon ins Haus verzogen.

»Bitte«, murmelte Fin und Kata musste lachen, als sie seinen bettelnden Blick sah, die Augen weit aufgerissen.

Sie stand auf und spürte, wie Energie durch ihren Körper rann. Es tat gut, nicht mehr so tatenlos herumzusitzen.

Fins Augen leuchteten, als er aufsprang und ihr zum Steg folgte, wo noch etliche Wasserscooter vertäut lagen.

Kata schwang sich auf den schmalen Sitz und überlegte, wie sie Fin mitnehmen konnte. Die Wasserscooter waren zu wackelig für zwei und sie hatten strikte Weisung, nur allein aufzusteigen. Entschlossen rutschte Kata nach hinten und klopfte mit der rechten auf den schmalen Fleck vor sich. »Los«, forderte sie ihn auf.

Zweifelnd musterte Fin das kurze Stück des Sitzes, dann siegte die Neugier. Vorsichtig setzte er einen Fuß auf die Kufen und schwang sich zu Kata hinüber. Sein Gewicht brachte das Gefährt ins Schwanken. Kata versuchte es auszugleichen, doch mit lautem Platschen landeten beide im Wasser. Sie schwammen zum Steg und zogen sich nach oben.

»Immer noch Lust auf Wasserscooter?«, fragte Kata und strich sich das Wasser aus den Haaren.

»Klar«, erklärte Fin mit leuchtenden Augen.

Kata sah hinüber zur Feuerschale. Inzwischen war es so dunkel, dass die anderen nichts mitbekamen. Sie schwang sich erneut auf den Sitz und forderte Fin auf, es nun ein wenig vorsichtiger zu versuchen. Sie brauchten zwei weitere Anläufe, dann hatten sie herausgefunden, dass sie das Gleichgewicht besser halten konnten, wenn Fin dicht an sie geschmiegt hinter ihr saß.

Vorsichtig gab Kata Gas und mit einem kleinen Satz löste sich der Scooter vom Steg. Fin schlang beide Arme um sie und klammerte sich fest. Fast wären sie ein weiteres Mal ins

Wasser gestürzt, doch Kata beschleunigte nur langsam, bis sie es schließlich schafften, ruhig über das Wasser zu gleiten.

»Wow«, hörte sie Fin hinter sich leise ausrufen.

Kata musste lächeln. Sie fuhren eine kleine Runde, bis Fin aufgeregt kicherte. Kata brachte ihn zum Steg zurück und als er hinübersprang, wäre sie fast erneut gekippt. Dank einer schnellen Bewegung konnte sie das verhindern. Kata drehte zwei weitere Runden, gab so viel Gas wie möglich und spürte, wie der Elektromotor unter ihrem Sitz vibrierte. Der Wind strich über ihr Gesicht und für einen Moment fühlte sie sich frei.

Der Sonntag verlief ruhig und Kata kam endlich dazu, eine Kiste zu bauen.

»Für meine Bücher«, erklärte sie Dilma, als diese sie fragend ansah.

Sie brachte die fertige Box hinüber in ihre Schlafkoje, packte Bücher hinein und schob sie neben den Schreibtisch.

In der darauffolgenden Nacht hielt sie sich wach, bis alle Geräusche im Haus verstummt waren. Kata leerte die Kiste und schlich hinunter zur Mädchentoilette. Dort breitete sie eine Decke auf dem Boden aus und stellte die Box darauf. Sie nahm den Deckel herunter und legte die Kiste mit der Öffnung zur Seite. Kata machte sich so klein wie möglich, kauerte sich davor und zog den Kopf ein. Als sie sich zwischen die Bretter quetschte, schmerzte ihr Nacken und ein Knie bohrte sich schmerzhaft in ihre Schulter. Sie brauchte ewig, doch schließlich hatte sie es geschafft. Den Deckel vor die Öffnung zu ziehen, kostete sie noch einmal äußerste Willensanstrengung. Als kaum noch Licht von draußen hereindrang, ging ihr Atem schwer und sie spürte, wie Schweißtropfen ihre Wange hinunter rannen.

Kata kletterte wieder heraus und ruhte sich einige Minuten auf dem Boden sitzend aus. Dann platzierte sie die Kiste auf die Ablage neben dem Waschbecken. Die Öffnung befand sich nun auf Bauchhöhe. Diesmal schaffte sie es nicht, in die Box zu kriechen. Sie mühte sich etliche Minuten ab und hielt schließlich keuchend inne. Dann ging sie in den Waschraum und holte sich einen der Hocker, die drüben an der Wand lehnten. Die kleineren Kinder brauchten sie, um an den Wasserhahn zu kommen.

Kata platzierte den Hocker vor der Ablage und stellte sich darauf. Auf diese Weise schaffte sie es endlich, in die Kiste zu kriechen. Als sie wieder herauskrabbelte, hielt sie erschöpft inne. Für diese Nacht hatte sie genug. Erleichtert trug sie den Hocker zurück in den Waschraum und schnappte sich ihre Box. Sie vergewisserte sich mit einem letzten Blick über die Schulter, dass nichts ihre nächtlichen Aktivitäten verriet.

Auf dem Weg zurück in ihre Schlafkoje musste sie an Mark denken, der größer und breiter war als sie und Lore. Beklommen fragte sich Kata, wie er es jemals in den Aufzug schaffen sollte.

10.

Wenige Tage darauf begannen die US-amerikanischen Wochen. Das mächtige Land stand zum dritten Mal auf dem Programm. Zu Beginn erzählte Regina aus dem Küchenteam von ihrem Heimatland.

»Die US-amerikanische Küche vereint die verschiedensten Gerichte aus allen Teilen der Welt«, erzählte sie begeistert. »Genauso, wie die Heimatländer der Menschen ihre Spuren in der Kultur und im Genpool der Bevölkerung hinterlassen haben, haben auch die kulinarischen Wurzeln ihre Spuren hinterlassen.«

Später sahen sich die Clans die erste Hälfte eines Zweiteilers an, eine langatmige Dokumentation über die Bundesstaaten und die politische Struktur des Landes. Kata wartete auf den richtigen Moment und starrte gedankenverloren auf die Leinwand. Ein strahlend blauer Himmel war zu sehen, darunter eine spiegelnde Wasserfläche. Die Kamera erfasste eine kleine Insel mit einer riesigen Frauenstatue, die eine Fackel in den Himmel reckte. Kata hatte schon oft Bilder von der Freiheitsstatue gesehen und achtete nicht weiter darauf.

Verstohlen blickte sie sich um. Nur Tolu und Sabine, zuständig für Landeskunde und Weltkunde, waren im Vorführraum. Kata hatte sich weit nach hinten gesetzt. Vor ihr waren im flackernden Licht der Leinwand etliche Stuhlreihen zu erkennen. Darüber zeichneten sich die schemenhaften Silhouetten der Clan-Member ab, dazwischen immer wieder Lücken. Im Vorführraum hatten sämtliche Bewohner des Camps Platz. Über den Raum verstreut blieben heute etwa 50 Plätze frei, es sollte also nicht auffallen, wenn es plötzlich einen weiteren leeren Sitz gab. Kata tastete nach dem Steuerungsgerät und synchronisierte ihr Datenarmband mit dem von Lore.

»Sei vorsichtig«, flüsterte diese, ohne den Kopf zu wenden.

Auf der Leinwand erschien die Treppe im Inneren der Freiheitsstatue, die zur Aussichtsplattform in der Strahlenkrone führte. Eine freundliche Frauenstimme erzählte, dass der Koloss von Rhodos Vorbild für die Freiheitsstatue gewesen sei.

Kata tauchte zwischen die Sitzreihen ab. Sie robbte auf dem Bauch in den Seitengang, dann hinter die letzte Sitzreihe. Die seitlichen Ausgangstüren führten in hell beleuchtete Gänge und jedes Öffnen der Türen würde unweigerlich bemerkt werden. Klar konnte man zur Toilette gehen, aber dann würden Tolu und Sabine ihre Rückkehr in wenigen Minuten erwarten. Also war es besser, nach hinten zu verschwinden. Dort führte die einzige Tür in eine unbeleuchtete Vorhalle.

Kata ging in die Hocke. Sie bekam den Griff zu fassen und stieß behutsam die Tür auf. Kaum war der Spalt breit genug, schlüpfte sie nach draußen. In der dämmrigen Vorhalle richtete sie sich auf und atmete tief durch.

Vorsorglich trug sie die Kletterschuhe mit den weichen Sohlen. Sie huschte den Gang entlang, kein Laut war zu hören. Der Filmsaal lag im Erdgeschoss, gleich neben den Unterrichtsräumen. Kata steuerte das Treppenhaus an und als dort niemand zu sehen war, huschte sie nach oben, direkt zur Küche. Als Kinder hatten sie oft gespielt, wer am längsten den Kameras ausweichen konnte. Selbst wenn die Sensoren die Bewegung registrierten, konnte man mit ein bisschen Geschick außerhalb von deren Reichweite bleiben.

Es blieben noch genau zehn Minuten, bis das Versorgungsschiff die schwimmende Stadt erreichte. Kata warf einen vorsichtigen Blick in den Speisesaal. Sandrine baute, wie immer nach dem Frühstück, das Tagesbuffet auf. Abedi und Gizem bereiteten die Tische für das Mittagessen vor. Die Küche lag also wie erwartet verlassen vor ihr. Kata schlich sich hinüber. Zwei Geschirrwagen und ein Transportwagen gaben ihr Deckung. Endlich erreichte sie den Speiseaufzug. Ihre Hand zitterte, als sie die Finger nach dem Türöffner ausstreckte. Erschrocken zuckte sie zurück. Wenn sie jetzt schon so aufgeregt war, wie sollte sie es dann schaffen, am Tag der Flucht die Ruhe zu bewahren. Sie wischte sich die Handfläche an der Hose und besann sich. Dann streckte sie erneut die Finger aus. Diesmal blieb ihre Hand ruhig.

Kata zog die Tür des kleinen Aufzugs zu sich her. Auf Bauchhöhe klaffte nun ein 80 x 80 Zentimeter großes Loch im Mauerwerk. Kata drehte sich mit dem Rücken zur Wand, stellte sich auf die Zehenspitzen und versuchte es zunächst ohne Steighilfe. Doch wie bei ihrer Übungsbox schaffte sie es auf diese Weise nicht, sich in die enge Öffnung zu schieben.

Kata kniete sich hin und zog behutsam den Geschirrwagen noch etwas näher. Dabei fiel ihr Blick auf die Zeitanzeige am hinteren Herd. Überrascht sog sie die Luft ein. Es waren bereits sieben Minuten vergangen. Sandrine und ihr Team würden jeden Moment in die Küche zurückkehren, um die Waren aus der Elektrobahn in die Vorratskammer zu bringen.

Endlich stand der Geschirrwagen nahe genug. Kata nahm eine der Metallschüsseln herunter und drehte sie mit dem Boden nach oben. Dann drapierte sie die Schüssel schräg zwischen Aufzug und Wagen, sodass es aussah, als wäre sie vom Stapel gerutscht.

Die Schüssel brachte Kata hoch genug. Sie konnte sich mit dem Rücken zuerst in die Öffnung schieben. Es fühlte sich beängstigend eng an, trotzdem zog Kata ihre Schultern und den Kopf nach. Der Metallrahmen schabte an ihrem Hinterkopf. Dann nahm sie die Beine hoch und drängte sich eng an die hintere Wand, bis sie die Fußspitzen nachziehen konnte. Endlich ließ sich die Tür schließen. Die Knöpfe saßen innen und es kostete Kata einige Mühe, bis ihre rechte Hand frei genug war, um einen davon zu drücken.

Kata presste ihren Zeigefinger auf den untersten Knopf und mit einem leisen Surren setzte sich der Aufzug in Bewegung. Als der Aufzug im Schacht verschwand, wurde es dunkel. Kata hielt die Luft an. Mauerwerk glitt an ihr vorüber. Das Versorgungschiff musste inzwischen angekommen sein und in wenigen Minuten sollte die Elektrobahn im Versorgungsbau eintreffen. Sie konnte nur hoffen, dass noch niemand vom Küchenpersonal unten wartete.

Auf einmal drang Licht in die Kabine und als der Aufzug wenig später mit leichtem Nachfedern zum Stehen kam, blickte sie auf ein Regal, vollgestapelt bis oben hin mit bunt bedruckten Konservendosen.

Sie lauschte. Von draußen war kein Geräusch zu hören. Vielleicht war hier im Raum niemand, doch das Wachpersonal könnte in der Nähe sein und sich wundern, was der Aufzug brachte.

Schweißperlen bildeten sich auf ihrer Stirn, doch die Finger waren ruhig, als sie ihre Hand hob. Mit einem kleinen Ruck drückte sie die Tür nach außen. Ein winziger Spalt öffnete sich und noch immer blieb es ruhig. Sanft stieß Kata die Tür weiter auf. Weitere Vorratsregale tauchten in ihrem Blickfeld auf. Noch immer kein Mensch zu sehen.

Schließlich klaffte die Öffnung weit auf. Ohne zu zögern, rutschte Kata nach vorn und ließ sich auf den weiß gefliesten Boden fallen. Sie stand in einer langgestreckten Kammer, deren Wände von Metallregalen bedeckt waren. Auf den Brettern waren Dosen, Schachteln und Boxen gestapelt. Sandrines Vorratskammer. Suchend blickte Kata nach oben und stieß erleichtert den Atem aus. Keine Kameras. Sie bemerkte mehrere leere Obst- und Gemüsekisten, die neben ihr an den Wänden lehnten. Es sollte also kein Problem sein, eine Steighilfe zu finden.

An der hinteren Wand ließ eine Metalltür vermuten, dass sich dort ein Kühlraum befand. Kata warf einen Blick hinein und vergewisserte sich, dass darin nur ein paar Regale standen. Sie kehrte zum Aufzug zurück und ihr Blick blieb an der Tür gegenüber hängen. Kata holte tief Luft, streckte ihre rechte Hand aus und öffnete die Tür behutsam einige Zentimeter. Vor ihr lag die Garage des Versorgungsbaus, die sie vor wenigen Tagen durch das geöffnete Rolltor gesehen hatte. Das Tor war geschlossen und nur durch die Luftschächte sickerte dämmriges Licht. Kata suchte die Kameras und entdeckte zwei Linsen, aber keine Sensoren. Es gab also jede Menge toter Winkel. Sie verließ die Vorratskammer und huschte dicht an der Wand entlang hinter einen verlassen dastehenden Waggon, dem ein Reifen fehlte. Er stand am Rand nahe des Eingangs und Kata schob sich zwischen Wand und Wagen bis zu einem der noch verbliebenen Räder, damit dieses ihre Füße verdeckte.

Regungslos verharrte sie etliche Minuten. Dann öffnete sich das Rolltor und warmes Sonnenlicht fiel auf den grauen Zementboden. Angespannt starrte sie auf die Außenschiene. Endlich entdeckte sie das kleine Stück Holz, das sie bei ihrem letzten Ausflug dort verkeilt hatte. Bisher hatte es also niemand bemerkt. Vermutlich ihre einzige Möglichkeit, eines Tages das Tor von Hand zu öffnen, falls es notwendig sein sollte.

Nur kurze Zeit später waren von oben Stimmen und Schritte zu hören. Mit einem metallischen Klicken wurde das Licht eingeschaltet. Kata erkannte die Stimmen von Sandrine und Gizem. Sie erhaschte einen Blick auf die Elektrobahn, deren Waggons nun im offenen Tor auftauchten. Sie rollten in die Garage und kamen erst kurz vor der Rückwand zum Stehen. Hinter ihnen senkte sich das Tor wieder.

Es wurde wenig gesprochen. Kata war sicher, dass das Entladen jede Woche auf die gleiche Weise ablief. Sie schob sich weiter vor und konnte jetzt die Vorgänge in der Eingangshalle beobachten.

Der Fahrer der Elektrobahn kletterte aus dem Führerwagen und kam nach hinten. In jedem Waggon stand eine Transportbox. Der Mann schritt die Waggons entlang und öffnete die Seitenwände der Boxen, in denen sich zahlreiche Kisten mit Obst und Gemüse befanden, Kartons mit Beuteln, Dosen und Tüten, außerdem einige Wannen mit verpacktem Fleisch. Eine der Boxen war fast leer, darin standen nur mehrere Kartons, zwei verschweißte Tüten und eine weiße Schachtel. Vielleicht Medikamente und Materialien für die Labors.

Der Fahrer lud die Lebensmittel gemeinsam mit Sandrine und Gizem aus und packte sie auf einen Wagen, den sie aus der Vorratskammer mitgebracht hatten. Dann ging er nach vorn zum Führerhaus und kehrte mit Papieren zurück. Während Sandrine endlose Listen mit den entladenen Lebensmitteln abglich, ging der Fahrer erneut an den Waggons entlang und schloss die Transportboxen wieder.

Sandrine hatte die Ware inzwischen kontrolliert, unterschrieb die Papiere und händigte sie dem Fahrer aus. Der kehrte in das Führerhaus zurück und Sandrine betätigte einen Schalter an der hinteren Wand der Eingangshalle. Das Rolltor hob sich und der Fahrer wartete darauf, abfahren zu können.

Sandrine und Gizem schoben den Wagen mit den Lebensmitteln in die Vorratskammer. Kata konnte hören, wie sie die Kisten in den Regalen verstauten. Mehrere Male öffnete und schloss sich die Tür zum Kühlraum.

Über ihrem Kopf rastete das geöffnete Tor mit einem dumpfen Klicken ein. Kata beobachtete, wie sich die Elektrobahn in Bewegung setzte. Binnen weniger Sekunden war sie aus ihrem Blickfeld verschwunden, das Tor schloss sich wieder.

Gizem kehrte mit dem Wagen in die Eingangshalle zurück und legte nun die Kartons, die beiden verschweißten Tüten und die weiße Schachtel darauf. Dann schob sie den Wagen in den Vorratsraum und durch die offene Tür hörte Kata kurze Zeit später ein leises Surren. Sie war sicher, dass Gizem die Medikamente und Labormaterialien in den Aufzug gestellt hatte, um sie in den dritten Stock zu befördern.

Enttäuscht lehnte sich Kata gegen das kalte Metall des Waggons. Es hatte keinen Moment gegeben, in dem die Transportboxen unbeaufsichtigt geblieben waren. Kaum eine Chance, ungesehen auf das Versorgungsschiff zu gelangen. Irritiert horchte sie auf, als sie scharrende Geräusche aus dem Vorratsraum hörte. Eine Tür öffnete sich und schloss sich mit einem leisen Klacken wieder, Schritte, ein Poltern, dann rollte eine Grapefruit vor Katas Füße.

Entsetzt starrte Kata auf das Ende des ausrangierten Waggons. Ihre Nackenhaare sträubten sich, ein Schauer lief ihr den Rücken hinunter. Dann versperrte ihr eine dunkle Gestalt die

Sicht. Ein Stoßseufzer drang über Katas Lippen, als sie Sandrine erkannte.

Sandrine trat hinter den Waggon, legte einen Finger auf ihre Lippen und deutete nach oben. Dann winkte sie Kata mit ausdruckslosem Gesicht, ihr zu folgen und verschwand wieder. Kata zwängte sich hinter dem Wagen hervor und huschte dicht an die Wand gepresst zum Vorratsraum. Kata hörte, wie Sandrine mit gemächlichem Schritt die Garage durchquerte. Dann kam sie zu Kata in den Vorratsraum und schloss die Tür hinter sich.

»Was machst du hier unten?«, zischte sie wütend. Sie sah blass aus und ihre Augen musterten Kata besorgt.

»Nur eine Mutprobe«, flüsterte Kata und drückte den Knopf für den Aufzug.

»Du weißt was passiert, wenn sie dich erwischen«, erwiderte Sandrine leise.

Kata nickte und spürte den Zweifel in Sandrines Worten. Ein leises Surren hinter ihrem Rücken verriet, dass der Speiseaufzug nach unten zurückkehrte. Kata schob eine der leeren Obstkisten vor die Tür, öffnete sie und zwängte sich in den engen Schacht. Sandrines Augen weiteten sich, dann musste sie wider Willen grinsen.

Kata zog ihre Füße nach und drückte sich eng an die hintere Aufzugswand. »Wenn die Obstkiste nicht umgefallen wäre, hättest du mich nie erwischt«, flüsterte sie und drückte ihre Knie zur Seite, bis auch ihre Arme hineinpassten.

»Für wie blöd hältst du mich«, knurrte Sandrine und zog die leere Kiste von der Aufzugsöffnung weg. »Das war Absicht, damit die Wachleute nichts merken.«

Kata hielt inne und starrte sie mit großen Augen an. »Was hat mich verraten?«, flüsterte sie entsetzt.

»Der Aufzug«, sagte Sandrine und deutet mit dem Kinn darauf. »Er war schon unten. Das ist in all den Jahren noch nie vorgekommen.«

Kata lächelte, dann flüsterte sie: »Danke.«

Sie drückte den Knopf für den ersten Stock und zog die quadratische Tür zu. Mit leisem Surren setzte sich der Speiseaufzug in Bewegung. Sandrines Augen folgten ihr, bis sie im Schacht verschwand.

In der Küche angekommen öffnete Kata die Metalltür nur wenige Zentimeter. Eilige Schritte verrieten ihr, dass Gizem den Transportwagen auslud und die Lebensmittel im Kühlschrank verstaute. Anschließend schob sie den Wagen zurück auf den Steg. Kurze Zeit später hörte Kata, wie sie zurückkehrte. Dann verklangen ihre Schritte auf der Treppe nach unten.

Kata nutzte den unbeobachteten Moment, um aus der schmalen Öffnung zu klettern. Sie setzte ihren Fuß auf die Schüssel, die noch immer unberührt am Fuß der Wand lag. Dann legte Kata sie auf den Geschirrwagen und machte sich auf den Weg. Sie musste sich zwingen, konzentriert zu bleiben und den Kameras auszuweichen. Angestrengt lauschte sie zur hinteren Treppe, wo Gizem verschwunden war. Doch Sandrine schien sie unten festzuhalten, wie weit entfernte Stimmen vermuten ließen.

Endlich erreichte Kata die Küchentür. Mit einem Seufzer begann sie zu laufen und kehrte in das untere Stockwerk zurück. Kurze Zeit später zog sie sich vom Boden hoch und sank neben Lore in den Kinosessel. Deren Augen huschten für einen Moment zur Seite, dann fixierten sie wieder die Leinwand, auf der gerade das Weiße Haus in Washington zu sehen war, während die Frauenstimme vom Oval Office und seinen Präsidenten erzählte.

11.

Zum Mittagessen gab es vegetarische Wraps mit Blattsalaten.

»Schmeckt toll, oder?«, erklärte Mia vergnügt und biss begeistert in die gerollte Tortilla.

»Mhm«, stimmte Kata ihr zu und wunderte sich über Mias strahlende Laune. Ihre Augen glänzten und als sie Katas forschenden Blick bemerkte, sah sie verlegen zur Seite.

Nach dem Essen schlenderte Kata hinüber in ihre Lieblingsnische und machte es sich mit dem zweiten Band der Reihe mit der Astronautin und einem Becher Matetee bequem. Wie zufällig fand sich eine halbe Stunde später auch Lore ein, gefolgt von Mark.

Sie rutschten tief in den Schatten der Stellwand, erst dann formten Lores Lippen ein fragendes: »Und?«

Kata schüttelte den Kopf und fing Marks enttäuschten Blick auf.

»Die Transportboxen waren die ganze Zeit unter Beobachtung. Keine Chance, da ungesehen reinzuklettern«, berichtete sie tonlos.

»Aber du hast es bis in die Eingangshalle des Versorgungsbaus geschafft«, formten Marks Lippen.

Kata nickte.

»Das ist doch schon mal was«, erwiderte Lore.

»Das reicht nicht«, stieß Kata hervor. »Wir brauchen einen Plan, wie wir uns in den Transportboxen verstecken können!«

Mark zog die Augenbrauen zusammen und nickte düster.

»Außerdem hat mich Sandrine entdeckt«, berichtete sie kleinlaut.

Lores Augen weiteten sich.

»Keine Sorge, ich hab ihr erzählt, es war eine Mutprobe«, beruhigte sie Kata. Sie erzählte lieber nicht, dass Sandrine sie nur ungläubig angesehen hatte.

»Wir müssen es schaffen, den Fahrer und das Küchenteam wegzulocken«, sagte Mark tonlos. »Wir brauchen nur ein paar Sekunden, dann sind wir drin in den Boxen.«

Kata schüttelte bedächtig den Kopf. »Es gibt noch ein Problem«, gab sie zu.

Erschreckt sah Lore sie an und Kata vermutete, dass sie es längst bereute, sich auf diesen Wahnsinn eingelassen zu haben. Doch Lore stand zu ihrem Wort, das hatte sie schon als Fünfjährige getan.

»Ich habe es in den Aufzug geschafft. Aber nur knapp«, formten ihre Lippen. »Für Mark wird es eng.«

»Und was dann?«, warf Lore entsetzt ein. »Ich gehe nicht ohne ihn.«

Kata nickte. Kam Mark nicht in den Aufzug, würde auch Lore bleiben.

»Was ist mit … «, fragte Lore und ihre Hände formten das Zeichen für die Baracke.

Mark und Kata blickten sie fragend an.

»Wir müssen nur dafür sorgen, dass wir alle drei dort landen. Von dort könnten wir es ungesehen in den Anbau schaffen.«

»Und wie sollen wir aus der Baracke rauskommen?« Kata schüttelte ungeduldig den Kopf.

Auch in der Baracke gab es ein Schloss, das sich nicht manipulieren ließ, wie überall im Camp. Lien und Martin hatte es mehrfach versucht, waren aber gescheitert.

»Ihr erinnert euch an Elli damals.« Lores Lippen formten die Worte, während sie Kata nicht aus den Augen ließ.

»Das mit dem Lippenlesen?«, warf Mark tonlos ein.

Dankbar warf Lore ihm einen Blick zu und nickte. »Der Wachmann hat ihr nicht nur das Lippenlesen beigebracht. Er hat ihr auch verraten, dass es eine Notentriegelung gibt.«

»Ein Codewort, stimmt«, Kata runzelte die Stirn. »Sobald man es laut ausspricht, springt das Schloss auf.«

»Und bei den Wachen im Hauptquartier schrillen die Alarmglocken«, warf Mark ein.

»Sicher?« Lore musterte ihn nachdenklich.

Mark zuckte die Achseln. »Könnte ich darauf wetten.«

»Das ist zu riskant.« Kata rieb sich die Stirn. »Wir haben nur diesen einen Versuch. Wenn wir das vermasseln, weiß die Admiralin Bescheid. Sie wird uns kein zweites Mal die Möglichkeit zur Flucht geben.«

Vorbei mit den Verbündeten. Sie musste es allein schaffen. Kata sprach ihre Gedanken nicht aus, doch ein Blick in die Gesichter von Lore und Mark verriet ihr, dass sie ähnlich dachten. Lore wirkte erleichtert, doch Mark presste entschlossen die Lippen zusammen.

»Dann eben über die Biosphäre«, stieß er laut hervor.

Warnend zog Kata die Augenbrauen hoch. Mark hatte sich wieder im Griff. Scheinbar entspannt sank er in die Polster zurück und trank einen Schluck Milch.

»Die Biosphäre«, formten seine Lippen tonlos. »Die bildet im Osten die äußere Barriere des Camps und liegt in unmittelbarer Nähe der Küste. In der Biosphäre gibt es kaum Kameras und keine elektronischen Schutzschilde.«

Lore und Kata tauschten einen Blick.

»Aber die Biosphäre ist doch genauso gesichert wie das restliche Camp«, gab Lore zu bedenken. »Kameras, Bewegungsmelder, das volle Programm.«

Kata nickte. »Aber viele Kameras in der Biosphäre sind Schrott, sie halten den extremen Klimabedingungen nicht stand. Außerdem gibt es im Camp ein Notstromaggregat. Kappen wir dort die Stromversorgung, springt der Notstrom an.«

»In der Biosphäre gibt es keinen Notstrom«, murmelte Mark und ein Lächeln huschte über sein Gesicht.

Kata grinste. Irgendwie würden sie es schaffen, die Stromversorgung der Biosphäre zu unterbrechen. Im Dschungel kannten sie sich besser aus als die Wachleute oder die Leute vom Camp-Team. Sie trainierten regelmäßig in der Biosphäre. Sollte das Wachpersonal sie bis in die Kuppeln verfolgen, wären die Clans klar im Vorteil.

»Mimi und Gerard«, wandte Lore ein.

»Ohne den Pinguin sind sie langsamer als wir«, erwiderte Mark und grinste. »Und den schnappen wir uns. Bis zur Küste sind es nur 1.000 Meter.«

»Und wie knacken wir die Außenhülle?« Kata verzog zweifelnd das Gesicht. »Der Pinguin ist ziemlich groß. Wie sollen wir den nach draußen kriegen?«

Sie musste an die zentimeterdicke Kunststoffhülle der Biosphäre denken, ohne vernünftiges Werkzeug hatten sie keine Chance, die zu durchbrechen. Vermutlich gab es deshalb dort keine elektronischen Schutzschilde. Selbst das künstliche Atoll verlief nur bis zur Biosphäre und endete dort.

»Tim war überzeugt davon, dass es eine Tür gibt«, flüsterte Mark vernehmlich.

Besorgt blickte sich Kata um, doch Fin und Mia stapelten ganz in ihrer Nähe laut klappernd das Geschirr auf den Küchenwagen. Niemand achtete auf sie. Für die Kameras war der Geräuschpegel zu hoch, die Wachleute konnten ihr Gespräch nicht herausfiltern. Als Kata den Kopf wandte, fiel ihr auf, dass Lore besorgt wirkte. Mark sprach sonst nie von seinem besten Freund.

»Warum?«, nahm Kata den Faden wieder auf. »Warum glaubte er das?«

»Ich weiß es nicht«, antwortete Mark lahm, zuckte mit den Schultern und schüttelte enttäuscht den Kopf.

»Und selbst wenn«, murmelte Lore. »Die wird niemals groß genug sein für das Amphibienfahrzeug.«

»Zur Not bauen wir uns aus den Bäumen in der Biosphäre ein Floss und paddeln hinüber«, erklärte Mark entschieden.

»Klar.« Lore schnaubte. »Und kaum sind wir auf dem Wasser, knallen uns die Wachen ab wie Gummienten.«

»Dann schwimmen wir eben. Bis die begriffen haben, dass wir durch ein Loch schlüpfen, haben wir längst die Küste erreicht und sind über alle Berge.« Marks Augen blitzten.

Kata musste grinsen. Sie trank einen Schluck Cola und stellte das Glas behutsam zurück, als dürfte selbst das kein Geräusch machen. Sie tauschten nachdenkliche Blicke. Das letzte Training hatte bewiesen, dass die Admiralin vor nichts mehr Halt machte. Wer weiß, was ihnen noch bevorstand.

Es war bereits spät am Nachmittag, als sich Kata am Tagesbuffet ein paar Erdnüsse in die Hosentasche schob und in die Küche hinüber schlenderte. Aufdringliche Bratgerüche empfingen sie. Kata atmete tief durch, bis ihre Nase sich daran gewöhnt hatte. Sandrine hing über dem Rand einer Metallwanne und rührte darin mit einem riesigen Löffel. Kata ging hinüber und sah ihr zu, wie sie Weißkraut durchmengte. Sie rutschte auf die Ablage, machte es sich bequem und knabberte Nüsse.

Sandrine schob die Wanne zur Seite. »Brauche noch einen Topf«, murmelte sie und ging hinüber zum Nebenraum, wo das Küchenteam Töpfe und Pfannen aufbewahrte.

»Ich helf dir«, sagte Kata rasch, schob die restlichen Nüsse in die hintere Hosentasche und rutschte von der Ablage.

»Klar«, erwiderte Sandrine achselzuckend, ohne sie anzusehen. Sie durchquerte die Küche, betrat die Kammer und verschwand hinter den Regalen. »Kommst du?«, rief sie und ihre Stimme klang dumpf.

Kata folgte ihr und schlängelte sich zwischen den Metallgestellen durch, bis sie Sandrine in der letzten Regalreihe entdeckte. Ihre Hand lag auf einem hohen Metalltopf und als Kata auftauchte, deutete sie mit dem Kinn auf den gegenüberliegenden Henkel. Kata packte den Griff und hob den Topf an.

»Warte noch«, murmelte Sandrine und beugte sich vor, um auf dem Regelbrett hinter Katas Rücken zu kramen.

Rasch öffnete Kata den Mund, um ihr etwas zuzuflüstern, doch Sandrine kam ihr zuvor.

»Vergiss das mit den Transportboxen«, sagte sie leise neben Katas Ohr. »Das ist zu gefährlich.«

Kata stutzte und wollte antworten, doch Sandrine kramte lautstark zwischen Pfannen und Schüsseln.

»Irgendwo muss der Deckel sein«, sagte sie laut.

Klappernd fiel eine Metallschüssel zur Seite, schließlich bekam Sandrine einen Deckel zu fassen, den sie kurzentschlossen auf den Topf stülpte.

»Wir wollen es über die Biosphäre versuchen«, erwiderte Kata rasch. Sandrine nickte zufrieden und hob den Topf an, auch Kata griff zu. »Es heißt, es gibt dort eine Tür«, flüsterte Kata. »Eine Tür nach draußen.«

Die Köchin setzte sich in Bewegung.

»Weißt du etwas darüber?« Kata ließ den Kopf unten und sah aus den Augenwinkeln hinüber zu Sandrine, doch diese zog bedauernd die Schultern hoch. Schon standen sie wieder in der Küche. Schweigend trugen sie den Topf hinüber zu Sandrines Arbeitsplatz und hoben ihn auf die Herdplatte.

»Danke«, murmelte Sandrine.

Kata nickte und rutschte wieder auf die Arbeitsplatte gegenüber. Nachdenklich lehnte sie sich zurück und sah Sandrine zu, wie sie Rippenstücke wusch und in den Topf warf.

Beim Abendessen stürzten sich alle auf Spareribs, Krautsalat, Ofenkartoffeln und Sour Cream. Am Tisch der Wölfe blieb es beim Essen ungewöhnlich ruhig und die Teller der meisten waren bereits leer, als Wilhelm sich zu Wort meldete. Sofort wurde es noch ruhiger, nur die Stimmen an den anderen Tischen waren zu hören.

»Wir holen morgen und übermorgen die zweitägige Exkursion nach«, sagte er. »Ihr packt heute Abend und morgen geht es in die Biosphäre.«

»Echt jetzt?«, entfuhr es Jack und ein Grinsen legte sich breit um seinen Mund.

Wilhelm nickte. »Also macht bitte eure Rucksäcke fertig, Sabine und ich gehen später durch die Kojen und sehen uns die an.«

Ein Murren ging durch die Meute, doch die meisten strahlten, sie freuten sich auf die zwei Tage. Kata spürte ein dumpfes Gefühl in der Magengrube.

»Keine Lust auf Biosphäre?«, fragte Mia mit einem Blick zur Seite und saugte die letzten Reste Soße aus einem Knochen.

»War beim letzten Mal nicht gerade erfreulich«, murmelte Kata und warf ihr einen düsteren Blick zu.

»Anton fand es toll«, sagte Mia und wischte sich die Finger ab.

»Er hat sein Leben auch nicht aufs Spiel gesetzt«, erwiderte Kata scharf.

»Doch, hat er«, erinnerte Mia sie.

»Stimmt«, stieß Kata hervor und schob ihren Teller von sich. »Er musste ja unbedingt den Helden spielen. Hätte Lore nicht ihr Leben für ihn riskiert, wäre er jetzt tot.«

Betroffen sah Mia auf.

Kata erhob sich und stapfte hinüber zu ihrer Lieblingsnische. Dort warteten schon Lore und Mark auf sie.

»Gehst du mit?«, fragte Kata und ließ sich auf ihren Sessel fallen.

»Wohin?«, fragte Lore verblüfft.

»In die Biosphäre«, erwiderte Kata. »War das letzte Mal ja nicht gerade ein Sonntagsausflug.«

»Klar gehe ich mit.« Lore sah überrascht von Kata zu Mark, der sie ebenfalls fragend musterte. »Was jetzt?« Sie breitete die Hände aus. »Glaubt ihr wirklich, ich geh da nicht mehr rein?«

»Hätte ja sein können«, murmelte Kata und schnappte sich eines der Marshmallows, die vor Lore standen.

»He«, protestierte diese lachend.

Kata grinste und rutschte tiefer, bis die Kameras sie nicht mehr erfassten. »Das ist die Gelegenheit«, sagte sie tonlos.

Lore lachte schallend, als hätte Kata einen Witz gemacht. Doch zugleich zuckte sie ratlos mit den Schultern und zog die Augenbrauen hoch.

»Die Tür«, fuhr Kata fort. »Wir können herausfinden, ob es sie wirklich gibt.«

Lore griff nach ihrem Glas und trank einen Schluck. Sie wirkte entspannt, doch Kata konnte sie nichts vormachen. Sie sah die Angst in ihren Augen. Auch Mark wirkte besorgt, er rutsche zur Seite, bis sein Gesicht im Schatten lag.

»Die Biosphäre hat drei Kuppeln«, formten seine Lippen, ohne dass ein Ton zu hören war, »jede mit einem Durchmesser von zwei Kilometer, das sind etwas mehr als 3.000.000 Quadratmeter Fläche und ein Umfang von mehr als 6.000 Metern pro Kuppel. Das sind insgesamt 18 Kilometer Kacheln. Wie willst du es schaffen, da eine Tür zu finden?«

»Okay, es sind 18.000 Meter, aber nur ein Drittel davon gehören zur äußeren Grenze des Camps«, erwiderte Kata.

»Immer noch zu viel«, stieß Mark laut hervor.

Lore musterte ihn erschrocken und er schüttelte bedauernd den Kopf. Kata ließ sich in den Sitz zurückfallen und nahm sich das letzte Marshmallow.

»He«, protestierte Lore lachend und schnipste mit Daumen und Zeigefinger gegen die Porzellanschüssel. »Wir wollen auch welche!«

Grinsend schnappte sich Kata die Schüssel und stand auf. Sie ließ sich nichts anmerken, doch ihr war klar, dass Mark Recht hatte. Suchend blickte sie sich um. Sandrine war nirgendwo zu sehen. Kata schaufelt am Buffet ein paar Marshmallows in das Porzellan. Dann gab sie Lore und Mark ein Zeichen und schlenderte hinüber in die Küche. Dort fand sie Sandrine in ihrem kleinen Büro vor ihrem Computer. Der Bildschirm zeigte lange Listen und die Köchin fuhr mit dem Finger über ein Formular, das neben ihr lag. Als Kata unvermittelt in ihrem Büro auftauchte, zog sie warnend die Augenbrauen zusammen.

»Morgen geht es wieder in die Biosphäre«, sagte Kata lachend und hielt Sandrine die Schüssel mit Marshmallows hin. »Weißt du schon, was in unseren Futterpaketen sein wird?«

Sandrine winkte lächelnd ab, doch ihre Augen wirkten besorgt. »Lass dich überraschen«, erwiderte sie und beugte sich erneut über ihre Listen.

»Wäre toll, wenn dieses Zeug hier drin wäre«, grinste Kata und schob sich einen Marshmallow zwischen die Zähne.

»Mal sehen«, murmelte Sandrine und sah nicht auf.

»Wäre super, wenn du uns unterstützen könntest«, sagte Kata kauend. »Du weißt schon, diesmal sind es zwei Tage in der Biosphäre. Das würde vieles leichter machen.«

Sandrine hob den Kopf und betrachtete ihr Gegenüber prüfend. Kata grinste und zwinkerte ihr zu. Geistesabwesend beugte sich Sandrine wieder über ihre Formulare.

Kata überredete Lore und Mark, noch eine Stunde mit ihr in die Trainingshalle zu gehen. Drüben an der Halfpipe schnappten sie sich die Übungsbretter. Kata legte sich das Board zurecht und holte Schwung, bis sie das Table erreicht hatte und aussteigen konnte. Sie wartete, bis ihr Atem sich wieder beruhigt hatte und sah Mark zu, der bei einem gewagten Trick gestürzt war und mit verzerrtem Gesicht zur Seite humpelte. Dann folgte Lore, vorsichtiger als Kata und Mark, auch sie schaffte es in kurzer Zeit genug Schwung zu holen, um leichtfüßig neben Kata zu landen.

»Jetzt komm schon«, rief sie Mark zu, der missmutig zu ihnen hoch sah. Er schnappte sich sein Board und pumpte sich nach oben, bis auch er neben ihnen stand.

Kata fühlte sich angenehm müde, als sie an diesem Abend in ihre Schlafkoje zurückkam. Die anderen hatten schon gepackt und Kata hörte, wie Sabine und Wilhelm oben bei den Jungs die Rucksäcke durchforsteten. Auch die Kleineren mussten ihre Rucksäcke selbst packen und sie brauchten meist eine Weile, um bei der Kontrolle die noch fehlenden Sachen zusammenzusuchen. Als Sabine eine halbe Stunde später bei Kata auftauchte, stand ihr Rucksack fertig in der Ecke.
»Alles drin«, sagte Kata.
»Glaub ich dir«, erwiderte Sabine und schnitt ein Gesicht. »Kontrollieren muss ich trotzdem.«
Kata ließ sich aufs Bett fallen und sah Sabine zu, die Stück für Stück ihren Rucksack ausräumte: ein Kompass, ein Taschenmesser, zwei Flaschen mit je einem Liter Wasser, frische Unterwäsche, ein Paar Socken, ein Schlafsack.
»Alles da.« Sabine nickte anerkennend und räumte die Sachen zurück.
»Nicht die Socken ganz nach unten«, protestierte Kata und rutschte vom Bett.
»Schon gut«, grinste Sabine und schob den Rucksack zur Seite, »mach's am besten selbst.«
»Du hast doch alles ausgeräumt«, protestierte Kata.
Sabine warf ihr eine Kusshand zu und verschwand nebenan in Tinas Koje.
Kata stopfte gerade die zweite Wasserflasche zwischen ihre Unterwäsche, als Wilhelm den Kopf hereinstreckte. »Alles klar?«
»Sabine war schon da«, erwiderte Kata und verdrehte die Augen.

Wilhelm lachte und verschwand wieder hinter der Trennwand.

An diesem Abend lag Kata länger wach als sonst. Grübelnd starrte sie an die Decke, wo sich im Mondlicht dunkle Schatten abzeichneten. Wenn es diese Tür wirklich gab, wo könnte sie sein? Bisher hatten sie die Biosphäre immer durch ein großes Tor betreten, das sich in der mittleren Kuppel befand und direkt in den Regenwald führte. Kata hatte nie von einer anderen Tür gehört oder je eine andere gesehen.

In der Biosphäre standen Bäume, die mindestens 30 dreißig Jahre alt waren. Verrottete Geländer, marode Brücken und Bänke ließen vermuten, dass es für den Dschungel eine Zeit vor dem Camp gegeben hatte. Seit vielleicht 15 oder 20 Jahren wurde nichts mehr instand gesetzt und die Pflanzen wucherten. Kata gehörte zu den Ältesten im Camp und lebte hier, seit sie denken konnte. Vermutlich hatte die Admiralin das Gelände übernommen, um einen Platz für ihr krankes Experiment zu haben. Weitab von anderen Menschen, irgendwo auf einem der Ozeane der Welt. Wenn die Biosphäre tatsächlich älter war als das Camp, dann konnte es viele Gründe für eine Tür auf der Rückseite geben. Kata kuschelte sich in ihre Decke und mit einem zufriedenen Lächeln schlief sie ein.

12.

Am nächsten Morgen erfüllten aufgeregte Stimmen und lautes Lachen den Waschraum. Auch Kata spürte die Anspannung und beeilte sich. Fin strahlte, als er zusammen mit den anderen Jungs an ihr vorbeistürmte, hinüber zum Hauptquartier. Der Wohnraum roch durchdringend nach Kaffee und gebratenen Eiern. Kata atmete durch den Mund, bis sie sich daran gewöhnt hatte. Dann ging sie zum Frühstücksbuffet, wo etliche Clan-Member darauf warteten, dass sie dran waren.

Kata schlängelte sich durch mehrere Grüppchen, bis sie Lore und Mark erreichte. Lore wirkte besorgt und Kata drückte ihr beruhigend die Hand. »Wird schon«, flüsterte sie.

»Hoffentlich hat die Admiralin nicht wieder Sonderaufgaben für uns«, murmelte Mark und zog einen Teller zu sich herüber, den er mit Spiegeleiern, gebräunten Toastscheiben, Speckstreifen und roten Bohnen füllte.

Kata runzelte die Stirn. Daran hatte sie noch nicht gedacht. Unauffällig sah sie sich um. Die meisten hatten sich schon am Buffet bedient und waren an den Tisch ihres Clans zurückgekehrt. Drüben bei den Gorillas verschlang Anton sein Frühstück, neben ihm saßen Betty und Mike.

»Hoffentlich«, murmelte Kata, nahm sich zwei Pfannkuchen und träufelte Ahornsirup darüber.

Sie griff nach dem Löffel, um sich Obstsalat zu nehmen, da tauchte Sandrine in der Küchentür auf. Auf einem Servierteller balancierte sie etliche frische Pfannkuchen. Sandrine würdigte Kata keines Blicks und eilte quer durch den Raum zum Buffet. Sie stoppte neben Kata und schob die beiden letzten Pfannkuchen vom Buffet auf den neuen Stapel. Dann platzierte sie den Servierteller zwischen den anderen.

»Es gibt sie«, sagte sie leise hinter Kata.

Kata spitzte die Ohren und unterdrückte den Impuls, sich umzudrehen. »Wo?«, flüsterte sie und wagte kaum zu atmen.

»In der Savanne. Mehr war nicht herauszukriegen.« Sandrine schob den verschmutzten, leeren Pfannkuchenteller beiseite, ging einige Schritt weiter und schob ein paar Schüsseln zurecht. Dann kehrte sie zurück, blieb neben Kata stehen und nahm den verschmutzten Teller vom Buffet. »Wenn ihr es durch die Tür nach draußen schafft, seid ihr in Sicherheit«, murmelte sie. Dann entfernten sich ihre Schritte wieder.

Kata verzog keine Miene. Sie spürte Erleichterung, die wie ein angenehmes Kribbeln durch ihre Glieder rann. Die Savanne nahm nur eine Kuppel der Biosphäre ein. Also bildeten schätzungsweise 2.000 Meter ihrer Kunststoffhülle die Außengrenze. Durch diese Information hatten sich ihre Chancen deutlich verbessert, die Tür zu finden.

Wenig später versammelten sich die Clans vor dem Hauptquartier. Kata konnte es kaum erwarten, Lore und Mark von ihrem neuen Wissen zu berichten. Ungeduldig beobachtete sie Wilhelm, der ihren Rucksack kontrollierte und schließlich freigab. Dann drängte sie sich durch eine Gruppe lachender Delfine und schlängelte sich an zwei raufenden Gorillas vorbei, bis sie schließlich neben Lore stand.

»Alles klar?«, fragte Mark und hob die Augenbrauen.

Kata hielt ihren Rucksack hoch, sodass er ihr Gesicht verdeckte, und kramte in der kleinen Außentasche. »Sandrine kam heute Morgen zu mir«, flüsterte sie. »Sie hat gesagt, es gibt diese Tür wirklich. In der Savanne.«

»Woher weiß sie das?«, gab Mark tonlos zurück.

Betroffen schüttelte Kata den Kopf.

»Sie muss jemanden gefragt haben.« Entsetzen zeichnete sich auf Lores Gesicht ab. »Jetzt weiß noch jemand von unseren Plänen.«

Mark runzelte die Stirn.

»Sandrine weiß, was sie tut«, flüsterte Kata eindringlich. »Ich bin sicher, sie bringt uns nicht in Gefahr.«

Es begann zu nieseln und viele Clan-Member zogen sich Kapuzen über den Kopf. Auf einmal wurde es ruhig und alle drehten sich Richtung Flugfeld. Auch Kata wandte sich um, Lore und Mark traten hinter sie.

Drüben stand Wilhelm und klatschte in die Hände. »Also«, rief er gegen den aufkommenden Wind, »es geht los.«

»Da drin werden wir wenigstens nicht nass«, rief Dirk. Einige lachten und Lea warf ihm einen strafenden Blick zu.

»In zwei Tagen sehen wir uns wieder, haltet die Ohren steif!«, rief Wilhelm und hob seine rechte Hand als Zeichen, dass die Clans sich aufstellen sollten.

Die Meute formierte sich in Dreierreihen, alle Clans waren mit sechs oder sieben Reihen vertreten. Wilhelm senkte seine Hand, dann setzte sich die erste Reihe in Bewegung und begann locker zu traben, die anderen folgten.

Kata war im zweiten Block in der dritten Reihe, links von ihr Lien, rechts von ihr Nik. Die Clan-Member aus den fünf Clans blieben unter sich, doch innerhalb eines Clans gab es keine feste Ordnung, alle nahmen den Platz ein, der sich gerade ergab. Ihre Stiefel dröhnten auf dem hölzernen Steg. Das Geräusch klang angenehm in Katas Ohren. Sie konzentrierte sich darauf, den Rhythmus zu spüren und die Kraft der Gruppe in sich aufzunehmen. Sie genoss es, mittendrin zu sein, selten hatte sie sich so im Einklang gefühlt mit den anderen. Der Gedanke an die Biosphäre erfüllte sie mit Vorfreude und Neugier.

Der Steg führte sie 1.000 Meter über das Wasser zu den Kuppeln. Wie immer warteten Mimi und Gerard vor der Biosphäre auf sie.

»Die Rucksäcke abnehmen und öffnen«, brüllte Mimi und quittierte das Murren der Jüngeren mit einem Stirnrunzeln.

Nach und nach klappten die Clan-Member ihre Rucksäcke auf. Mimi begann in der vordersten Reihe, Gerard hinten. Wenige Minuten später trafen sie in der Mitte aufeinander. Der Nieselregen war stärker geworden, Kata rannen Regentropfen über die Stirn, ihre Kleidung fühlte sich klamm an.

Mimi und Gerard bezogen ihre Posten vor dem Eingangstor, endlich waren sie soweit, die Aufgabe zu verkünden.

»Diesmal sollt ihr zeigen, dass ihr nicht nur gute Kämpfer seid, sondern auch Befehle entgegennehmen könnt. Anton hat die nächsten zwei Tage Befehlsgewalt über alle.«

Kata erstarrte. Ungläubig sah sie hinüber zum Chief der Gorillas. Anton grinste breit.

»Er bekommt die Liste mit Aufträgen und entscheidet, wer von euch welche Aufgabe übernimmt«, rief Mimi über ihre Köpfe hinweg. »Zwei Tage lang hört ihr nur auf ihn.«

Erst der verletzte Bär und nun Anton. Kata war nicht sicher, was sie schlimmer fand. Sie beobachtete, wie Lore und Elli wütende Blicke tauschten.

»Ihr habt's gehört Leute«, rief Anton grinsend und schob sich durch die Reihen nach vorn. »Alles hört auf mein Kommando.«

Gerard drückte ihm ein Kuvert in die Hand, das Anton ungelesen in der Brusttasche seiner Jacke verstaute.

»Es geht los.« Anton wandte ihnen den Rücken zu und marschierte zum Eingang.

Betty und Mike schlossen sich ihm an, zögernd gefolgt von den restlichen Gorillas. Die Member der anderen Clans rührten sich nicht, nur Mia bahnte sich entrüstet einen Weg durch die Menge. Verstohlen sahen einige Clan-Member zu Mimi und Gerard, die alles mit ausdrucksloser Miene beobachteten.

Anton blieb stehen, dann drehte er sich langsam um. »Was ist?«, zischte er und seine Augen verengten sich. »Ihr habt es gehört, ich habe das Sagen.« Wütend stieß er seine Faust in die rechte Handfläche. »Jetzt macht!«

Mimi und Gerard verharrten noch immer regungslos. Zögernd setzen sich Lore und Elli in Bewegung, dann auch Kata und Mark. Die Clan-Member folgten ihren Chiefs.

»Geht doch«, blaffte Anton und grinste Kata breit an.

Ihre Nasenflügel blähten sich und Regen peitschte über ihre Schultern. Kata schauderte.

Die Clans drängten sich durch das zwei Meter hohe Tor in die mittlere Kuppel des Dschungels. Die feuchte Luft des Regenwalds nahm Kata für einen Moment den Atem. Sie holte tief Luft und die Wärme legte sich wie ein Tuch über ihr Gesicht. Ihre Hände kribbelten, als sie allmählich warm wurden, sie zerrte die Jacke vom Oberkörper und stopfte sie in ihren Rucksack.

Die Clan-Member blieben zwischen Hibiskussträuchern, Bananenstauden und Zedern stehen. In ihrer Nähe flog eine Gruppe von Papageien laut kreischend auf und verschwand zwischen den dicht wuchernden Baumkronen.

Einige Schritte von Kata entfernt breitete Anton die Unterlagen aus und vertiefte sich darin. David wollte mitlesen, doch Anton stieß ihn zur Seite. Beleidigt verzog David das Gesicht und schob beide Hände in die Hosentaschen.

Ungeduldig hob Anton den Kopf und stopfte die Unterlagen zurück in seiner Brusttasche. »Hört her, Leute!«, rief er und warf sich in die Brust.

Die Clan-Member hoben die Köpfe, viele wirkten missmutig. Trotzdem wischten sie sich den Schweiß von Stirn und Nacken und scharten sich um ihn.

Anton wartete bis Stille einkehrte, dann begann er zu sprechen. »Die Clans bleiben zusammen, wir haben also fünf Gruppen«, sagte er und ließ seinen Blick wie ein Feldherr über ihre Köpfe streifen. »Jeder Clan ist auf sich allein gestellt und muss eine Aufgabe erledigen. Die Papageien bauen ein Baumhaus. Sucht euch dafür eine der höchsten Zedern und nehmt von dem toten Holz, das überall herumliegt. Die Delfine knüpfen ein Netz aus Lianen. Das verankert ihr im Fluss, damit man sich unterhalb des Strudels zur gegenüberliegenden Flussseite hangeln kann. Die Bären bauen eine Brücke. Dafür nehmt ihr ebenfalls Totholz. Auch die Brücke überquert den Fluss, aber nicht in der Nähe des Strudels, sondern weiter unten, kurz bevor der Fluss ins Meer zurückfließt. Die Aufgabe für die Wölfe ist ein Erdhaus. Dafür sucht ihr euch eine passende Stelle im Regenwald, am besten in der Nähe der Außenhaut. Und wir Gorillas bauen einen Hochstand. Solange die Clans für sich arbeiten, haben die Ältesten das Sagen.«

Ein Murmeln ging durch die Reihen.

»Heute Abend treffen wir uns zum Biwak in der mediterranen Zone an der Feuerstelle, wie sonst auch«, fuhr er ungerührt fort, »dann übernehme ich wieder das Kommando. Ich will genaue Berichterstattung, wie weit ihr bis dahin gekommen seid. Erst dann treffe ich eine Entscheidung, wie es am zweiten Tag weitergeht.«

Einige schüttelten den Kopf, doch als Anton herausfordernd in die Runde blickte, blieb alles ruhig.

»Also los«, rief Anton und winkte die Gorillas zu sich.

Die Clan-Member scharten sich widerwillig um ihn, David verzog das Gesicht.

Anton fixierte ihn. »Was?«, knurrte er und seine Mundwinkel bogen sich nach unten.

David senkte den Kopf.

Kata sah ihm an, wie schwer ihm das fiel.

Sie wandte sich ihrem Clan zu. »Wir sammeln uns drüben an der Bananenstaude«, sagte sie und deutete auf eine niedrig wachsende Staude in einiger Entfernung.

Kata ging voraus, ihre Clan-Member folgten. Fin blieb ihr dicht auf den Fersen. Er freute sich sichtlich auf das Abenteuer.

Kata wartete, bis sich alle um sie geschart hatten. Erwartungsvolle Gesichter blickten sie an. »Mia«, begann sie entschieden, und sah, wie diese verblüfft den Kopf hob. »Ich möchte, dass du an meiner Stelle das Kommando übernimmst.«

Mia öffnete protestierend den Mund, doch Kata schüttelte energisch den Kopf. »Du wirst den Clan führen und ich werde mir das ansehen. Ich halte mich abseits und beobachte von außen, wie gut du die Gruppe leitest.«

»Aber Anton ...«, begann Mia und runzelte die Stirn.

»... hat gesagt, dass ich das Sagen habe, solange wir allein unterwegs sind«, fuhr Kata fort.

Widerwillig nickte Mia.

»Also entscheide ich«, sagte Kata und zog die Augenbrauen hoch.

»Ja«, murmelte Mia und warf einen entrüsteten Blick zu Anton. Der verschwand gerade in einiger Entfernung mit seinen Gorillas zwischen den Farnblättern.

»Ich trete für heute das Kommando an dich ab, weil ich sehen will, wie gut du das machst.«

»Wenn du das sagst«, erwiderte Mia widerwillig.

Sie hob den Kopf und Kata las in ihren Augen, dass sie dasselbe dachte wie sie selbst. Solange Mia die Verantwortung für die Gruppe hatte, musste sie stets präsent sein. Kata konnte sie die ganze Zeit im Auge behalten. Kata neigte den Kopf und bestätigte Mias Vermutung, ohne ein Wort zu sagen. Genauso ist es.

Mia presste die Lippen zusammen, doch sie nickte. »Ute und Fin, übernehmt ihr die Nachhut?«, begann sie.

»Okay, machen wir«, ertönten aus den Reihen der Wölfe die Stimmen der beiden Jüngsten.

Zwei Minuten später hatte Mia alle Jobs verteilt. »Dann sind wir soweit, los geht's.« Mit einem letzten Blick auf Kata wandte sich Mia um und bahnte sich mit der Machete einen Weg durch dicht wachsende Magnolien, Farnblätter und Kakaobäume.

Nachdenklich blickte sich Kata um. Die Gorillas waren nicht mehr zu sehen, die Bären sammelten sich gerade und bei den Papageien kicherten und plapperten alle wild durcheinander.

Kata folgte den anderen. Mia war längst zwischen den tiefhängenden Luftwurzeln verschwunden. Direkt vor Kata kämpfte sich Jack durch das Unterholz, hinter ihr folgten Ute und Fin als Schlusslichter.

Wenige Sekunden später schluckte das grüne Dickicht alle Geräusche. Mia hatte ein Schweigegebot verhängt, so konzentrierten sich alle auf den Weg. Kata hörte hinter sich Flüstern und Kichern und sandte Ute und Fin einen warnenden Blick.

Sie wollte verhindern, dass Mia hier hinten auftauchte, um für Ruhe zu sorgen. Die beiden Jüngsten verstummten. Das Kreischen der Aras war entfernt zu hören, dann ein Rascheln ganz in der Nähe. Sonst blieb alles ruhig.

Schweigend marschierten sie durch dichtes Grün. Mia schlug eine breite Schneise und hinter ihr mussten sie wenig tun, um zwischen den wuchernden Pflanzen ihren Weg zu finden.

Im Dschungel gab es nur wenige Kameras. Kata kannte jeden einzelnen Standort. Auch das Blätterdach sorgte dafür, dass sie die meiste Zeit draußen auf den Bildschirmen unsichtbar blieben.

Einige Minuten später verlangsamte Kata ihren Schritt und wartete, bis Ute und Fin sie einholten. Der Neunjährige freute sich über Katas Gesellschaft und hüpfte fröhlich neben ihr her. Kata ging noch etwas langsamer und bedeutete Fin mit einer Kopfbewegung, er solle in ihrer Nähe bleiben. Nachdem Ute sie überholt hatte, synchronisierte Kata ihr Datenarmband mit den Daten von Fin. Erschreckt starrte er auf das Display ihres Armbandes.

Kata legte den Zeigefinger an ihre Lippen und lächelte ihm beruhigend zu. »Ich muss etwas herausfinden«, formten ihre Lippen ohne einen Laut. »Wenn unsere Bänder synchronisiert sind, dann glaubt das Camp-Team, ich bin die ganze Zeit bei euch. In einigen Stunden komme ich zurück. Wir treffen uns heute Abend am Lagerplatz. Ich warte dort auf euch. Anton braucht nicht zu wissen, dass ich nicht den ganzen Tag bei euch war.«

Fin nickte. Dann schob er sein Datenarmband nach oben, bis es unter dem Ärmel seines Buschhemdes verschwand. Er hob den Kopf und sah nach vorne, in Mias Richtung.

Kata zuckte die Achseln. »Sag ihr einfach, ich versuche herauszufinden, ob ich euch folgen kann, ohne von euch gesehen zu werden.«

Fin grinste. Kata lief noch ein paar Schritte neben ihm her, dann nickte sie ihm zu und tauchte zwischen zwei riesigen Magnolien ab. Sie ging ein paar Meter, dann waren Fin und die anderen verschwunden.

Kata blieb stehen und lauschte in die Stille. Vom Clan der Wölfe war kaum noch etwas zu hören, sie hatten gelernt, sich im Dschungel leise zu bewegen. Die Geräusche wurden immer leiser, dann verstummten sie ganz. Kata hörte nur noch Aras, das Rauschen der Blätter und das Knacken des Holzes.

Für einen Moment fühlte es sich an, als wäre sie ganz allein. Kata war nicht sicher, ob das ein gutes Gefühl war. Manchmal wünschte sie sich, ein paar Stunden unbeobachtet zu sein. Doch der Clan war ihr Zuhause und es fühlte sich bedrohlich an, dass die anderen sich von ihr entfernten.

Kata schloss die Augen und konzentrierte sich auf die Aufgabe, die vor ihr lag. Laut Sandrine befand sich die Tür in der Savannenlandschaft. Also musste sie zuerst dorthin. Sie rief sich die Zeichnung ins Gedächtnis, die in einem der Unterrichtsräume hing. In der mittleren der drei Kuppeln befand sich der Regenwald, in der östlichen Kuppel herrschte mediterranes Klima, in der westlichen gab es eine Savanne.

Kata warf einen Blick nach oben, wo sich die Lüftungsklappen befanden. Sie standen immer leicht schräg und manchmal fiel Sonnenlicht herein. Doch heute versteckte sich die Sonne hinter den Wolken. Kata kramte den Kompass heraus und prüfte, wohin Mia den Clan geführt hatte. Ausgehend vom Eingang der Biosphäre hatten sie sich bisher in nordöstliche Richtung bewegt. Um in die Savanne zu kommen, musste sie jetzt nach Westen. Kata begann zu traben. Etwa eine Stunde lief sie im Zickzack durch den Regenwald, wich den Kameras aus und blieb im Schutz des dichten Unterholzes. Ihre Nase kündigte schon lange im Voraus an, dass sie sich der Gruppe der Delfine näherte. Erst als der Geruch übermächtig wurde, konnte sie

Elli hören, die ihre Clan-Member um sich scharte und dafür sorgte, dass niemand zurückblieb.

Kata machte einen Bogen um die Delfine und verlangsamte ihr Tempo, damit keine Geräusche sie verrieten. Endlich hatte sie den Übergang zur Savanne erreicht. Die Regenwaldkuppel war hier zu Ende und die Seitenwände reichten weit nach unten, trennten das tropisch-feuchte Klima vom trockeneren Klima der Savanne.

Etwa zwei Meter über dem Boden endeten die Seitenwände der Waben, daran schlossen sich breite Kunststoffstreifen an, die wie Schuppen übereinander hingen. Entlang dieser Übergänge hingen in regelmäßigen Abständen Kameras, die auf Bewegung reagierten. Kata schlich sich im Schutz der Palmblätter dicht heran. Den letzten halben Meter legte sie auf dem Boden zurück und bewegte sich nur noch vorsichtig, damit die Kameras nicht aktiviert wurden.

Kata brauchte einige Minuten, bis sie sich dem Übergang zwischen den beiden Kuppeln genähert hatte und sich unter den Kunststoffstreifen durchrollen konnte. Drüben empfing sie heiße und trockene Luft. Meter für Meter kroch sie vom Übergang weg. Endlich hatte sie den Saum der Vegetation erreicht. Ein angenehmer Geruch nach Feigen, Akazien und Agaven empfing sie. Kata ging in die Hocke und sog tief den Atem ein. Sie saß unmittelbar unter einer riesigen Dattelpalme, deren Blüten einen durchdringenden Geruch verströmten. Kata ließ sich Zeit, doch sie nahm keine Spur von menschlichem oder tierischem Schweiß wahr. Sie war allein.

Gebückt lief sie weiter. Sie hatten hier oft genug Trainings abgehalten, den Weg zum Rand der Kuppel kannte sie gut. Einige wenige Kameras hingen weit oben an Holzstangen. Kata machte einen Bogen um sie und war sicher, dass ihr Ausflug draußen an den Bildschirmen nicht zu sehen war. Sie blieb im Schatten der Sukkulenten und vereinzelt stehender Akazien und erreichte endlich die äußerste Grenze der Biosphäre. Hier waren die Kunststoffkacheln im Unterbau der schwimmenden Stadt verankert.

Kata näherte sich vorsichtig der transparenten Außenhülle. Sie hatten wirklich Glück, dass die Tür in diesem Teil der Biosphäre lag. In den anderen beiden Kuppeln wucherte die Vegetation bis an den Rand. Doch in der Savanne ließ die Hitze in Verbindung mit der Trockenheit nur begrenzt Vegetation zu und so blieben die Kunststoffkacheln der Biosphäre zugänglich.

Im Schatten einiger Kakteen lief Kata bis dicht an die Außenwand heran. Unruhig warf sie einen Blick auf ihr Datenarmband. Sie war länger unterwegs gewesen, als sie erwartet hatte. Der Rückweg würde sie quer durch den Regenwald führen, um zum Biwak in der mediterranen Zone zu gelangen. Also musste sie in knapp drei Stunden zum Lagerplatz aufbrechen, sonst würde Anton ihr Fehlen bemerken.

Kata musterte ihre Umgebung. Die nächste Kamera war etliche Meter entfernt. Ihr Blick wanderte über die Außenhaut der Biosphäre, nirgendwo war eine Unregelmäßigkeit zu erkennen. Kata runzelte die Stirn. Wonach suchte sie eigentlich? Nach etwas Ähnlichem wie einer Zimmertür? Oder einer Luke dicht über dem Boden?

Kata ging in die Knie und ließ sich auf die Hände fallen. Sie musste sich so vorsichtig wie möglich bewegen, damit die Sensoren der Kameras nicht reagierten. Auf allen Vieren näherte sie sich der Kunststoffwand, ließ die letzten Kakteen hinter sich und war nun ungeschützt. Sie kroch näher und konnte die Oberfläche des Kunststoffs erkennen. Sie war glatt, mit einer dünnen Dunstschicht bedeckt und ließ keinen Blick nach draußen zu.

Ob draußen wirklich die Freiheit auf sie wartete? Oder bloß eine weitere unüberwindliche Stromfalle? Kata verdrängte die beunruhigenden Gedanken. Alles, was sie bisher wusste, ließ vermuten, dass die Außenwand der Biosphäre die Außengrenze des Camps bildete. Das war ihre einzige Hoffnung.

Sie öffnete die Augen und studierte die glatte Fläche vor sich, konzentrierte sich ganz auf ihre Suche. Ein Blick nach oben bis unter die Decke bestätigte, dass hier kein Ausgang zu finden war. Gebückt ging sie dicht an der Außenwand entlang. Gelegentlich berührte sie den transparenten Kunststoff, die beschlagene Oberfläche hinterließ eine feuchte Spur auf ihrer Schulter oder ihrem Oberarm. Meter um Meter suchte sie die Wand ab, ließ ihren Blick bis nach unten auf die Erde gleiten und weit unter die Decke.

Sie hatte erst hundert Meter hinter sich gebracht, als ein Blick auf ihr Armband bestätigte, dass sie schon länger als eine halbe Stunde suchte. Wenn sie in dem Tempo weitermachte, würde sie drei Tage brauchen, um die Tür zu finden.

Kata presste die Lippen zusammen. Sie umrundete eine Schildkröte und ging dann schneller. Ein leises Sirren ließ sie zusammenzucken. Hastig kroch sie zu einem Kaktus und suchte Schutz in seinem Schatten. Ihr Atem ging schnell und ihr Herzschlag dröhnte in ihren Ohren.

Vorsichtig blickte sie sich um. Nur wenige Meter von der Außenhülle entfernt stand eine verkrüppelte Akazie. Die daran montierte Kamera musste das Geräusch verursacht haben, doch sie hing schief nach unten und hatte sicher nur den staubigen Boden im Sucher.

Kata atmete erleichtert aus und kam aus der Deckung, ohne die Kamera aus den Augen zu lassen. Doch diese bewegte sich nicht, hing regungslos am Pfosten. Kata kroch zurück zur Außenwand und nahm ihre Suche wieder auf. Meter um Meter der glatten Kunststofffläche brachte sie hinter sich.

Zwei Stunden später hatte sie rund 600 Meter geschafft und nichts gefunden. Kata sah nach oben. Das Licht wurde diffuser und der Helligkeitsgrad des Himmels, der durch die Kunststoffdecke und die Lüftungsklappen zu erkennen war, ließ vermuten, dass in Kürze die Dämmerung einsetzen würde. Nur noch eine Stunde Tageslicht.

Es wurde Zeit zurückzukehren und das Biwak aufzusuchen. Schweren Herzens machte sich Kata auf den Weg. Sie brauchte eine halbe Stunde, um zur Trennwand zwischen Savanne und Regenwald zurückzukehren. Behutsam robbte sie hinüber, feuchte Luft und der durchdringende Duft nach Orchideen empfing sie. Inzwischen war es fast dunkel. Kata ärgerte sich, dass sie nicht besser auf die Zeit geachtet hatte. Sie bahnte sich ihren Weg durch den Regenwald, schob sich zwischen Luftwurzeln hindurch und watete durch dichte Farnfelder. Es fiel kaum noch Licht in die Biosphäre. Wie viele andere aus dem Clan der Wölfe hatte sie ein deutlich besseres Nachtsehvermögen als ein durchschnittlicher Mensch. Das spärliche Mondlicht, das durch die Kunststoffkuppel drang, reichte ihr. Im feucht-tropischen Klima musste sie nur etwa zwei Kilometer hinter sich bringen, doch Kata benötigte fast eine Stunde, bis sie endlich den Übergang zur dritten Kuppel erreichte.

Sie rollte sich unter den herabhängenden Kunststoffstreifen durch. Drüben empfing sie kühle, trockene Luft und ein durchdringender Geruch nach wildem Wein, Thymian und Rosmarin. Der Schweiß auf ihrer Haut trocknete und wenige Sekunden später begann Kata zu frösteln. Sie widerstand dem Impuls, die Gänsehaut auf ihren Armen und Beinen warm zu reiben. Sie kroch von den herabhängenden Streifen weg, die die beiden Sphären voneinander trennten. Endlich erreichte sie den Saum der Vegetation. Kata duckte sich unter die wuchernden Kräuter und tauchte im grünen Dämmerlicht ab. Die stacheligen Kräuter kratzten über ihre Haut und ließen sie schaudern. Schließlich verharrte sie unter einem Thymianstrauch, der sie mit seinem Geruch umhüllte und ihr seine stacheligen Zweige in den Rücken drückte. Sie öffnete ihren Rucksack, schlüpfte in eine lange Hose und ein langärmeliges Hemd. Erst dann setzte sie ihren Weg fort.

Sie hatten oft genug mit Macheten hier Trainings abgehalten und Wege in das Dickicht gehauen. Stärker noch als im Regenwald neigten die Sträucher der mediterranen Klimazone dazu, alles zu überwuchern und das Gelände unbegehbar zu machen. Doch sie waren mehrmals im Monat hier und so hatten sich Wege herausgebildet, die wie Röhren durch dichtes, fast undurchdringliches Dickicht führten.

Besorgt dachte Kata an das Biwak. Anton musste inzwischen längst erfahren haben, dass sie nicht bei der Meute geblieben war und brannte sicher darauf, Wilhelm haarklein davon zu berichten.

13.

Als Kata das Lager erreichte, hatte sich die Dunkelheit noch vertieft. Ein Lagerfeuer warf diffuse Schatten auf Schlafsäcke und wild durcheinanderliegende Klamotten. Gelächter schallte zu Kata hinüber, begleitet von Satzfetzen, Klappern von Essgeschirr und dem Zirpen einzelner Zikaden.

Kata trat in den Schein des Feuers. Der Geruch nach verbranntem Holz, verschwitzten Menschen und überhitzten Lebensmitteln überwältigte sie. Die Gespräche um sie herum erstarben, nur die Zikaden sangen ungerührt weiter. Kata riss sich zusammen und schirmte mit der Rechten ihre Augen ab gegen den flackernden Schein des Feuers. Sie kniff die Augen zusammen und versuchte, jenseits des Feuerscheins etwas zu erkennen.

Eine Bewegung verriet ihr, wo der Chief der Gorillas zu finden war. Anton stellte sein Essgeschirr zur Seite und erhob sich. Er machte keinen Hehl daraus, dass er wütend war, sehr wütend. Antons Befehle zu missachten war die schlimmste Kränkung, die sie ihm antun konnte. Kata unterdrückte ein Grinsen. Genau, wie sie erwartet hatte.

Anton trat zum Feuer und blieb im Schein der flackernden Flammen stehen, breitbeinig, die Arme vor der Brust verschränkt. Das Tattoo seines Genpools schimmerte dunkel.

Erhobenen Hauptes trat Kata ihm gegenüber.

»Wo warst du?«, zischte er und die Wut verzerrte sein Gesicht zu einer Grimasse.

Kata sah hinüber zu Mia, die ihren Blick mit hocherhobenem Kopf erwiderte, ohne eine Miene zu verziehen. Kata zweifelte nicht daran, dass sie Anton haarklein alles berichtet hatte.

»Das geht dich nichts an«, erklärte sie leichthin und baute sich vor ihm auf, die Arme ebenfalls vor der Brust verschränkt. Sie glaubte zu hören, wie die Clan-Member um sie herum die Luft anhielten.

Anton reckte den Hals, seine Hände fuhren auseinander und ballten sich zu Fäusten.

»Lass den Blödsinn«, war Mias Stimme zu hören, »du weißt, wir dürfen …«

Anton fuhr herum und Mia verstummte. Die beiden starrten sich wortlos an. Mia runzelte wütend die Stirn, doch sie schwieg. Betty grinste triumphierend.

Anton wandte sich wieder Kata zu. Lauernd blickte er sie an und ein provozierendes Lächeln legte sich um seinen Mund. »Mal sehen, ob du immer noch so schweigsam bist, wenn dein Hausvater dich fragt.« Spöttisch verzog er den Mund.

»Klar erzähle ich Wilhelm alles«, erwiderte Kata und zwang sich zu einem Lächeln. Anton sollte nicht merken, wie angespannt sie war. »Er hat es drauf, im Gegensatz zu dir.« In dem Moment, als sie das aussprach, wusste Kata, dass sie gewonnen hatte.

Antons Hände ballten sich zu Fäusten und er trat einen Schritt näher. »Was soll das«, blaffte er, stellte sich in Position und hielt ihr seine Rechte vor die Nase.

Ein intensiver Geruch nach Erde und getrockneten Früchten ließ Kata flacher atmen. Sie machte einen Ausfallschritt und nahm die Fäuste hoch. Einige der älteren Wölfe sprangen auf, auch Mark und Lore erhoben sich, Ärger und Sorge lag auf ihren Gesichtern.

Kata sah Anton fest in die Augen. »Lass uns fair kämpfen«, sagte sie so laut, dass alle es hören konnten. Sie begann zu tänzeln.

Anton zögerte und Kata fürchtete, er könnte einen Rückzieher machen.

»Anton, jetzt lass den Quatsch …« Mias Stimme drang bis zu ihnen.

Anton schüttelte unwillig den Kopf. Kata verbiss sich ein Grinsen. Er war berechenbar, das war sein größter Fehler.

Als er seinen ersten Schlag in ihre Magengrube setzen wollte, war sie gewappnet. Kata blockte seine Faust ab und landete einen Treffer in seiner Nierengegend. Anton krümmte sich, doch jetzt war er in seinem Element. Die Gorillas waren bekannt dafür, dass sie den Zweikampf suchten.

Seit Jahren unterrichtete Federica die Clan-Member im Kickboxen. Alle Clans trainierten regelmäßig, auch den Zweikampf. Doch echte Kämpfe waren verboten und wurden mit mehreren Wochen Baracke geahndet. Eine harte Strafe, die wirkungsvoll verhinderte, dass sie außerhalb des Trainings die Hand gegeneinander erhoben.

Kata tänzelte zur Seite und stieß mit der rechten Zehenspitze an einen Stein. Die winzige Unaufmerksamkeit genügte und Anton landete mit dem linken Fuß einen Treffer in ihrer rechten Seite. Sie krümmte sich stöhnend und riss sofort wieder die Fäuste nach oben. *Deckung, achtet auf eure Deckung*, glaubte sie Federicas Stimme zu hören. Sie setzte nach, doch sie streifte Anton nur mit der Spitze ihres rechten Stiefels.

Um sie herum war kein Laut war zu hören, nur das Klatschen der Schläge und Tritte, gelegentlich ein Stöhnen, wenn ein Schlag sein Ziel getroffen hatte.

Kata kämpfte hart und auch Anton schonte sie nicht. Ihre Rippen schmerzten und ihr linkes Knie fühlte sich an, als hätte ein Elefant darauf gestanden. Doch sie blieb Anton nichts schuldig. Der Geruch nach Blut verstärkte sich. Aus einem Riss oberhalb seiner Augenbraue sickerte Blut und rann über seine Wange. Unwillig wischte er mit Faust darüber, dann platzierte er einen Treffer neben ihrem Hals. Winzige Partikel seines Blutes landeten auf ihrer Haut. Der metallische Geruch drang in ihre Nase und trat von dort seine Reise in ihr Gehirn an. Eine Welle aus Wut und unbeherrschbaren Gefühlen überschwemmte sie. Kata schlug zu, Blutspritzer trafen ihr Gesicht, erneut trat sie in Antons Seite.

Ein Geräusch aus seinem Mund ließ sie innehalten. Der winzige Moment brachte sie zur Vernunft. Betroffen sah sie den weit klaffenden Riss über seinem Auge und seinen schmerzverzerrten Mund. Kata begriff, dass sie mehrfach auf seine Wunde geschlagen hatte. An ihren Fingerknöcheln klebte Blut und der überwältigende Geruch hatte sie fast vergessen lassen, warum sie hier war. Sie atmete tief ein und aus, hielt die erhobenen Fäuste vor ihr Gesicht, und wartete. Es fiel ihr schwer, den kurzen Moment seines Schmerzes nicht auszunutzen. Jetzt hätte sie einen Treffer in seiner Lebergegend landen können, der ihn vermutlich zu Boden geworfen hätte.

Anton nutzte ihr Zögern. Ein triumphierender Blick traf sie, als er ihr mit dem linken Fuß einen Tritt setzte und sie zu Boden ging. Kata kämpfte sich wieder hoch. Kaum stand sie zitternd auf beiden Beinen, verpasste er ihr zwei weitere Tritte. Kata ging erneut zu Boden. Sie zog Arme und Beine an und blieb reglos liegen, den Blick gesenkt.

»Geht doch«, hörte sie Anton mit triumphierender Stimme sagen, dann entfernten sich seine Schritte.

Kata rollte sich zur Seite und zog die Unterarme unter ihren Bauch. Ein Stöhnen drang aus ihrem Mund als die Schmerzen wie Messerstiche in ihre Magengrube fuhren. Sie presste die Lippen zusammen und stemmte sich auf alle Viere. Schwer atmend wartete sie, bis sie wieder Luft bekam. Sie hob den Kopf und sah, wie Anton an seinen Platz zurückkehrte. Er ließ sich neben Mia nieder, die ihn kopfschüttelnd empfing und sogleich begann, seine Wunden zu versorgen.

Kata quälte sich hoch. Blut tropfte aus einer Platzwunde irgendwo in ihrem Gesicht, landete zwischen ihren Händen und versickerte im Boden. Sie schaffte es nicht, ein Stöhnen zu unterdrücken, als sie beide Füße auf den Boden setzte und taumelnd versuchte, aufzustehen. Jetzt war Mark neben ihr, griff nach ihrer Hand und stützte ihren Unterarm. Mit seiner Hilfe schaffte sie es, sich aufzurichten. Schwer atmend blieb sie stehen. Als sein besorgter Blick ihr Gesicht streifte, wich sie ihm aus. Betroffen ließ Mark ihre Hand los und trat einen Schritt zurück.

»Alles okay? Kannst du gehen?«, fragte er irritiert.

Sie nickte und folgte ihm zu einem Platz abseits des Feuers. Dort hatte sie wenige Minuten zuvor Mark und Lore sitzen sehen. Jetzt war Lores Platz verwaist. Katas Knie zitterten bei jedem Schritt und als sie drüben ankamen, ließ sie sich erleichtert nach unten gleiten. Sie zog die Beine an und legte den Kopf auf die Knie.

Kata hörte, wie Mark seinen Rucksack nahm und etwas herauskramte. Dann sprühte er Desinfektionsspray auf ihre Platzwunde und tupfte sie mit einer sterilen Vorlage ab. Er schloss die Wundränder mit einer Klammer und setzte ein Pflaster darüber.

»Danke«, murmelte Kata und rieb nervös über ihre Wange, die sich heiß anfühlte.

Rasch blickte sie sich um. Lore stand drüben neben Elli und hatte den Arm um sie gelegt. Elli wischte sich das Gesicht und Lore strich ihr tröstend über das Haar. Verblüfft kniff Kata die Augen zusammen. So vertraut hatte sie die beiden noch nie gesehen.

»Lore!«, rief Mark und hob die Hand.

Lore senkte ihren Kopf und flüsterte Elli etwas ins Ohr. Irritiert sah Kata zu Mark, der ihren Blick mit einem Achselzucken quittierte. Mit einem Lächeln verabschiedete sich Lore von Elli und kam zu ihnen. Im Schneidersitz setzte sie sich neben Kata, legte besorgt den Arm um ihre Schultern und ließ ihre Stirn gegen Katas Kopf sinken.

»Hat geklappt«, flüsterte sie und aus ihrer Stimme klang ein Lächeln.

Kata brummte zustimmend und verkniff sich ein Grinsen. Lore strich zart über das Pflaster an Katas Stirn und nickte Mark anerkennend zu.

Der metallische Geschmack in Katas Mund ließ allmählich nach, doch die Wunde war es wert. Anton würde keinen Ton darüber verlieren, was in der Biosphäre passiert war. Ein Kampf wie dieser würde nicht nur ihr zwei Wochen Baracke einbringen. Wenn er davon erzählte, würde auch Anton in der Baracke landen, das Camp-Team fragte nicht lange, wer angefangen hatte. Kata war sicher, dass Anton den Mund halten würde.

»Was ist mit Elli?«, fragte Kata und bemühte sich, ihrer Stimme einen nachlässigen Klang zu geben. Sie zog ihren Rucksack zu sich her und begann zu kramen. Zwischen Wechselkleidung und Wasserflasche bekam sie ihr Esspaket zu fassen.

»Sie hat sich Sorgen gemacht, wegen Anton und dir«, erwiderte Lore leichthin, doch ihre Stimme klang gepresst.

Kata hob den Kopf und warf ihr einen neugierigen Blick zu. Als Mark in diesem Moment näherrutschte, wirkte Lore fast erleichtert.

»Hast du was gefunden?«, formten seine Lippen lautlos und seine Hand machte eine unauffällige Gebärde.

Kata schüttelte den Kopf. Die Enttäuschung in Marks Augen war nicht zu übersehen. Kata wich den fragenden Blicken aus und öffnete ihre Lunchbox. Die Stille zwischen ihnen war beklemmend.

Lore und Mark begannen fast gleichzeitig zu erzählen, erschrocken schwiegen sie wieder, schließlich einigten sie sich darauf, dass Lore beginnen sollte.

Nacheinander erzählten nun beide von ihren Projekten und wie weit sie gekommen waren. Kata lauschte ihren Stimmen, doch während Lore von dem Baumhaus erzählte, das die Papageien in eine Zeder bauten, schweiften ihre Gedanken ab. Sie musste an die Außenhaut der Biosphäre denken und daran, was Sandrine gesagt hatte. Ob sie Recht behalten würde?

Die Frühlingsrollen schmeckten auch kalt, doch sie konnten Katas Laune nicht bessern. Das Gespräch zwischen Lore und Mark versandete und kurze Zeit später verabschiedeten sie sich. Am Fuß eines Rosmarinstrauches hatten sie sich einen gemeinsamen Lagerplatz gebaut. Nachdenklich beobachtete Kata, wie die beiden hinübergingen und wenige Minuten später in ihre Schlafsäcke krochen. Kaum ein Wort fiel zwischen ihnen.

Kata nutzte die Dunkelheit und schlich zu Fin hinüber. Der Neunjährige schlief fest und merkte nicht, dass Kata die Koppelung zwischen seinem Datenarmband und ihrem löste. Noch immer war sie zu aufgewühlt, um in den Schlaf zu finden, und so saß sie noch einige Zeit schweigend am Feuer und blickte in die wechselnden Lichter der Glut. Als im Lager auch die letzten Stimmen verstummten, putzte sie sich rasch die Zähne und kroch ebenfalls in ihren Schlafsack.

Am nächsten Morgen wachte Kata dicht neben der Feuerstelle liegend auf. In der weißen Asche glommen nur noch wenige rötliche Nester. Sie wälzte sich zur Seite und stieß ächzend den Atem aus, als ihr linker Rippenbogen den Boden streifte. Sie presste die Lippen zusammen und wartete, bis der Schmerz nachließ. Vorsichtig strich sie mit der flachen Hand über ihre Seite. Sie hatte nur ein paar blaue Flecken abbekommen, doch die taten höllisch weh. Sie hob den Kopf und blickte sich um. Drüben reckte der Rosmarinstrauch seine Zweige über die Schlafstätte von Lore und Mark. Marks Schlafsack war leer, Lore schlief noch tief und fest.

Kata wand sich aus ihrem Schlafsack und streckte vorsichtig ihr Knie, das sich noch etwas steif anfühlte. Die ersten Schritte humpelte sie, doch dann ließ das beklemmende Gefühl nach. Kata rieb sich die Stirn und ging hinüber zum Abtritt. Sie steuerte den für die Mädchen an, wenige Meter weiter gab es einen für die Jungen. Ein Sichtschutz aus geflochtenen Zweigen sorgte für ein wenig Privatsphäre.

So früh morgens hatte sich noch keine Schlange gebildet. Kurze Zeit später nahm Kata den Klappspaten, der neben dem Baum lehnte, und warf einige Schaufeln Erde in das schmale Loch hinter sich.

Drüben, an der künstlich angelegten Wasserquelle, wusch sie sich notdürftig. An ihren Fingerknöcheln hatte sich schon etwas Schorf über den offenen Stellen gebildet. Kata wechselte ihre Unterwäsche und kehrte zum Lager zurück. Im Vorübergehen winkte sie Lore zu, die gerade aus ihrem Schlafsack kroch.

Kata ging zu Ute, die eben erst aufwachte und mit dem Schlafsack kämpfte. Kata half ihr beim Anziehen und bat sie, den anderen Wölfen Bescheid zu geben, dass um acht Uhr Abmarsch war. Wenige Minuten später hatte Ute ihren Schlafsack zusammengepackt und rannte hinüber zum Abtritt.

Kata kehrte an ihren Schlafplatz zurück, rollte ebenfalls ihren Schlafsack zusammen und kramte die Tüte mit Getreideflocken, Nüssen und getrockneten Früchten aus dem Rucksack. Drüben hatte Mia schon das Feuer angefacht und einen Ledertopf hineingestellt, der mit Wasser gefüllt war und in dem etliche Steine lagen. Kata schüttete sich Wasser in ihre Schüssel und schob mit einem Ast einen der heißen Steine hinein. Als das Wasser zu zischen begann, warf sie den Stein zurück in den Topf und gab den Inhalt der Tüte in ihre Schüssel. Als sie zurück bei ihrem Schlafsack ankam, hatte der Getreidebrei eine gute Temperatur.

Kata aß schweigend. Sie musste immer wieder an Anton denken und glaubte, sein Blut zu riechen, das aus dem klaffenden Schlitz über seinem Auge getropft war. Durch den Geruch war der Kampf gestern fast außer Kontrolle geraten.

Ihre Gedanken kreisten um diese Minuten und sie gestand sich ein, dass sie selbst außer Kontrolle geraten war. Kata hielt inne. Was, wenn es ihr ging wie Lore? Die Genanteile der Aras hatten Lore Flügel wachsen lassen, doch ihr Körpergewicht war zu viel für die Muskulatur. Das brachte Lore in echte Gefahr.

Lores Stimme riss Kata aus ihren Gedanken. »Woran denkst du?«, fragte sie und ließ sich mit gekreuzten Beinen nieder.

»Nichts weiter«, erwiderte Kata rasch und aß mit gesenktem Blick weiter. Sie spürte Lores Blick auf sich ruhen und war sicher, dass die Freundin ihr kein Wort glaubte.

Mark setzte sich zu ihnen. Auch er hatte sein Essgeschirr mitgebracht und begann zu essen. Verstohlen warf Kata einen Blick zu Mark und Lore. Beide hielten die Köpfe gesenkt und aßen schweigend. Nachdenklich kratzte Kata die Reste aus ihrer Schüssel und machte ihren Rucksack abmarschbereit. Auch Lore und Mark packten ihre Sachen, verabschiedeten sich wortkarg und gingen hinüber zu ihren Clans.

Einige Minuten später lehnte Kata entspannt an einem Stein und wartete, bis die anderen Clan-Member soweit waren. Die ersten trafen aufgeregt plappernd bei ihr ein. Kurz vor acht Uhr kam auch Mia herübergeschlendert.

»Heute bist du dran«, sagte sie trotzig und warf einen triumphierenden Blick hinüber zu den Gorillas.

Kata folgte ihrem Blick und sah, dass Anton mit einem lässigen Grinsen ganz ungeniert die Szene beobachtete.

»Seid ihr soweit?«, fragte Kata und wischte Ute die letzten Reste des Getreidebreis vom Mund.

Dann warf sie einen Blick in die Runde. Fin, Nik und Jack rempelten sich gegenseitig an. Als Kata sie prüfend ansah, blieben sie stehen und neigten die Köpfe. Doch unter den gesenkten Lidern ließen sie die anderen nicht aus den Augen und konnten sich ein Grinsen kaum verkneifen.

»Los geht's«, sagte Kata munter und nahm die Spitze ihres Clans ein, der sich nun in Bewegung setzte.

Sie warf einen letzten Blick zurück. Auch die anderen waren soweit, Lore sammelte die Papageien um sich und Mark verschwand einige Meter von Kata entfernt mit seinen Bären im grünen Dickicht.

Schweigend marschierten Kata und die Wölfe durch grüne Tunnel, die kreuz und quer die mediterrane Klimazone durchschnitten. Etwa eine Viertelstunde später erreichten sie die Trennwand zur tropisch-feuchten Klimazone. Die Wölfe schoben sich zwischen den herunterhängenden Trennstreifen hindurch. Kata folgte als Schlusslicht und tauchte in die Hitze und die Luftfeuchtigkeit des Regenwalds ein. Die lauten Rufe einer Gruppe Aras empfingen sie.

Augenblicklich bildete sich Schweiß auf den Stirnen der Clan-Member. Sie stopften Jacken und lange Hosen in ihre Rucksäcke, dann liefen sie durch die südliche Hälfte des Regenwalds. Schließlich erreichten sie die Stelle, an der Kata gestern den Clan verlassen hatte. Sie ließ sich in die Mitte der Gruppe zurückfallen und andere übernahmen die Spitze.

Zwanzig Minuten brauchten sie bis zu einer kleinen Lichtung. In deren Mitte stand ein Kreis aus senkrecht im Boden versenkten Zedernstämmen. In der Nähe ruhte ein Haufen Erde und verriet, dass die Clan-Member sie bereits für die Außenverkleidung der Hütte gesammelt hatten. Die Hälfte der Zedernstämme war mit schräg stehenden Stämmen abgestützt, die später mit Erde bedeckt werden sollten. Die zweite Hälfte der stützenden Stämme und die Streben für das Dach fehlten noch. Kata ging durch die Lücke, die später den Eingang bilden würde, und sah sich um. Die senkrecht stehenden Baumstämme waren solide verankert und boten eine stabile Grundlage für Wände und Dach.

»Sieht gut aus«, sagte sie anerkennend und lächelte.

Nach einem kurzen Zögern erwiderte Mia ihr Lächeln.

»Am besten, du übernimmst das Kommando«, fuhr Kata fort. »Du weißt am besten, was noch getan werden muss.«

Unschlüssig sah Mia nach oben, wo die Auflage für die Dachstreben bereits zu sehen war. Dann nickte sie. »Okay«, sagte sie und nickte. »Bearbeitest du die Baumstämme für die Dachstreben?«

»In Ordnung«, erwiderte Kata. »Ich nehm Fin dazu. Einverstanden?«

Mia lächelte. »Einverstanden«, erwiderte sie.

In den kommenden Stunden wurde nur wenig gesprochen. Mia gab Anweisungen und sprang ein, wenn Hilfe gebraucht wurde. Kata bearbeitete gemeinsam mit Fin die Baumstämme für das Dach. Als auch die zweite Hälfte des Innenkreises mit schräg stehenden Stämmen abgestützt war, hoben Kata und Mia die Stämme nach oben, wo Fin sie mit Lianen und Luftwurzeln befestigten. Als das erste Drittel des Daches stand, begannen die anderen Wölfe, die schräg stehenden Außenstämme mit Netzen aus Luftwurzeln zu verbinden und dann mit Erde abzudecken. Es dämmerte bereits, als auch auf den letzten Dachstreben Erde lag.

Mit überkreuzten Armen stand Mia vor dem Eingang, der zwischen senkrecht stehenden Baumstämmen wie in eine Höhle führte. »Sieht gut aus«, erklärte sie zufrieden.

Kata trat neben sie und ließ ihren Blick schweifen. »Sieht super aus«, sagte sie und als sie Mias überraschten Blick bemerkte, mussten beide lachen.

Viele der Clan-Member gähnten, als sie sich in einer Reihe aufstellten. Kata gab das Zeichen und ohne ein weiteres Wort trabten sie in gemächlichem Tempo zum Haupteingang der Biosphäre.

Anton hatte sich mit den Gorillas schon eingefunden, auch Lore und der Clan der Papageien warteten bereits. Kata ging hinüber zu Lore, die müde wirkte. Kein Wunder, ihr Zusammenbruch war noch keine zwei Wochen her.

»Du siehst ziemlich verboten aus«, sagte Lore und grinste.

Kata fasste sich an die Stirn und tastete vorsichtig nach dem Pflaster unter ihrem Haaransatz.

»Anton auch«, erwiderte sie.

Beide sahen zu den Gorillas. Mia war gerade bei Anton eingetroffen, lachte, gestikulierte. Kata brauchte nicht lange darüber nachdenken, was sie ihm erzählte.

Hinter ihnen tauchte Mark aus dem Dickicht auf. Er ging auf Lore zu und wollte sie in den Arm nehmen, doch diese bückte sich und nestelte an ihren Schuhen. Betreten sah Mark zu Boden, dann kehrte er ohne ein weiteres Wort zu den Bären zurück.

Lore richtete sich mit hochrotem Gesicht wieder auf. Kata musterte sie mit gerunzelter Stirn, doch jetzt war nicht der richtige Moment, nachzufragen. Sie nickte ihrer Freundin zu und kehrte dann zu ihrem Clan zurück. Die meisten hatten sich inzwischen auf dem Boden niedergelassen und Kata setzte sich zu ihnen. Fin robbte zu ihr herüber und kuschelte sich an sie. Kata strich ihm das Haar aus dem Gesicht, mehrere Erdkrumen lösten sich und kullerten zu Boden.

Anton wirkte genervt, als endlich auch Elli unter einer Zeder auftauchte, gefolgt von ihrem Clan. Kaum trat die zehnjährige Kia als Letzte der Delfine aus dem Dickicht, da erhob sich Anton und ging hinüber zum Tor.

»Ist die Meute komplett?«, brüllte der Gorilla.

»Die Wölfe sind komplett«, rief Kata und wie ein Echo folgten die Stimmen von Lore, Mark und Elli.

Nun sammelten sich alle am Tor und wenig später traten sie durch die Tore nach draußen. Abenddämmerung, eine leichte Brise und angenehme Temperaturen empfingen sie. Viele der Clan-Member griffen nach ihrem Rucksack und kramten die Jacken heraus.

Drüben beim Pinguin warteten Mimi und Gerard auf sie und die Clans sammelten sich dort. Die Jüngeren gähnten, einige rieben sich die Augen. Die Nacht war hereingebrochen, kaum ein Lichtschimmer drang durch die dichte Wolkendecke.

»Okay«, sagte Mimi und ihre Stimme klang ungewohnt nachsichtig. »Wir sehen uns eure Projekte morgen an und berichten dann direkt an die Admiralin. Ihr könnt jetzt ins Hauptquartier zurückkehren.«

Wortlos formierten sich alle Clans zu einer Kette. Elli setzte sich an die Spitze und fiel in einen leichten Trab. Unter den Schritten der Clan-Member begann der hölzerne Steg zu schwingen. Links und rechts neben den hölzernen Brettern begann das Wasser sachte zu schaukeln und die Strahlen des aufgehenden Mondes tanzten auf den Wellen.

14.

Sandrine hatte ein riesiges Buffet für sie vorbereitet. Die Clans aßen ungewohnt still und direkt nach dem Essen wanderten fast alle in kleineren und größeren Gruppen hinüber in ihre

Schlafhäuser. Die Älteren duschten, die Kleineren wurden von den Hauseltern in den Waschraum geordert, um am Waschbecken wenigstens den gröbsten Dreck zu beseitigen. Danach verschwanden die meisten in ihren Schlafkojen. Wenig später war kaum noch ein Geräusch zu hören.

Als Kata sich in ihre Bettdecke rollte, ging ihr durch den Kopf, dass auch das Camp-Team heute Abend kaum ein Wort verloren hatte. Überhaupt war es sehr still gewesen, auch drüben am Tisch des Forscher-Teams. Selbst als Sabine die blauen Flecken in ihrem Gesicht und das Pflaster auf ihrer Stirn entdeckt hatte, kam kein Wort über ihre Lippen. Doch noch bevor Kata weiter darüber nachdenken konnte, verschwammen ihre Gedanken und sie sank in einen tiefen, traumlosen Schlaf.

Am nächsten Morgen war sie wie meist in den vergangenen Wochen spät dran. Trotzdem nahm sich Kata die Zeit, ihre Platzwunde neu zu versorgen und mit einem Pflaster zu überkleben. Dann machte sie sich auf den Weg in den Speisesaal.

Im Hauptquartier drang der intensive Geruch nach gebratenen Eiern mit Speck in ihre Nase und nahm ihr für einen Moment die Luft. Sie schlenderte hinüber zum Buffet. Vor ihr balgten sich einige Papageien um die Flasche mit dem Ahornsirup. Am Tisch der Delfine ließ das Gelächter vermuten, dass Elli bester Laune war und eine ihrer Vorstellungen gab. Am liebsten ahmte sie Anton nach, auch Wilhelms Stimme gab sie gern zum Besten, manchmal war Sandrines brummiger Bass zu hören.

Kata nahm sich einen Teller und häufte eine große Portion Eier mit Speck darauf. Überrascht blickte sie auf, als sie Sandrine bemerkte. In dem schmalen Korridor, der die Küche mit dem Speisesaal verband, schob sie einen Servierwagen vor sich her. Die Küchenchefin ließ sich in letzter Zeit erstaunlich häufig bei den Mahlzeiten blicken.

Kata schlenderte noch langsamer als zuvor auf die andere Seite des Buffets, um sich zwei Scheiben Toast zu holen. Aus den Augenwinkeln beobachtete sie, wie Sandrine ohne Eile den Speisesaal durchquerte. Auf ihrem Servierwagen stand eine Platte mit Spiegeleiern und Speck. Auf einer zweiten schwankte ein Stapel mit Pfannkuchen, Nachschub für Katas Lieblingsessen, von dem sie sich auf jeden Fall eine Portion sichern wollte.

Kata warf einen unauffälligen Blick zu den Pfannkuchen, die in der Mitte des Buffets thronten. Als sie in den Speisesaal gekommen war, hatte Abedi gerade neue gebracht. Normalerweise wartete Sandrine mit dem heißen Nachschub, bis die Platten leer waren, damit das Essen nicht zu sehr abkühlte.

Sie ignorierte Sandrine, umrundete das Buffet und nahm sich etwas Butter. Eigentlich lieferte der Speck genug Fett für den Toast, trotzdem schob sie sich ein Stück davon neben die Eier.

Endlich erreichte Sandrine das Buffet, platzierte den Servierwagen neben sich und fing an, den zur Hälfte geschrumpften Pfannkuchenstapel aufzufüllen. Kata schlenderte hinüber und umrundete die Gruppe der immer noch laut gestikulierenden Papageien, von denen die meisten inzwischen dazu übergegangen waren, sich die Teller vollzuladen.

»Pfannkuchen noch heiß aus der Küche«, sagte Kata zufrieden und blieb neben Sandrine stehen, als warte sie nur darauf, endlich an die Platte zu kommen.

Drüben vom Tisch der Delfine war eine Lachsalve zu hören, neben ihnen stritten zwei Papageien noch immer um den Ahornsirup. Sandrine schob die beiden letzten Pfannkuchen von der Servierplatte auf das Buffet. Dann stellte sie die leere Platte in das untere Fach des Servierwagens. Nun befand sie sich unmittelbar neben Kata.

»Ihr müsst alle gehen«, murmelte Sandrine und beugte sich über das das Buffet, um die Pfannkuchen zurechtzuschieben.

»Was?«, entfuhr es Kata. Im nächsten Moment hätte sie sich am liebsten auf die Lippen gebissen.

Unbeeindruckt platzierte Sandrine den Ahornsirup direkt neben der Platte und schob den Zuckerstreuer und eine Schüssel mit klein geschnittenem Obst zurecht.

»Alle«, fuhr Sandrine fort und sammelte laut klappernd zwei leere Teller ein. »So schnell wie möglich.«

Kata musste sich zwingen, weiterhin das Buffet zu mustern, als sei sie unschlüssig, was sie nehmen wollte. Sandrine räumte die Teller auf den Servierwagen und packte den Griff. Erst jetzt blickte sie auf und Kata wagte es, sie kurz anzusehen. Sandrine verzog keine Miene, doch Kata sah den Ernst in ihren Augen. Und zum ersten Mal schien es ihr, als hätte die Küchenchefin Angst.

»Was war denn gestern mit dir und Mark?« Kata klinkte die Karabiner ihres Sicherheitsgurts in die Öse der Plattform.

»Nichts weiter«, murmelte Lore. Sie hing über ihrem Rucksack und kramte eine Tüte mit Marshmallows heraus.

»Echt jetzt?«, fragte Kata. Überrascht musterte sie Lore, die ihrem Blick auswich. »Sah aber nicht so aus. Hattet ihr Stress?«

»Gibt doch jetzt wirklich Wichtigeres«, knurrte Lore und strich sich über die Haare, die sie heute wieder zu einem bunten Papageienkamm nach oben gegelt hatte.

Betroffen runzelte Kata die Stirn, dann zuckte sie mit den Achseln. »Musst du wissen«, murmelte sie gekränkt.

Lore seufzte und griff nach Katas Hand. »Im Moment weiß ich nicht so genau«, sagte sie tonlos und verdrehte die Augen. »Irgendwie …« Ihre Stimme brach.

»Versteh schon«, murmelte Kata.

»Du magst ihn«, erwiderte Lore leise und Kata spürte, wie Lore ihre Hand drückte.

Verlegen starrte Kata auf den Felsen und entdeckte Mark, der sich gerade bereit machte für den Sprung. Die Plattform begann zu schwingen und Mark landete zwischen ihnen auf der Plattform. Lore räusperte sich und drückte noch einmal Katas Hand, bevor sie zur Seite rutschte und Mark Platz machte. Sie warteten, bis er seinen Sicherheitsgurt eingehakt und sich zu ihnen gesetzt hatte.

»Sandrine hat mich heute Morgen angesprochen«, begann Kata.

Mark hob den Kopf und auch Lore starrte sie überrascht an.

»Jetzt sag schon«, murmelte sie.

»Wir sollen alle fliehen«, erwiderte Kata und verzog den Mund. »Jetzt sofort.«

»Das meint sie nicht ernst«, erwiderte Mark verblüfft.

Lore kicherte, doch als sie Katas Blick sah, verstummte sie.

Kata schüttelte den Kopf. »Es war ihr verdammt ernst«, erwiderte sie düster. »Aber ich habe keine Ahnung, wie sie sich das vorstellt. Wir können nicht alle fliehen. Das ist, als wollten wir mal eben unbemerkt das Hauptquartier abreißen.«

»Wenn man genug Sprengstoff hätte«, murmelte Mark.

»Unbemerkt?« Lore grinste.

»Könnt ihr euch vorstellen, dass wir alle fliehen und keiner im Camp kriegt es mit?« Kata spürte, dass sie kurz davor war, in hysterisches Lachen auszubrechen. Sie räusperte sich und schüttelte ungläubig den Kopf.

»Warum sprechen wir dann darüber?«, fragte Mark und zog die Augenbrauen hoch.

»Warum sagt Sandrine das?«, hielt Kata dagegen.

Lore zuckte mit den Achseln.

»Sandrine weiß, dass wir gemeinsam kaum eine Chance haben«, fuhr Kata fort. »Freiwillig würde sie uns nie in Gefahr bringen.« Eindringlich musterte sie die angespannten Gesichter der anderen. »Also warum sagt sie das?«

Sie sahen sich an. Die Stille zwischen ihnen nahm ihnen den Atem.

»Sie weiß etwas.« Marks Stimme klang gepresst. »Etwas, das wir nicht wissen.«

Lore nickte.

»Was könnte das sein?«, fragte Kata zweifelnd.

Auf einmal glaubte sie wieder, die Stimme der Admiralin zu hören. *Bevor wir das Experiment abbrechen, will ich wissen, ob Kata und Anton ihre Gene weitergeben.* Kühl hatte das geklungen und berechnend. Eigentlich wie immer, die Admiralin interessierte sich nur für die Untersuchungsergebnisse, nicht für die Kinder und Jugendlichen.

Kata spürte, wie ihr Hals sich zuschnürte. Sie hatte sich so sehr davor gefürchtet, schwanger werden zu müssen, dass sie auf die restlichen Worte der Admiralin nicht weiter geachtet hatte. *Bevor wir das Experiment abbrechen.*

Das Ganze sollte ein Ende haben. Das würde erklären, warum Sandrine in Panik war und Kata einen lebensgefährlichen Auftrag erteilte.

»Kata?« Lore legte die Hand auf ihre Schulter und wiederholte eindringlich ihren Namen. »Kata?«

Wie aus tiefem Schlaf kehrte Kata aus den Abgründen ihres Unterbewusstseins zurück, das ihr gerade in diesem Moment die Stimme der Admiralin nach oben gespült hatte.

»Was ist los, verdammt noch mal?« Lore wirkte ungeduldig und auch Mark runzelte unwillig die Stirn.

»Nichts«, stammelte Kata und wusste im selben Moment, dass es ein Fehler war. Bisher hatte nur ihr eigenes Leben auf dem Spiel gestanden. Nun ging es um das Leben aller Clan-Member.

»Du sagst uns jetzt verdammt noch mal, was los ist«, stieß Lore hervor und kniff wütend die Augen zusammen. »Wir haben ein Recht darauf zu erfahren, was hier läuft.«

Sie reckte den Oberkörper und warf Kata einen zornigen Blick zu. Sogar Mark wirkte eingeschüchtert. Fast hätte Kata gegrinst. Lore konnte ziemlich wütend werden und wehe, man nahm sie nicht ernst.

Wieder glaubte Kata die Stimme der Admiralin zu hören und das Lachen verging ihr. Ernüchtert blickte sie die beiden an und insgeheim musste sie Lore zustimmen. Die beiden hatten ein Recht zu erfahren, was los war.

Kata räusperte sich. »Ich habe euch doch von meinem nächtlichen Ausflug neulich erzählt. Die beiden Männer, die dem Camp-Team einen Besuch abgestattet haben. Beim Abschied standen die Admiralin und Wilhelm in der Nähe des Rolltors im Versorgungsgebäude.«

Lore und Mark nickten.

»Du sollst schwanger werden«, murmelte Lore bedrückt und ihre betroffene Miene verriet, dass sie nicht mehr daran gedacht hatte.

Rasch erzählte Kata weiter. Als sie mit ihrem Bericht fertig war, starrte Lore sie stumm an und ihr Gesicht wirkte fahl.

»Was bedeutet das?« Auch Mark war blass geworden.

»Sie wollen das Experiment abbrechen?«, fragte Lore entsetzt. »Jetzt?«

Kata nickte.

»Was soll das?«, wiederholte Mark und seine Stimme klang heiser.

Kata sah die Panik in seinen Augen. Lores Augen weiteten sich, sie schien erst jetzt die ganze Tragweite der Worte zu realisieren.

»Die gute Nachricht: Wir haben noch ein paar Wochen Zeit«, sagte Kata rasch. »Wenn ich schwanger werden soll und das Forscher-Team auf die Ergebnisse warten will, dauert es noch eine Weile. Vielleicht sogar Monate.«

Sie sahen sich an. Keiner von ihnen sprach es aus, doch ihre

Blicke verrieten, dass alle drei dasselbe dachten: Ihre Tage in der schwimmenden Stadt waren gezählt.

Am nächsten Morgen stand ein Film über Kuba auf dem Programm. Im Kinosaal lauschte Kata geistesabwesend der Frauenstimme, die von Che Guevara und seiner Revolution erzählte. Sandrine war ein hohes Risiko eingegangen, als sie Kata im Speisesaal zur Flucht geraten hatte. Und Sandrine wusste, dass die Clans ein hohes Risiko eingehen würden, sollten sie gemeinsam die Flucht wagen. Kata rieb sich die Stirn. Seit gestern Abend drehten sich ihre Gedanken immer wieder im Kreis. Es fiel ihr nur ein einziger Grund ein, warum Sandrine das getan hatte. Sie wusste, dass das Experiment in Kürze abgebrochen werden sollte.

Wenn Sandrine davon wusste, dann wusste es vermutlich das gesamte Camp-Team. Kata wurde schlecht bei dem Gedanken. Natürlich war klar, dass dieses Camp nur existierte, um ein abgefahrenes genetisches Experiment durchzuführen. Sie und die anderen hatte nie eine Wahl gehabt. Doch die Erwachsenen waren freiwillig hier. Sie hatten definitiv eine Wahl gehabt und sich für dieses Experiment entschieden. Alle Hauseltern, auch Sabine, auch Wilhelm. Sie waren wie Mutter und Vater für Kata gewesen, all die Jahre.

Kata presste ihre Hand auf den Mund und atmete durch die Nase, um nicht schreien zu müssen. Martin, der neben ihr saß, wandte den Kopf und musterte sie stirnrunzelnd. Kata winkte ab, holte tief Luft und ließ ihre Hand wieder sinken.

Die Leinwand verschwamm vor ihren Augen, trotzdem starrte sie auf die alten Schwarz-Weiß-Bilder, die in rascher Folge mehrere Treffen zwischen Che Guevara und Fidel Castro zeigten, begleitet von einer emotionslosen Frauenstimme, die von der Freundschaft der beiden Männer erzählte und wie sie einige Jahre später jäh auseinanderbrach.

Nach dem Film strömten die Clans in den Speisesaal und machten sich über das Buffet her. Sandrine hatte ein kubanisches Gericht vorbereitet, Ropa vieja, alte Klamotten: Suppenfleisch mit Tomatensoße, dazu schwarze Bohnen, gelben Reis, Kochbananen und gebratene Yuca.

»Wir sollten mit Elli und Anton sprechen«, sagte Lore leise. Sie balancierte einen leeren Teller auf der flachen Hand und schob sich hinter Kata in die Schlange.

»Damit Anton gleich zur Admiralin rennt?«, erwiderte Kata mit gesenktem Kopf.

»Es geht auch um sein Leben und das seines Clans«, wandte Lore ein.

»Das wird er uns nicht glauben.« Kata griff nach einem Löffel und schaufelte sich Reis auf ihren Teller.

»Er muss«, flüsterte Lore.

Kata sah auf. Selten hatte sie ihre beste Freundin so entschlossen gesehen. »Trotzdem. Das wird er uns nicht glauben.« Kata schüttelte den Kopf und verabschiedete sich mit einem Schulterzucken.

Schon gestern auf der Plattform waren sich Mark und Lore einig gewesen. Sie wollten, dass Elli und Anton in ihre Fluchtpläne eingeweiht wurden. Zumindest sollten sie selbst entscheiden, ob sie dabei sein wollten. Wenn die beiden sich ihren Plänen anschlossen, waren alle Clan-Chiefs mit im Boot. Dann konnten sie gemeinsam überlegen, ob und wie eine Flucht der gesamten Meute machbar wäre.

Am Tisch der Wölfe ließ sich Kata auf ihren Platz fallen und griff zum Besteck. Mit erhobener Hand starrte sie auf ihren Teller. Der Gedanke, dass dies ihre letzten Mahlzeiten hier im Camp sein könnten, nahm ihr den Appetit.

»Heute keinen Hunger?«

Sabines Stimme verursachte ihr körperliche Qualen. Nichts schmeckte so bitter wie Verrat. Katas Atem ging schneller, ihre

Brust hob und senkte sich spürbar. Sie brauchte ihre ganze Kraft, um so normal wie möglich zu wirken.

Kata zwang sich zu einem Grinsen. »Wie jeden Monat um diese Zeit«, erklärte sie leichthin und blickte auf.

Sabine musterte sie interessiert und hob die Augenbrauen. Kata hätte sich am liebsten auf die Zunge gebissen. Es war natürlich die perfekte Ausrede, doch damit war klar, in zwei Wochen war Zeit für die Insemination. Kata hätte sich ohrfeigen können, doch nun war es zu spät.

Scheinbar ungerührt griff Kata zur Gabel und zwang sich, ein paar Bissen zu essen. Trotzdem war ihr Teller noch zur Hälfte gefüllt, als sie das Besteck zur Seite legte. Als sie aufstand, begegnete sie Sabines forschendem Blick. Kata zuckte zusammen. Wenn sie sich weiterhin so verräterisch verhielt, konnte sie sich gleich die Fluchtpläne auf ihre Stirn tätowieren lassen. Sie zwang sich zu einem Lächeln und nickte Sabine zu. Ihre Hausmutter lächelte zurück, doch der Zweifel wich nicht aus ihren Augen.

Kata stellte ihren Teller auf das Förderband und ließ sich von einer Gruppe von Wölfen mitziehen. Nach dem Essen waren sie drüben in der Werkstatt verabredet, um die Flügel für den Schwingenflügler zu bauen.

Kalte Luft empfing sie draußen, ungewohnt kalt für diese Jahreszeit. Prüfend blickte Kata hinauf in den Himmel, der sich in strahlendem Blau über ihnen spannte. Fin und Ute hüpften vor ihr die breite Eingangstreppe hinunter, neben ihr diskutierten Lien und Martin über den perfekten Bogen. Die Werkstatt lag am Sportgelände, nur wenige Meter vom Hauptquartier entfernt. Als Kata zusammen mit Lien und Martin dort eintraf, suchten Fin und Ute bereits das Werkzeug zusammen.

Nik holte aus der Werkstoffkammer den Kunststoff, den Dilma für sie vorbereitet hatte. Kata ging Lien zur Hand, die heute eine der Kunststoffplatten als Bespannung über den Rahmen aus Glasfasern ziehen wollte. Sie starteten mehrere Versuche, doch erst mit Dilmas Hilfe gelang es ihnen schließlich, die Rahmenkonstruktion solide mit der Bespannung zu verbinden. Gleich im Anschluss nahmen sie sich den zweiten Flügel vor und als sie gegen Abend ins Hauptquartier zurückkehrten, lagen zwei fertig bespannte Schwingflügel im Regal der Wölfe.

Nach dem Essen holte sich Kata am Tagesbuffet einen Becher warmen Kakao und verkroch sich im Sessel in ihrer Lieblingsnische. Kurze Zeit später tauchten Lore und Mark bei ihr auf. Lore stellte ein Glas Milch auf den Tisch und Mark hatte sich Tee besorgt. Kata musterte die beiden verstohlen. Die Stimmung zwischen ihnen war immer noch angespannt. Eigentlich tat es ihr leid für Lore, trotzdem spürte sie Erleichterung. Kata starrte in ihre Tasse und schämte sich für ihre Gefühle. Hoffentlich bekam Lore nichts davon mit.

»Das hört einfach nicht auf zu jucken«, murmelte Mark und rieb sich sein Clan-Tattoo, auf dessen Konturen sich Schorf gebildet hatte.

Lore musste lachen und erleichtert stimmte Kata ein. Auch Mark musste grinsen, doch als beide ihn ansahen, wurde seine Miene ernst.

»Es geht nicht anders«, formten seine Lippen tonlos. Er kramte nach einem Taschentuch und tupfte das Blut von seinem Hals.

»So verheilt das nie«, erwiderte Kata und grinste flüchtig. Dann verdüsterte sich ihr Gesicht und mit gerunzelter Stirn blickte sie die beiden an.

»Ich werde es Elli und Anton sagen«, sagte Lore ohne einen Laut.

Mark steckte das blutige Papiertuch weg und seine rechte Hand machte eine zustimmende Geste.

»Ich bin dagegen«, erwiderte Kata und schüttelte den Kopf. Fast bereute sie es, die beiden eingeweiht zu haben.

»Wo treffen wir uns?«, fragte Mark lautlos.

»Wie immer«, erwiderte Lore und deutete mit dem Kopf nach oben Richtung Trainingshalle.

Noch bevor Kata etwas erwidern konnte, tauchte Nik neben ihr auf, in der Rechten ein Glas Cola. »Ist noch Platz?«, quietschte er und ohne auf eine Antwort zu warten, ließ er sich auf den freien Sessel fallen. Triumphierend blickte er sich um.

Lore verdrehte genervt die Augen. »Wozu fragst du eigentlich?«

»Das ist doch alles Wahnsinn«, erwiderte Kata tonlos. »Wir werden hier niemals lebend herauskommen.«

Nik blickte sich neugierig um. »Was für ein abgefahrenes Spiel habt ihr denn hier am Laufen?«, fragte er und nippte an seinem Glas.

Die drei sahen ihn schweigend an.

»Kata?«

Erschrocken blickte Kata auf. Wilhelm betrachtete mit gerunzelter Stirn die Runde, als er Nik bemerkte, entspannte sich seine Miene.

»Ja?«, erwiderte sie gedehnt.

»Du hast wieder einen Termin bei der Ärztin. Morgen.«

Kata spürte, wie ihre Knie weich wurden und war froh, dass sie saß.

»14 Uhr«, fuhr Wilhelm fort und sein Gesichtsausdruck ließ keine Regung erkennen.

Katas Atem ging schneller. Sabine musste Wilhelm und der Ärztin Bescheid gegeben haben.

»Warum?« Sie konnte sich die Frage nicht verkneifen, obwohl Wilhelm sicher längst wusste, dass Leibold ihr alles erzählt hatte.

»Wie beim letzten Mal auch«, erwiderte Wilhelm und zuckte mit den Achseln. »Hat sich nichts geändert.«

Kata hätte vor Wut schreien können. *Hat sich nichts geändert.*

Als wäre alles wie immer. Sie fühlte sich verraten und konnte nur mit Mühe die Tränen unterdrücken. Sie drehte den Kopf, damit er ihre zitternden Lippen nicht sah.

»Du schaffst das«, fügte Wilhelm leise hinzu.

Überrascht sah sie ihn an. Wilhelm erwiderte ihren Blick, doch seine Augen blieben ausdruckslos. Dann nickte er und verschwand so plötzlich, wie er aufgetaucht war. Kata schlug die Hände vor ihr Gesicht und Tränen rannen über ihre Wangen.

»Lass uns mal allein«, raunte Lore und berührte Nik an der Schulter. Er blickte mitleidig zu Kata und sah aus, als hätte er sie am liebsten getröstet, doch als Lore ihn von der Couch schob, trollte er sich. Lore ging hinüber zu Kata, setzte sich auf die Lehne ihres Sessels und schlang die Arme um sie.

»Das werden wir nicht zulassen«, erwiderte Mark entschlossen.

Kata wischte sich die Tränen von den Wangen.

Lore presste ihr Gesicht gegen Katas Schläfe. »Nein«, flüsterte sie, »das werden wir nicht zulassen.« Auch ihre Wangen waren nass.

»Was ist mit der Tür?« Lore rieb sich entschlossen die Wangen und rutschte neben Kata in den Sessel.

»Du bist die beste Fährtensucherin im Camp«, sagte Mark zu Kata, »du musst sie finden.«

Kata fuhr sich mit dem Unterarm über die Nase und rieb sich die Augen. »Wann?«, fragte sie und schniefte.

Es gab noch keinen Termin für das nächste Training. Nur so konnten sie in die Biosphäre gelangen.

»Wir haben noch ein paar Wochen«, erwiderte Mark tonlos. »Mindestens ein weiteres Training bis dahin, vielleicht sogar zwei. Genug Zeit, in der Biosphäre nach der Tür zu suchen.«

Kata nickte, meist erfuhren sie erst einen oder zwei Tage vor dem Training davon. Doch bisher hatten sie regelmäßig stattgefunden. »Könnte gehen.« Dann hob sie entsetzt den Kopf.

Besorgt musterte Lore ihr Gesicht.

Kata beugte sich zu ihr hinüber und flüsterte ihr ins Ohr. »Wahrscheinlich hat Sabine der Ärztin erzählt, dass ich gerade menstruiere. Könnte sein, dass die Insemination schon in zwei Wochen stattfindet.«

»Schon?«, flüsterte Lore entsetzt und biss sich erschrocken auf die Lippen.

Kata nickte. »Wir haben nur noch zwei Wochen«, formten ihre Lippen, sodass auch Mark ihren Worten folgen konnte.

Überrascht runzelte er die Stirn und fragte tonlos zurück: »Warum?«

Lore und Kata sahen sich an, dann stand Lore auf, kehrte zurück zum Sofa und ließ sich neben Mark in die Kissen fallen. »Erklär ich dir später«, antwortete sie kurz.

»Was ist mit Elli und Anton?«, fragte Mark.

»Nein«, erwiderte Kata entschieden. »Anton wird uns auffliegen lassen.«

Nervös tauschten Lore und Mark einen Blick. »Wir haben keine Wahl«, sagte Lore dann zu Kata. »Denk an Sandrine.«

Düster runzelte Kata die Stirn und der Druck in ihrer Magengegend nahm zu.

»Ich spreche mit den beiden«, sagte Mark und seine Stimme verriet, dass das Thema für ihn damit abgeschlossen war.

Kata griff nach ihrem Becher. Der Kakao war inzwischen kalt geworden.

15.

Kata war auf dem Weg nach unten zu den Arbeitsräumen. Heute war Nik dran, er wollte über die Steuereinheit des Schwingenflüglers referieren. In P7 war fast der gesamte Clan versammelt, wenig später kamen Ute und Jack hinzu, damit waren sie komplett.

Nik stand vorne am Beamer, doch es schien, als hätte er sich die Unterlagen vorher nicht durchgesehen. Kata und die anderen mussten mit ansehen, wie er sich mühsam durch seinen Vortrag quälte. Mehrfach blieb er ratlos hängen, bis Martin ihn genervt unterbrach.

»He, wenn du nicht vorbereitet bist, dann lassen wir das lieber. Wir verschwenden hier nur unsere Zeit.«

Nik sah hilflos in die Runde.

Kata seufzte. »He, Leute, das macht echt keinen Spaß so.« Kata stand auf und schnappte sich ihre Tasche. »Ich würde vorschlagen, wir treffen uns morgen um dieselbe Zeit wieder hier. Dann bist du vorbereitet.«

Nik zog den Kopf ein und nickte schuldbewusst.

»Ich gehe in die Werkstatt. Wir können ja stattdessen an den Flügeln weiterbauen.«

Maulend erhoben sich auch die anderen, doch schnell hatten sich einige zusammengefunden, die gemeinsam in die Werkstatt gehen wollten. Kata schloss sich Lien und Martin an und lauschte geistesabwesend ihrer Diskussion, wie sie das Karbongestänge für den Rumpf am besten zusammenfügen konnten. Fin und Ute holten sich Getränke vom Tagesbuffet, dann folgten sie den anderen auf das Gelände. Kata hob das Gesicht und blickte über das künstliche Atoll hinüber zur Küste. Der Wind strich über ihre Wangen und sehnsüchtig folgte ihr Blick den grünen Hügeln, die in der Ferne mit dem Horizont verschmolzen.

In der Werkstatt saß Dilma vor ihrem Schleifstein und hatte neben sich eine Reihe Stemmeisen liegen. Sie ließ das Werkzeug, das sie gerade gegen die raue Oberfläche des Steins pressen wollte, überrascht sinken. »Ich denke, ihr habt heute Planungssitzung.«

»Nik war nicht vorbereitet«, rief Fin, »und …« Doch Buhrufe und Pfiffe unterbrachen ihn.

»He, Dilma ist doch keine Priesterin. Beichten kannst du woanders.« Der Clan lachte und auch Dilma schmunzelte. Sie presste das Stemmeisen gegen den Schleifstein und ein ohrenbetäubendes Geräusch machte jedes Gespräch unmöglich.

Die Clan-Member holten die beiden Flügel aus dem Regal und schleppten sie hinüber zur Werkbank. Die Ränder des strapazierfähigen Kunststoffs mussten noch abgeschliffen werden.

Lien und Martin machten sich gemeinsam daran, den Körper des Flugzeugs zu bauen. Kata ging beiden zur Hand und ließ sich von Lien zeigen, wie sie die Karbonstangen verbinden musste, damit der Korpus stabil genug wurde.

Drei Stunden später ließ Kata zufrieden den Klebstoffpinsel sinken. Sie hatte gerade die letzten Kunststoffplatten auf dem Karbongestänge befestigt. Die meisten anderen waren schon Richtung Speisesaal verschwunden, nur Fin arbeitete noch am Steuerknüppel, drüben am Schraubstock.

»Kommst du mit?«, fragte Kata und verstaute den Klebstoffeimer im Regal neben dem Gewindeschneider.

»Jaha«, rief Fin, ließ den Schraubenzieher fallen und stürmte zu Kata.

»Wie wär's mit Aufräumen?«, fragte Kata und sah hinüber zum Schraubstock.

»Schon gut«, murmelte Fin und verdrehte die Augen. Er rannte zurück, verstaute den Schraubenzieher im Werkzeugkasten, holte den Steuerknüppel aus dem Schraubstock und legte ihn ins Regal zu den übrigen Sachen.

Inzwischen hatte Kata den Klebstoffpinsel gereinigt und wieder an die Werkzeugwand gehängt. Gemeinsam gingen sie zum Steg und Fin hüpfte fröhlich plappernd neben Kata her. Drüben im Speisesaal empfingen sie Essensgerüche und Stimmengewirr. Ohne ein weiteres Wort verschwand Fin im Getümmel. Kata sparte sich den Weg zum Tisch der Wölfe und steuerte direkt das Buffet an. Lore schaufelte sich gerade gegrillte Süßkartoffeln auf ihren Teller, als Kata grinsend neben ihr auftauchte.

Lore legte den Kopf auf Katas Schulter, als wolle sie ihre Freundin begrüßen. »Wir treffen uns morgen Abend, 18 Uhr«, flüsterte sie. »Wie immer oben. Elli weiß Bescheid. Sie wird da sein.«

Kata verging das Lachen.

»Und Anton?«, erwiderte sie leise und studierte das Buffet, als wäre sie noch unentschlossen, was sie essen wollte.

»Mark will es ihm sagen.«

Kata zögerte. Sie hielt das noch immer für keine gute Idee. Doch nun, da Elli bereits Bescheid wusste, gab es keinen Weg mehr zurück.

»Lasst mich das machen«, erwiderte sie rasch.

Lore hob überrascht den Kopf und ihre Blicke kreuzten sich.

»Okay?«, fragte Kata.

Lore zögerte, dann nickte sie. »Ich sag Mark Bescheid.«

Nach dem Essen warf sich Kata in ihrer Schlafkoje aufs Bett. Sie stülpte die Kopfhörer über, zog sich Lores Musikliste vom Server auf ihren Player und holte sich den dritten Band der Romanreihe mit der Astronautin auf ihr Tablet. Wenig später riss eine Bewegung sie aus der Geschichte.

Die Rollwand ihrer Koje wurde zur Seite geschoben und Sabine tauchte in dem größer werdenden Spalt auf. Sie gab Kata ein Zeichen, dass sie die Kopfhörer abnehmen sollte.

»Wilhelm hat dir von dem Termin heute Nachmittag erzählt?«, fragte sie.

»Ja, hat er«, erwiderte Kata kalt.

»Okay«, sagte Sabine und kehrte zur Rollwand zurück. »Wollte nur sichergehen, dass du es nicht vergisst.«

Kata schob das Tablet und den Player zur Seite, rollte über die Bettkante und sprang Sabine vor die Füße.

Diese kniff die Augen zusammen. »Was ist?«

»Was soll schon sein?«, erwiderte Kata und verschränkte die Arme vor der Brust. »Ich erzähle dir von meiner Menstruation und prompt werde ich am nächsten Tag zur Ärztin zitiert. Schon mal was von Privatsphäre gehört?«

Sabine zuckte mit den Achseln. »Und? Wir sind eben um deine Gesundheit besorgt.« Ihre Augen funkelten und sie verschwand, ohne die Rollwand zu schließen.

Kata schnaubte. »Dass ich nicht lache«, rief sie laut und hoffte, dass Sabine es draußen hören konnte. »Um meine Gesundheit besorgt.«

In Wahrheit war ihr nicht nach Lachen zumute. Kata fand keine Ruhe mehr zum Lesen. Sie schnappte ihre Sachen und kurze Zeit später stürmte sie an Sabine vorbei, die unten im Büro mit Papierkram beschäftigt war.

Auf dem Steg angekommen, bremste sie ihr Tempo und ging nachdenklich hinüber zum Hauptquartier. Eine laue Brise strich über ihre Wangen und Kata beobachtete außerhalb des künstlichen Atolls einige Bewegungen dicht über dem Meeresspiegel. Delfine oder Haie, die gelegentlich in Sichtweite auftauchten. Martin hatte schon einmal versucht, eine Korrelation zwischen den Hai-Sichtungen und dem Speiseplan des Camps herzustellen. Er vermutete, dass die Haie von Fleischabfällen angelockt wurden. Doch die künstliche Stadt war vollkommen autark, mit eigenem Abfall- und Abwassersystem und Kata hielt es für unwahrscheinlich, dass auch nur ein Bruchteil der Abfälle und des Abwassers aus der Küche im Wasser landeten. Sonst wäre das Ökosystem rund um das Hauptquartier längst gekippt und bisher wirkte das Wasser inner- und außerhalb des künstlichen Atolls vollkommen unberührt.

Als Kata das Hauptquartier erreichte, lag der Wohn- und Speiseraum ungewohnt ruhig vor ihr. Die meisten Clan-Member waren um diese Zeit entweder mit Arbeit beschäftigt oder beim Training. Nur wenige kreuzten ihren Weg, als sie durch den Speisesaal ging und sich am Buffet ein paar Erdnüsse in die Hosentasche schob.

Immer zwei Stufen auf einmal nehmend war sie kurze Zeit später im dritten Stock. Ihr Blick fiel auf den Speiseaufzug und sie musste daran denken, wie schwierig es gewesen war, sich hineinzufalten. Das Problem zumindest hatte sie jetzt nicht mehr.

Kata schlenderte hinüber zu Untersuchungsraum 18B. Unterwegs knackte sie Erdnüsse und ließ die Schalen achtlos auf den Boden fallen. Im Wartebereich saß sie nur wenige Minuten, dann öffnete sich die Tür und Leibold tauchte im Rahmen auf. Kata stand auf und ging an der Ärztin vorbei in den Untersuchungsraum. Gerade wollte sie hinter der Trennwand verschwinden, da kam Leibold ihr zuvor.

»Wo möchtest du hin?«, erklang die Stimme der Ärztin.

»Mich ausziehen.« Kata sah über die Schulter und drehte die Handflächen nach oben. »Das wollen Sie doch.«

»Nein«, erwiderte Leibold und deutete mit ihrer freien Hand auf den Stuhl vor ihrem Schreibtisch. »Nach meinen Informationen hast du gerade die Menstruation. Da sehe ich nicht viel.« Sie setzte sich und ließ Kata nicht aus den Augen.

Kata zögerte und blieb in der Mitte des Raums stehen. »Was dann?«

»Setz dich«, erwiderte die Ärztin schneidend.

Kata presste die Lippen zusammen. Zögernd ging sie zum Schreibtisch, ließ sich auf den Stuhl fallen und schob beide Hände in ihre Hosentaschen. Erst jetzt blickte Leibold auf den Bildschirm des Tablets, das geöffnet vor ihr lag.

»Du hast deine Menstruation?«, fragte sie und sah Kata nur kurz an.

»Und wenn?«

Leibold hob bedächtig den Kopf. »Wir können das Gespräch

auch im Beisein deiner Hauseltern und der Admiralin führen«, erwiderte sie und lächelte freundlich.

Kata blickte in ihre Augen und fröstelte.

»Ja, habe ich«, antwortete sie widerwillig.

Leibold nickte und sah wieder auf ihren Bildschirm. »Irgendwelche Auffälligkeiten? Kam die Blutung früher oder später als sonst?«

»Alles wie immer«, berichtete Kata widerstrebend. »War pünklich.«

Die Ärztin tippte einige Worte auf der Tastatur und schob das Tablet zur Seite.

»Wunderbar«, erwiderte sie zufrieden und einer ihrer Mundwinkel hob sich. »Das war's schon.«

Kata schob den Stuhl mit einem lauten Scharren zurück und erhob sich. »Ich will das nicht«, sagte sie und starrte die Ärztin an. »Damit das klar ist. Freiwillig mache ich das nicht.«

»Auf Wiedersehen, Kata«, erwiderte Leibold und grinste.

In Katas Ohren rauschte es. Ohne Gruß stürmte sie aus dem Untersuchungszimmer und rannte die Treppen hinunter, bis ganz nach unten, raus aus dem Hauptquartier. Erst als sie im Freien stand und eine Böe ihre Haare packte und durcheinanderwirbelte, konnte sie durchatmen.

Am nächsten Morgen war es noch früh, 7 Uhr 30, als Kata im Schlafhaus der Gorillas am Flatscreen vorbeikam. Sie warf einen flüchtigen Blick auf den Bildschirm, manchmal waren dort die Gorillas zu sehen, die im tropischen Klima der Biosphäre lebten. Doch wie so oft zeigte die Kamera auch heute nur ein paar der Schlafnester, ineinander verknäuelte Gräser und Zweige, die in der Mitte eine kleine Kuhle bildeten.

Auf der Treppe kamen ihr einige jüngere Clan-Member entgegen und neugierige Blicke streiften sie. Im zweiten Stock empfing sie abgestandene Luft. Der Geruch nach getragener

Wäsche und verbrauchter Atemluft mischte sich mit dem Geruch von Duschgel, Zahnpasta und Wasserdampf, der mit jedem Öffnen und Schließen der Waschraumtüren im Erdgeschoss stärker wurde.

Vor Antons Schlafkoje blieb Kata stehen. Nachdenklich betrachtete sie die Rollwand vor sich. Es war Jahre her, seit sie das letzte Mal hier gestanden hatte. Sie spürte die Angst, dass Anton alles zu Fall bringen könnte, ihre Pläne, die Flucht, die Chance auf Freiheit. Nur der Gedanke, dass er es ohnehin erfahren würde, brachte sie dazu, die Hand zu heben und an die Trennwand seiner Schlafkoje zu klopfen.

»Ja?« Seine Stimme klang verschlafen. Dabei mussten sie alle in Kürze drüben beim Frühstück sein. Einen Moment fürchtete sie, dass er noch im Bett lag. Dann schob sie entschieden die Rollwand zur Seite.

In seiner Koje herrschte Chaos. Etliche Kleidungsstücke lagen auf dem Boden verstreut, das Bett war ungemacht, sein Kopfkissen herausgefallen. Anton saß am Schreibtisch vor seinem Tablet und seine gelglänzenden Haare verrieten, dass er bereits geduscht hatte. Als er sah, wer in seiner Schlafkoje stand, schloss er mit einer raschen Handbewegung den Bildschirm.

»Sieh an. Die Alphawölfin höchstpersönlich.« Anton erhob sich grinsend und reckte sich. Nun konnte er von oben auf sie herabsehen.

Kata spürte das bekannte wütende Kribbeln in ihrer Magengrube. Mit aller Kraft riss sie sich zusammen und hob den Kopf, damit sie ihn ansehen konnte. »Lagebesprechung der Chiefs vor der Präsentation«, sagte Kata und bemühte sich um einen beiläufigen Ton. »Wie immer.«

Die Hauseltern hatten die Clan-Chiefs schon vor Jahren dazu verdonnert, vor der Präsentation ihrer Jahresaufgabe einen gemeinsamen Ablaufplan zu entwickeln. Mark hatte die geniale Idee gehabt, diese Planung vorzuschieben.

Stirnrunzelnd musterte Anton sie. Kata hatte damit gerechnet, dass er sofort misstrauisch reagieren würde.

»Diesmal in der Trainingshalle. Auf dem oberen Podest.«

Nun wich das Misstrauen einer unverhohlenen Neugier. Sie musste sich ein Grinsen verkneifen. Anton war berechenbar. Immer wieder sein größter Fehler.

»19 Uhr, gleich nach dem Essen«, sagte sie knapp und wartete nicht auf eine Antwort. Sie hatte keinen Zweifel, dass Anton heute Abend auftauchen würde.

Kata verbrachte den Tag mit weiteren Berechnungen für den Schwingenflügler. Immer wieder blickte sie nervös auf ihr Datenarmband und dachte an das bevorstehende Gespräch mit Anton und Elli. Beim Abendessen herrschte im Speisesaal das übliche Chaos. Kata stellte ihren vollen Teller neben Mias auf den Tisch und setzte sich. Als sie Mias neugierigem Blick begegnete, war klar, dass Anton ihr bereits alles erzählt hatte.

Kata nahm ihr Besteck und aß bedrückt. Wie lange würden sie das alles noch verheimlichen können? Je mehr Clan-Member davon wussten, desto größer das Risiko für alle. Hastig schlang sie ihre Bratkartoffeln mit Eiern herunter, sie schmeckte kaum etwas. Kata ignorierte Mias Blicke und foppte Fin, der ihr gegenübersaß. Ihrer Hausmutter gönnte sie keinen Blick.

Dann pickte sie die letzten Krümel von ihrem Teller und trug ihn zusammen mit dem Besteck hinüber zum Fließband. Vom Abendbuffet nahm sie sich eine Flasche Maracuja-Saft und ein paar Kekse. Heute konnte sie es kaum abwarten in die Trainingshalle zu kommen, obwohl das Treffen erst in einer halben Stunde stattfinden sollte. Sie trug bereits ihre Kletterklamotten und hatte die Kletterschuhe in ihrem Rucksack.

Oben in der Halle war es kühl und fast leer. Die meisten hatten sich in der Abenddämmerung am Cube versammelt. Nur wenige Clan-Member lagen noch in den Hängematten, die neben dem aufgeschütteten Sand aufgebaut waren. Sie schaukelten träge im Rhythmus der Musik, die gedämpft aus ihren Kopfhörern drang.

Kata wechselte die Schuhe und stieg in ihren Klettergurt. Sie rieb sich die Hände mit Magnesiumpulver ein und machte sich auf den Weg nach oben. Kata hangelte sich von Vorsprung zu Vorsprung. Ihre Finger gruben sich in Spalten und krallten sich an schmalen Griffen fest. Der künstliche Felsen fühlte sich warm an, obwohl die Temperatur der Trainingshalle einige Grad unterhalb des restlichen Hauptquartiers lag. Zehn Minuten nach ihrem Start erreichte Kata die Kletterplattform auf zehn Metern Höhe. Sie schwang sich hinüber und klinkte ihren Sicherheitsgurt an der Plattform ein.

Dann machte sie es sich mit Saft und Keksen bequem und ging auf ihrem Tablet noch mal die Berechnungen für den Schwingenflügler durch. Fin hatte es endlich geschafft, die neuesten Unterlagen in den Datenpool einzustellen und Lien hatte ihre Berechnungen ebenfalls ergänzt. Die Präsentation war in etwas mehr als zwei Wochen, bis dahin müssten sie eigentlich soweit sein, dass sie den ersten Prototypen zeigen konnten.

Die Kletterplattform begann zu schwingen, ein sicheres Zeichen, dass in wenigen Sekunden die Nächsten eintreffen würden. Kata loggte sich aus dem System aus und packte das Tablet weg. Da landete auch schon Lore auf der Plattform, dicht gefolgt von Mark.

»Hey.« Lore klinkte ihren Sicherheitsgurt auf der Plattform ein und ließ sich neben Kata fallen.

»Hey«, antwortete Kata und verzog das Gesicht zu einem gequälten Lächeln.

»Wird schon.« Lore zwinkerte ihr zu und zog sich die Kletterhandschuhe von den Händen.

Dann landete auch Elli auf der Plattform. »Herrje, warum müssen wir uns ausgerechnet hier oben treffen«, brummte sie und klinkte ihren Sicherheitsgurt ein. Als Chief der Delfine war die Luft nicht ihr bevorzugtes Element. »Also, worum geht's? Je eher ich hier wieder runterkomme, desto besser.« Misstrauisch linste sie über den Rand der Plattform in die Tiefe.

Zehn Meter unter ihnen befand sich feiner Sand, der zu einem künstlichen Strand aufgeschüttet war. Das schien Elli zu beruhigen. Sie setzte ihren Rucksack ab und ließ sich neben Mark fallen. Fragend sah sie in die Runde.

»Wir warten noch auf Anton«, erwiderte Lore. »Der muss auch jeden Moment eintrudeln.«

»Ach nee«, erwiderte Elli überrascht. »Lässt er sich tatsächlich hier blicken?«

»Muss er ja für die Planung der Präsentation.« Mark zog seinen Rucksack zu sich und nahm sein Tablet heraus, als wollte er Elli beweisen, dass sie wirklich zur Ablaufplanung hier waren.

»Blödsinn.« Elli schnaubte. »Jetzt sagt schon, worum es wirklich geht.«

Die Plattform begann zu schwanken. Kata sah zum Absprungpunkt am Felsen. Anton zog wie immer eine Show ab. Gemächlich zupfte er seinen Gurt zurecht und reckte die Brust, dann ließ er sich auf den tiefer liegenden Felsvorsprung fallen, der weitaus ungünstiger lag. Dort brachte er sich in Position und sprang ab. Die Plattform schwankte und Anton brauchte ein paar Ausgleichsschritte, bis er schließlich festen Halt fand. Elli wurde blass.

Triumphierend klinkte Anton seinen Sicherheitsgurt aus und ließ ihn lose hängen. Er warf seinen Rucksack neben Elli und ging in den Schneidersitz.

»So«, sagte er und runzelte unwillig die Stirn. »Und jetzt will ich wissen, was das soll.«

Kata erwiderte seinen Blick ohne Regung. Mark räusperte sich und wandte sich an Elli und Anton. »Kata hat heimlich ein Gespräch der Admiralin mit Wilhelm belauscht. Das Experiment soll bald abgebrochen werden.« Er zögerte, doch dann sprach er weiter: »Jemand vom Camp-Personal hat uns empfohlen, die Flucht anzutreten. Alle.«

Elli runzelte die Stirn, öffnete ihren Mund und klappte ihn wieder zu.

Anton blickte von Mark zu Kata und wieder zu Mark. »Ihr verarscht mich.«

Mark schüttelte den Kopf.

»Habt ihr sie noch alle?« Unwillig schüttelte der Gorilla den Kopf. »Wir sind im coolsten Experiment der Welt gelandet. Ich werde doch nicht so bescheuert sein und hier den Abgang machen.«

»Wir müssen«, erwiderte Kata und versuchte, ihren Ärger zu unterdrücken.

»Freiwillig bringt mich hier niemand raus«, knurrte Anton und sprang auf.

Die Plattform begann zu schwingen. Er trat an den Rand und blickte hinunter auf den künstlich aufgeschütteten Sand. Fast sah es so aus, als wollte er springen. Doch dann wandte er sich ihnen wieder zu. Die Plattform schwang noch stärker als zuvor. Ellis Augen weiteten sich und sie legte beide Hände flach neben sich auf den Boden.

»Sie wollen uns töten«, erwiderte Kata und musterte ihn grimmig.

»Sie wollen, dass du von mir schwanger wirst.« Anton verzog sein Gesicht zu einem triumphierenden Grinsen.

Elli blickt entsetzt zu Kata.

»Um herauszufinden, ob wir unsere Gene weitergeben«, erwiderte Kata kalt. »Wenn sie die Ergebnisse haben, sind wir tot.«

»Blödsinn«, zischte Anton und klinkte seinen Gurt in den Überläufer. »Was macht das für einen Sinn. Erst wirst du schwanger und dann bringen sie dich um. Was für ein Quatsch.«

»Jetzt warte doch mal«, rief Lore und richtete sich auf. Sie wollte nach Antons Schulter greifen, doch bevor sie ihn erreichte, ließ er sich fallen. Schlagartig schwang die Plattform zur Seite. Lore musste sich breitbeinig hinstellen, um nicht das Gleichgewicht zu verlieren.

Ellis Gesichtshaut wirkte durchsichtig.

Anton stand drüben auf dem Felsvorsprung. »Freu dich schon mal auf meinen Samen«, höhnte er und machte sich an einen schnellen Abstieg.

Lore kehrte in die Mitte der Plattform zurück. Sie setzte sich neben Elli und griff nach ihrer Hand. Dankbar lehnte Elli ihren Kopf an Lores Schulter. Nachdenklich musterte Mark die beiden.

»Du hast es gesagt«, sagte Lore mit einem schiefen Grinsen zu Kata.

Diese nickte und seufzte. »War mir klar«, brummte sie und konnte sich nicht darüber freuen, dass sie Recht behalten hatte.

»War's das?« Elli hob den Kopf und schielte über den Rand der Plattform, die in kleiner werdendem Radius über dem Sand kreiste.

»Bist du dabei?« Mark musterte sie besorgt.

»Wobei?«, fragte Elli und blickte entgeistert in die Runde.

»Die Flucht«, erwiderte Lore.

»Nicht euer Ernst, oder?« Elli schüttelte den Kopf, dann richtete sie sich vorsichtig auf. »Ich muss endlich hier runter. Echt nichts für mich.«

»Also, bist du dabei?« Lore war aufgestanden und Elli warf ihr einen entsetzten Blick zu, als die Plattform unter Lores Bewegungen erneut zu schwingen begann. Lore blieb regungslos stehen und hob in einer hilflosen Geste beide Hände.

»Ich glaube kaum, dass Anton die Klappe halten wird. Das war's dann mit eurer Flucht«, erwiderte Elli spitz und musterte die anderen stirnrunzelnd.

Als ihr Blick an Lore hängenblieb, veränderte sich der Ausdruck in ihren Augen. Stumm schüttelte sie den Kopf, dann klinkte sie sich in den Überläufer und stieß sich von der Plattform ab. Elli brauchte mehrere Anläufe, bis sie drüben auf dem Vorsprung stand und sich schließlich auf einen mühsamen Abstieg machte.

»Sie hat recht«, sagte Lore bedrückt. »Was machen wir jetzt?«

16.

»Euer kleines Geheimnis wird bald kein Geheimnis mehr sein, verlass dich drauf«, flüsterte eine Stimme dicht neben Katas Ohr.

Wütend fuhr sie herum. Sie hatte Anton sofort erkannt. Der Gorilla war bereits weitergegangen und zwinkerte ihr von Weitem grinsend zu. Kata rutschte tiefer in den Sessel und schob das Tablet zur Seite. Bis eben hatte sie zumindest versucht, sich auf die Jahresaufgabe zu konzentrieren. Für die Präsentation auf dem Sportgelände brauchten sie noch einen Motor.

Kata rieb sich die Stirn. Sie mussten unbedingt den Schein wahren, dass alles wie gewohnt verlief. Nur dann hatten sie eine Chance zur Flucht. Dazu gehörten auch die Präsentation und der Bau des Schwingenflüglers. Aber wenn Anton mit seiner Drohung ernst machte, war alles gelaufen.

Bedrückt beobachtete Kata, wie Anton zum Tagesbuffet hinüberschlenderte und sich eine Cola und einen Muffin holte. Kurz dachte sie darüber nach, mit ihm zu sprechen. Doch sofort verwarf sie den Gedanken wieder. Anton würde es genießen, sie zappeln zu lassen und am Ende trotzdem alles verraten.

Eine Horde Delfine stürmte in den Speisesaal und machte sich über Nüsse und Früchte her. Kata fuhr zusammen, als sie bemerkte, dass Wilhelm neben sie getreten war und sie beobachtete. Er war ihrem Blick gefolgt und sah nachdenklich zu Anton.

»Ja?« Trotzig blickte sie zu ihm auf.

Wilhelm setzte sich auf den Sessel ihr gegenüber. »Ich muss dir was sagen«, sagte er und seine Stimme klang weich.

In Kata schoss die Sehnsucht hoch, sich wie früher auf seinen Schoß zu schmiegen und sich von ihm wiegen zu lassen wie ein kleines Kind.

»Ja?«, erwiderte sie, schroffer als beabsichtigt.

»Du hast morgen früh wieder einen Termin bei der Ärztin«, sagte er und seine Stimme klang müde.

»Was?«, zischte sie und sprang auf. »Ihr wollt das wirklich durchziehen?«

»Die Admiralin …«, begann Wilhelm und schwieg betroffen, als Kata ihn unterbrach.

»Schieb nicht alles auf die Admiralin. Ihr seid erwachsene Menschen und habt euch dafür entschieden, mit Kindern Experimente zu machen«, fauchte sie wütend.

»Ich verstehe dich ja«, versuchte er sie zu unterbrechen, doch Kata ließ ihn nicht zu Wort kommen.

»Einen Scheiß verstehst du«, rief Kata aufgebracht. »Ich bin sechzehn Jahre alt und werde dazu gezwungen, von einem anderen Jugendlichen schwanger zu werden.«

Sie stockte. Wenn sie so weitermachte, landete sie noch heute in der Baracke. Die Admiralin duldete kein aufmüpfiges Verhalten. Dann konnte sie die Flucht vergessen.

Wilhelms Gesicht zeigte keine Regung.

Kata griff nach ihrem Tablet und versuchte, gleichmäßig zu atmen. »Entschuldige mich, ich muss arbeiten. Die Präsentation.«

Wilhelm stand auf und ging ohne ein weiteres Wort. Kata setzte sich wieder und legte das Tablet auf ihre Knie. Grübelnd blickte sie Wilhelm nach. Als er am Tisch der Gorillas vorbeikam, stand Anton auf. Ein triumphierender Blick traf Kata, dann folgte er Wilhelm und sprach ihn an. Wilhelm wandte nur kurz den Kopf, winkte Anton, ihm zu folgen, und ging weiter. Anton schloss sich ihm an und wenig später verschwanden die beiden im Treppenhaus.

Kata keuchte. Ihre Augen brannten und sie musste sich zwingen, wieder auf ihr Tablet zu sehen. Der Bildschirm verschwamm vor ihren Augen und Kata schaffte es nur mit Mühe, nicht die Fassung zu verlieren. Sie versuchte, ihre Atemzüge zu verlangsamen. Das Blut rauschte in ihren Ohren, endlich wurde ihr Herzschlag langsamer. Kata kämpfte noch ein paar Minuten, dann hatte sie sich wieder im Griff.

Sie zwang sich, die Pläne für den Motor weiterzuzeichnen. Jeder Gedanke kostete Kraft, jede Handbewegung war mühsam. Es war eine Erleichterung, als sie sich endlich ganz auf die Pläne konzentrieren konnte.

Bis zum Abendessen blieb Kata sitzen und arbeitete an ihren Entwürfen für den Motor. Als sich der Speisesaal allmählich füllte, stopfte sie ihr Tablet in den Rucksack und schnappte sich einen Teller.

Lore gesellte sich zu ihr und während sie in der Schlange warteten, erzählte Lore vom Kite-Surfen heute Nachmittag. Der Wind war optimal gewesen und gemeinsam mit einigen anderen war sie quer über die Wasserflächen der künstlichen Stadt getobt.

Eine Gruppe Delfine bediente sich vor ihnen laut lachend am Buffet.

Lore schwieg und musterte Kata. Fragend hob sie ihre Augenbrauen.

»Anton hat mit Wilhelm gesprochen«, raunte Kata ihr zu. Lore runzelte besorgt die Stirn und sah hinüber zum Tisch der Gorillas. Antons Platz war leer. »Was hat er ihm gesagt?«

»Er wollte ihm alles erzählen«, flüsterte Kata.

»Und jetzt?«, wisperte Lore und kniff besorgt die Augen zusammen.

Mit einem Kopfschütteln zog Kata die Schultern nach oben und ließ sie wieder fallen.

»Das war's, oder?« Tränen traten in Lores Augen.

Auch Katas Augen wurden feucht, doch mit einem Räuspern riss sie sich zusammen. Sie strich Lore beruhigend über den Arm, dann machten die Delfine Platz und sie konnten ihre Teller füllen.

Kata brachte kaum einen Bissen herunter. Nur kurz blickte sie auf, als Wilhelm an den Tisch kam. Er sah sie nicht an und sein Gesicht blieb ausdruckslos. Nichts verriet, ob Anton ihm etwas von der geplanten Flucht erzählt hatte. Ihre Atmung ging flach und Kata wartete darauf, dass die Camp-Wache sie holen und zur Baracke bringen würde. Doch nichts geschah. Kata spürte die neugierigen Blicke Mias. Sie zwang sich, wenigstens ein paar Bissen zu essen. Die Kartoffeln schienen in ihrem Mund aufzuquellen wie Watte.

Anton betrat den Speiseraum, ging zum Buffet, bediente sich dort. Auf dem Weg zum Tisch der Gorillas kam er an ihrem Tisch vorbei. Fast schien es, als würde er Katas Blick ausweichen. Nichts war mehr von dem Triumph heute Nachmittag zu sehen.

Kata senkte den Kopf und starrte auf ihren Teller. Zum ersten Mal wünschte sie sich, sie hätte ihre telekinetischen Fähigkeiten trainiert. Dann könnte sie vielleicht herausfinden, was Wilhelm wusste. Nachdenklich stocherte sie in den Resten herum, dann schob sie ihren halbleeren Teller zur Seite und sprang auf. Was soll's, sie hatte nichts zu verlieren. Mia musterte sie verblüfft, doch sie schwieg. Kata atmete tief durch und zwang sich, ganz ruhig zum Kopfende des Tischs hinüberzuschlendern, wo Wilhelm mit Fin scherzte. Als Kata sich näherte, drehte er den Kopf und sah sie fragend an.

Kata räusperte sich, dann fragte sie rasch: »Kann ich den Termin bei der Ärztin morgen früh verschieben?« Ihre Augen bohrten sich in seine.

Kata sah, wie sich seine Pupillen überrascht weiteten. Doch bevor sie mehr darin erkennen konnte als nur seine Iris, wandte er den Kopf.

»Nein, kannst du nicht«, erwiderte er ruhig und Kata hätte schwören können, in seiner Stimme lag ein Grinsen.

Auch am nächsten Morgen brachte sie kaum etwas herunter. Wilhelm schien ihr aus dem Weg zu gehen, als fürchtete er, dass sie erneut versuchen könnte, seine Gedanken zu lesen. Doch auch sonst blieb alles ruhig und Kata schöpfte neue Hoffnung, dass Anton ihre Pläne nicht verraten hatte.

Bedrückt machte sie sich auf den Weg zur Ärztin. Im Untersuchungszimmer 18B wartete Leibold bereits auf sie. Mit einem Nicken zeigte sie auf den Stuhl vor ihrem Schreibtisch. Kaum hatte sich Kata gesetzt, begann sie auf ihrem Tablet zu tippen.

»Die Blutung hat aufgehört?«, fragte sie und ihr Blick schien Kata zu durchdringen.

»Ja«, erwiderte sie mürrisch und hätte am liebsten dazu gesagt: *Auch wenn dich das nichts angeht.*

»Ich möchte dich untersuchen«, sagte Leibold und lächelte falsch.

Kata biss die Zähne zusammen. Doch sie ging hinüber zur Trennwand, zog Hose und Unterhose aus und kehrte zurück zum Untersuchungsstuhl.

Zwei Minuten später ließ Leibold den Fingerling in einen Eimer fallen. »Wunderbar«, sagte sie zufrieden. »Ich schätze, noch etwa zehn Tage. Dann ist es soweit.«

Kata ging hinter die Trennwand und schlüpfte hastig in ihre Jeans.

»In zwei Tagen möchte ich dich wieder hier sehen, 14 Uhr.«

Die Wut wühlte in ihren Eingeweiden. Kata musste die Zähne zusammenbeißen, damit ihr kein Laut entfuhr. Ohne Gruß verließ sie das Untersuchungszimmer und warf die Tür hinter sich zu.

Kata sah auf den Stundenplan, Lore und Mark hatten heute Morgen keinen Unterricht. Vielleicht waren sie in der Trainingshalle. Sie kehrte in ihre Schlafkoje zurück, zog sich hastig um und schnappte sich ihre Kletterschuhe.

In der Trainingshalle fand Kata die beiden in den Liegestühlen am künstlichen Sandstrand. Sie hielten sich an den Händen, doch Mark wirkte nachdenklich und Lore wischte sich hastig die Tränen aus den Augen, als Kata zu ihnen trat.

Kata machte ihnen ein Zeichen, dass sie ihr nach oben folgen sollten. Wenige Minuten später saßen sie zu dritt auf der oberen Plattform.

»In zehn Tagen ist es soweit«, stieß Kata hervor.

Lores Augen weiteten sich.

»Was?«, fragte Mark und runzelte die Stirn.

»Die Insemination«, flüsterte Kata. »In zehn Tagen soll der Samen von Anton …«, sie holte tief Luft, »… du weißt schon!« Solange es nicht über ihre Lippen kam, war es vielleicht nur ein verdammt schlechter Traum.

Lore beugte sich vor und legte die Hand auf Katas Knie. »Es tut mir leid«, flüsterte sie und diesmal wischte sie sich nicht die Tränen ab.

»Das lasse ich nicht zu«, fauchte Kata. »Das wird nicht passieren.«

Mark betrachtete sie nachdenklich. »Was willst du tun?«

»Ich werde gehen«, stieß Kata hervor. »Vor der Insemination.«

»Wir sind noch nicht soweit«, rief Lore entsetzt. Dann senkte sie hastig die Stimme. »Nicht in den nächsten Tagen«, flüsterte sie. »Wir wissen ja nicht mal, ob Anton nicht längst alles verraten hat. Und die Tür, wo ist diese verdammte Tür?«

Nun war es Kata, die ihre Hand beruhigend auf Lores Knie legte.

»Ich werde allein gehen«, erwiderte sie leise. »Mit dem Speiseaufzug in den Keller und dann in die Transportboxen. Irgendwie werde ich es schaffen. Neun Tage habe ich Zeit herauszufinden, wie ich ungesehen auf das Schiff komme.«

Entsetzt starrte Mark sie an. »Das kannst du nicht machen«, stieß er aufgebracht hervor. »Damit gefährdest du die ganze Aktion. Wenn du weg bist, haben wir keine Chance mehr zu fliehen. Die werden uns in die Baracken stecken! Dort kommen wir nie wieder raus. Du musst warten, bis alle soweit sind!«

»Dort gibt es doch die Notentriegelung«, murmelte Kata bedrückt.

Mark schnaubte.

Eine Träne rann über ihre Wange, wütend wischte Kata sie weg.

»Kata, bitte!« Lore griff nach ihrer Hand. »Mark hat Recht, wenn du allein fliehst, sind wir alle verloren. Du musst auf uns warten.«

Kata schüttelte Lores Hand ab und sprang auf. Am liebsten hätte sich sofort auf den Abstieg gemacht.

Doch Lore versperrte ihr den Weg. »Du musst auf uns warten. Auf mich, auf Mark, auf Fin!«

Kata rieb sich die Stirn. Sie glaubte, Fins Gesicht vor sich zu sehen. Lore hatte Recht. Auf einmal hatte sie das Gefühl, keine Luft zu bekommen.

Sie riss den Mund auf, dann platzte es aus ihr heraus: »OKAY!« Ihre Stimme schien auf der anderen Seite der Halle abzuprallen und kam wie ein Echo zurück.

Kata stand schwer atmend am Rande der Plattform. Der Schrei verschaffte ihr einen klaren Kopf. Rasch warf sie einen Blick zur Kamera an der Wand gegenüber. Doch diese regte sich nicht, die Wachen wussten natürlich, dass der Radius der Kamera nicht ausreiche, um die Plattform in den Blick zu bekommen. Außerdem stritten sich jeden Tag irgendwelche Clan-Member auf den Plattformen und ein Schrei war nichts Ungewöhnliches.

Zwei Augenpaare beobachteten sie. Kata atmete tief durch und versuchte ein Lächeln. Lores Stirn glättete sich, sie lächelte zurück und ließ sich wieder auf den Boden sinken.

Kata blieb am Rand der Plattform stehen und sah hinunter. Der Boden lag mindestens zehn Meter unter ihr. Drüben auf dem Sandplatz schnatterten einige Papageien um die Wette, sie schienen Katas Schrei nicht bemerkt zu haben. An der Felswand kletterten etliche Clan-Member, ohne sich um die Plattform zu kümmern.

Kata kehrte zu Lore und Mark zurück und setzte sich. »In Ordnung, ihr habt ja Recht.«

Mark musterte sie skeptisch und sein Schweigen war schlimmer als der Streit.

Kata seufzte. »Wie lange, was meint ihr?«

Lore hob fragend den Blick.

»Wie lange«, wiederholte Kata und runzelte die Stirn. »Wie lange brauchen wir, um die Flucht von 145 Clan-Membern vorzubereiten?«

Lore runzelte die Stirn. »Keine Ahnung«, erwiderte sie leise.

»Glaubst du wirklich, Anton ist dabei?«, fragte Mark überrascht.

»Wollt ihr die Gorillas zurücklassen?« Kata musterte ihn. »Anton, okay, der will es nicht anders. Aber die Kleinen?«

Lore und Mark wechselten einen besorgten Blick, dann schüttelten beide den Kopf.

»Na, hat Wilhelms Liebling eine Bauchlandung gemacht?«, flüsterte Kata.

Sie hatte gewartet, bis Anton im Speisesaal auftauchte. Dann war sie ihm gefolgt und hatte sich in der Schlange am Buffet direkt hinter ihn gestellt.

Anton rührte sich nicht von der Stelle, doch das Zucken seiner Schultern verriet, dass er sie gehört hatte. Inzwischen war es zwei Tage her, dass Anton bei Wilhelm gewesen war. Kata wollte endlich wissen, woran sie war.

Die Schlange rückte auf und Anton stand vor dem Tellerstapel. Kata hatte eigentlich erwartet, dass er auf die Provokation reagieren würde. Doch vielleicht täuschte sie sich diesmal.

Aber dann, während er nach einem Teller griff, drehte sich Anton zur Seite, um Kata ins Gesicht zu sehen. »Der Blödmann«, zischte er wütend. »Hat doch tatsächlich geglaubt, ich wollte dich nur anschwärzen. Als ob ich mir so einen Quatsch ausdenken würde.«

Kata verkniff sich ein Grinsen. »Tatsächlich«, sagte sie und riss ihre Augen weit auf. »Dabei weiß doch jeder, dass du dafür nicht genug Fantasie hast.«

Antons Kopf ruckte und Kata sah, wie sich seine rechte Hand zur Faust ballte. Doch diesmal hatte er sich im Griff. »Glaub ja nicht, dass du davonkommst. Ich werde dich im Auge behalten, verlass dich drauf.«

Wütend wandte er sich ab und Kata blickte ihm grübelnd nach.

»Hör auf zu träumen«, ertönte es hinter ihrem Rücken. Kia von den Delfinen stand hinter ihr und musterte sie anklagend.

»Schon gut«, erwiderte Kata versöhnlich und grinste. »Hab nur gerade an was anderes gedacht.«

Sie schnappte sich einen Teller und ging hinüber zu den blutig gebratenen Steaks. Der Geruch des Fleisches ließ ihr das Wasser im Mund zusammenlaufen. Rasch zog sie sich eines der

Fleischstücke auf den Teller und schaufelte ein paar geröstete Kartoffeln daneben. Als sie Lore drüben am Obstbuffet stehen sah, wechselte sie die Seite.

Kata stellte sich neben sie und musterte stirnrunzelnd die aufgeschnittenen Früchte. »Wilhelm hat ihm nicht geglaubt«, flüsterte sie ihr zu. »Wahrscheinlich hat er es noch nicht mal gemeldet. Er dachte, Anton will sich nur an mir rächen.«

Lore schmunzelte. »Wegen der Auseinandersetzung im Dschungel«, stellte sie fest.

»Vielleicht«, murmelte Kata.

»Das heißt, wir haben Zeit, alles in Ruhe vorzubereiten.«

Katas Gesicht verdüsterte sich und Lore bemerkte sofort ihren Fehler.

»Du weißt schon, was ich meine«, flüsterte sie hastig und griff nach Katas Hand.

Kata nickte beklommen. Nur noch acht Tage! Und noch immer hatte sie keine Idee, wie sie die Insemination verhindern konnte. Bedrückt sie Kata zu ihrem Platz und aß. Auch Mia war heute sehr still.

Schweigend aßen sie nebeneinander und erst als Mia ihr Besteck zur Seite legte, sprach Kata sie an. »Alles in Ordnung?«

Mia hob den Kopf, ihre Augen wirkten müde. »Anton ist seit zwei Tagen total mies drauf. Will mir aber nicht sagen, was los ist.«

Kata zuckte mit den Achseln. »Wird schon wieder«, sagte sie leichthin, griff nach ihrem Teller und erhob sich.

»Du hast leicht reden«, murmelte Mia.

Kata runzelte die Stirn. Dann brachte sie ihr benutztes Geschirr zum Band und schlenderte zum Steg. Als sie sich dem Cube näherte, verriet lautes Gelächter schon von Weitem, dass ein spannendes Spiel im Gange sein musste. Im Cube erkannte sie Jack, Ute und Nik, die zu den Jüngsten ihres Clans gehörten. Sie kämpften gegen die Jüngsten der Gorillas, David,

Neo und Tara. Gerade hatte Tara Nik den Stab abgenommen und Ute versuchte, ihn wieder an sich zu bringen. Kata gesellte sich zu den anderen und feuerte die Wölfe an. Als Ute den Stab wieder fest im Griff hatte, feierte Kata sie mit einem Pfeifkonzert. Die Ziffern der digitalen Anzeige zeigten, dass den Wölfen nur noch zwei Prozent fehlten. Die Gorillas hatten noch vier Prozent vor sich.

Schließlich sprang die Digitalanzeige der Wölfe unter lauten Hurra-Rufen auf 100 %. Fin zwängte sich neben Kata und gemeinsam feierten sie mit Klatschen und lauten Rufen den Sieg.

Da hörte Kata hinter ihrem Rücken Antons Stimme. »Die Kleinen.« Seine Stimme klang verächtlich. »Die vielleicht. Bei den Ältesten ist klar, wer gewinnt.«

Bedächtig wandte Kata ihren Kopf. Anton hatte sie schon lange nicht mehr zu einem Duell herausgefordert. Er blickte sie finster an und hielt seine Arme vor der Brust verschränkt. Hinter ihm standen Betty und Mike, beide grinsten breit. Er hatte sein Team also schon zusammen.

Kata musterte die drei nachdenklich. »Warum nicht«, erwiderte sie schließlich. Sie hob die Hand und winkte Lore und Mark zu sich.

»Anton will es mit uns aufnehmen«, sagte sie, als die beiden neben ihr auftauchten. »Betty und Mike sind mit von der Partie.«

Sie wies auf die drei Ältesten der Gorillas. Die flüsterten miteinander und arbeiteten vermutlich schon an ihrer Strategie.

Mark grinste.

»In ein paar Minuten sind wir umgezogen«, stieß Lore hervor.

Kata gab Anton mit zwei Gebärden zu verstehen, dass sie sich in fünf Minuten am Cube treffen würden. Er grinste breit und wandte sich wieder seinen Mitstreitern zu.

Sie rannten zu ihren Schlafhäusern. Kata schlüpfte in ihren grau gemusterten Wasserdress, schloss die Reißverschlüsse an den Knöcheln und an den Handgelenken. Sie suchte nach dem Hilfsband im Rücken und zog den Reißverschluss bis zum hochstehenden Kragen zu, klipste das Hilfsband ab und warf es aufs Bett. Als sie zum Cube zurückkehrte, schlossen sich ihr Mark und Lore an, ebenfalls im Wasserdress.

Anton und seine Mitstreiter warteten in ihren schwarz schimmernden Schwimmanzügen. Grinsend standen sie am Eingang des Cubes. Dann kletterten sie alle gemeinsam hinein.

Anton und Kata schwammen auf die gegenüberliegende Seite und hangelten sich die Wand hinauf. Dort verharrten sie in einem Meter Abstand, zwischen ihnen lag der Stab auf einer der Steighilfen. Dann kam das Freizeichen. Als Kata nach dem Stab greifen wollte, schwang sich Betty von hinten über sie hinweg und stieß sie scheinbar zufällig zur Seite. Kata klammerte sich an eine der Verstrebungen, sonst wäre sie nach unten ins Wasser gestürzt. Draußen ertönten laute Protestpfiffe, dennoch ergriff Anton den Stab und hangelte sich an den langsam aus dem Wasser tretenden Cubewänden nach oben. Betty sah zu Kata und zeigte mit den Handflächen nach oben, doch ihr breites Grinsen strafte ihre Unschuldsgeste Lügen.

Kata nahm die Verfolgung auf und hatte sich Anton schon auf einen halben Meter genähert, als Mike dazwischenfunkte und der Stab zu ihm wechselte. Kata blieb an Anton dran und beobachtete aus den Augenwinkeln, dass Lore nach einer kurzen Verfolgungsjagd Mike den Stab abnehmen konnte und sich dann fallen ließ. Sie verschwand unter der Wasseroberfläche, nur Sekundenbruchteile später tauchte auch Mike ab. Rasch bewegten sich ihre Schatten im Wasser vorwärts. Anton kletterte über die Stangen nach unten und schwang sich dicht über der Wasseroberfläche entlang nach oben. Mike schoss aus dem Wasser und übergab Anton den Stab. Mit leeren Händen kletterte er Anton hinterher, um drüben den Stab wieder entgegennehmen zu können. Kata warf einen Blick nach unten, wo Lore gerade auftauchte. Ihr schmerzverzerrtes Gesicht ließ vermuten, dass Mike den unbeobachteten Moment unter Wasser genutzt hatte, ihr eine zu verpassen. Ein Blick auf die Digitalanzeige verriet, dass die unfairen Methoden der Gorillas ihren Zweck erfüllten. Während die Anzeige von Katas Team noch im einstelligen Bereich lag, hatten die Gorillas bereits 20 % erreicht.

Kata, Lore und Mark gaben nicht auf. Als die Anzeige der Gorillas zehn Minuten später unter lautem Jubeln der Gorillas auf 100 % sprang, standen sie bei 78 %.

Gemächlich drehte sich der Cube weiter, bis die Tür über der Wasseroberfläche zum Stehen kam. Sie versammelten sich am Ausgang.

»Geht doch«, verkündete Betty und musterte Kata mit verächtlichem Gesichtsausdruck.

»Wenn wir so unfair kämpfen würden wie ihr, hättet ihr keine Chance gehabt«, erwiderte Mark ruhig. »Aber auf euer Niveau lassen wir uns nicht herab.«

Mike öffnete den Mund, doch bevor er antworten konnte, schob ihn Anton nach draußen. Kata wollte ihm folgen, doch Anton packte ihren Arm und hielt sie zurück.

»Lassen wir den Jüngeren den Vortritt«, verkündete er und zog Kata vom Ausgang weg.

Finster blickte Lore ihn an und warf einen fragenden Blick zu Kata. Diese gab ihr mit einer Handbewegung zu verstehen, sie solle Mark folgen, der gerade nach draußen kletterte. Lore nickte und schwang sich ebenfalls auf den Steg.

Jetzt befanden sich nur noch Kata und Anton im Cube.

»Ich bin dabei«, sagte Anton unvermittelt.

Überrascht hob Kata den Kopf und starrte ihn an. Sie öffnete den Mund und wollte etwas sagen, doch Anton kam ihr zuvor.

»Du verstehst schon«, knurrte er und kletterte hinaus auf den Steg.

Kata folgte ihm nachdenklich. Warum hatte Anton seine Meinung geändert? Draußen warteten Mark und Lore, und gemeinsam gingen sie hinüber zu den Schlafhäusern, während die Gorillas von ihrem Clan mit Begeisterung gefeiert wurden.

An diesem Abend lag Kata auf ihrem Bett und versuchte, sich auf die Präsentation zu konzentrieren. Der Alltag musste unbedingt weiterlaufen, als wäre alles wie immer. Zunächst fiel ihr die Arbeit schwer, doch endlich konnte sie alle anderen Gedanken wegschieben und in die Planung des Schwingenflüglers eintauchen.

Zwei Stunden später schob sie das Tablet auf den Nachttisch. Obwohl sie konzentriert gearbeitet hatte, fühlte sich ihr Kopf leichter an. Aufatmend schlüpfte sie aus Socken und Pullover und warf die Klamotten neben sich auf den Boden. Sie zog die Decke bis unters Kinn und während sie darüber nachdachte, warum Anton seine Meinung geändert hatte, schlief sie ein.

Am nächsten Morgen gab sie Lore im Speisesaal ein Zeichen, dass sie sich in der Nische treffen sollten. Nach dem Frühstück machte es sich Kata mit dem Tablet und einer Tasse Tee gemütlich. Wenige Minuten später tauchte Lore auf und es dauerte nicht lang, dann setzte sich Mark zu ihnen.

Kata achtete darauf, dass sie mit dem Rücken zur Kamera saß, bevor sie anfing zu erzählen. Etliche der Clan-Member saßen noch beim Frühstück, drüben klapperte das Küchen-Team mit den leeren Tellern und lärmend zog eine Horde Papageien quer durch den Saal zum Treppenhaus auf dem Weg nach unten zu den Unterrichtsräumen.

»Anton ist dabei«, sagte sie leise und nippte an ihrem heißen Tee.

Lore riss die Augen auf und Mark runzelte die Stirn. »Warum?«, formten seine Lippen.

»Keine Ahnung«, erwiderte sie lautlos. »Gestern im Cube hat er es mir gesagt. Nichts weiter.«

Lore starrte sie an und sagte zögernd: »Damit wäre das geklärt.« Sie warf einen Blick zu Mark.

»Glaubt ihr ihm?«, fragte Kata zweifelnd. »Vielleicht will er nur herausfinden, was wir vorhaben, um damit ein zweites Mal zu Wilhelm zu rennen.«

Mark zuckte mit den Achseln. »Werden wir sehen«, brummte er. »Haben wir eine Alternative?«

Schweigend sahen sie sich an. Schließlich schüttelte Kata den Kopf.

»Damit wäre das geklärt,« wiederholte Lore düster und Kata glaubte, in ihren Augen zu sehen, wie sehr die Angst an ihr nagte. Ihr Herz zog sich zusammen. Es waren nur noch vier Tage bis zur geplanten Insemination.

17.

In den nächsten Tagen verlief das Leben wie gewohnt. Kata und der Clan der Wölfe kamen mit dem Bau des Schwingenflüglers voran. Vielleicht konnten sie bis zur Präsentation sogar den Motor zusammenbauen. Danach hatten sie offiziell noch drei Monate, um der ganzen Sache den letzten Schliff zu geben. Dass es dazu nicht mehr kommen würde, wusste ja niemand.

Bedrückt saß Kata an diesem Nachmittag im Erdkundeunterricht. Tolu stellte die Halbwüste Karoo in Südafrika vor. Kata betrachtete die Weltkarte und fragte sich wie so oft, in welcher Region der Erde sie hier eigentlich lebten. Dem Klima nach musste das Camp in einer der kühleren Regionen liegen, sie hatten zwar eher geringe Ausschläge, was Temperatur und Niederschläge betraf, doch auf den Hügeln der Küste wuchs sattgrünes Gras.

Dann begann Tolu von der Savanne in der Biosphäre zu sprechen. Kata wurde hellhörig und hoffte, dass der Hausvater der Gorillas etwas sagen würde, was sie weiterbrachte. Doch er beschrieb nur die Vegetation und forderte sie dazu auf, beim nächsten Training die Sukkulenten der Savanne genauer anzusehen. Im hinteren Drittel dieses Abschnitts der Biosphäre sollte es ein paar Pflanzen geben, die mehr als dreißig Jahre alt waren.

Nach dem Unterricht sollte sich Kata wieder bei Leibold melden. In den vergangenen Tagen hatte sie die Insemination so gut wie möglich verdrängt. Doch nun konnte sie den düsteren Gedanken nicht mehr ausweichen.

»Morgen ist es soweit«, sagte die Ärztin und schob das Ultraschallgerät zur Seite.

Kata rutschte vom Untersuchungsstuhl und wischte sich das Gel vom Unterleib. Hastig schlüpfte sie in ihre Kleidung und wollte ohne ein weiteres Wort gehen.

»Kata!« Die Stimme der Ärztin klang betont freundlich.

Kata blieb an der Tür stehen und starrte auf die gegenüberliegende Glaswand. Schmetterlinge mit blauen Flügeln taumelten vor der Scheibe, als wollten sie Kata warnen.

»Wir sehen uns morgen früh, 10 Uhr. Pünktlich bitte.«

Kata unterdrückte einen Würgereiz und presste fest die Lippen zusammen, dann ging sie weiter, ohne die Ärztin anzusehen.

»Du schaffst das schon«, rief Leibold und Kata schloss rasch die Tür, um die verhasste Stimme nicht länger hören zu müssen.

Du schaffst das schon. Die Stimme der Ärztin hallte noch lange in ihren Ohren.

An diesem Abend brachte Kata keinen Bissen herunter. Sie verkroch sich in ihre Schlafkoje und zog sich die Decke über den Kopf. Wenig später hörte sie, wie die Trennwand aufgeschoben wurde, dann schlüpfte Fin zu ihr ins Bett. Er schien zu spüren, dass es Kata nicht gut ging, doch er stellte keine Fragen. Während er schnell einschlief, lag Kata noch lange wach. Sie wälzte sich unruhig von einer Seite zur anderen und nachdem sie Fin zum zweiten Mal versehentlich geweckt hatte, schickte sie ihn nach oben.

Irgendwann musste sie doch eingeschlafen sein. Im Halbschlaf hörte sie ein leises Geräusch. Als sie hochschreckte, war es noch dunkel und sie wusste nicht, wie lange sie geschlafen hatte. Kata sah hinüber zur Trennwand, fast schien es ihr, als hätte sich diese gerade noch bewegt.

Schlaftrunken stand sie auf und tappte hinüber, schob die Rollwand zur Seite und blickte hinaus. Draußen rührte sich nichts und obwohl Kata angespannt in die Dunkelheit starrte, konnte sie niemanden entdecken.

Sie kehrte zu ihrem Bett zurück und schlüpfte unter die Decke. Unter ihrem Bein bemerkte sie eine Unebenheit. Erschrocken tastete sie danach. Zwischen ihren Fingern spürte sie eine kleine Kapsel und umschloss das kühle Metall mit der ganzen Hand. Die Kapsel konnte noch nicht lange dort liegen, sie strahlte noch die Kälte der Nacht ab. Kata rollte sich zur Seite und kroch tiefer unter die Decke. Sie wartete, bis sich ihre Augen an die Dunkelheit gewöhnt hatten, dann schraubte sie den Deckel der Kapsel ab und starrte verblüfft auf eine Tablette. Sie war nicht sehr groß und schimmerte weiß im fahlen Licht der Nacht. Was war das? Gift? Ein Schlafmittel?

Kata verschloss die Kapsel wieder und zog die Decke unter ihr Kinn. Allmählich wurde das Metall in ihrer Hand warm. Wer hatte ihr eine Tablette ins Bett gelegt? Noch während sie darüber nachdachte, schlief Kata ein.

Am nächsten Morgen weckten sie die üblichen Geräusche. Ute hörte drüben laute Musik. Kata rieb sich die Augen und als sie die Kapsel in ihrer Hand spürte, fiel ihr alles wieder ein. Rasch warf sie die Decke zur Seite und lief nach unten in den Waschraum. Wenig später kehrte sie zurück und zog sich an. Die Kapsel schob sie in ihre Jackentasche.

Im Speisesaal schlugen ihr Stimmengewirr und der Geruch nach Kaffee entgegen. Kata ging zu den Papageien und setzte sich neben Lore.

»Heute soll es soweit sein«, flüsterte sie ihr ins Ohr.

Lore legte den Löffel zur Seite und umschloss Katas Hand. »Hey«, sagte sie warm und drückte ihre Finger, bis Kata quietschte.

Sie mussten beide lachen und Kata fühlte sich besser.

»Sieh mal«, sagte Kata leise. Sie zeigte Lore die Kapsel und ließ sie dann wieder in ihrer Jacke verschwinden.

Lore zog die Augenbrauen hoch. »Was ist das?«

»Ich weiß es nicht«, erwiderte Kata. »Lag heute Nacht auf einmal in meinem Bett.«

»Was könnte das sein? Gift?« Lore musterte die Kapsel misstrauisch.

»Vielleicht etwas, um die Insemination zu verhindern?« Kata tastete nach dem kühlen Metall und legte hoffnungsvoll ihre Finger darum.

»Wunschdenken«, erwiderte Lore und tippte sich an die Stirn. »Wer würde dir schon eine Wunderpille ins Bett legen?«

Nachdenklich nickte Kata. »Du hast ja recht«, brummte sie und ließ die Kapsel los, die zurück in ihre Tasche rutschte.

Auf dem Steg zum Versorgungsbau tauchte Sandrine mit einem Servierwagen auf.

»Vielleicht Sandrine?« Stirnrunzelnd musterte Kata die Köchin.

»Und woher sollte sie die Tablette haben?«, flüsterte Lore und griff nach ihrem Löffel.

Kata zuckte mit den Achseln. Aus dem Treppenhaus stürmte Anton mit einem triumphierenden Lächeln in den Speisesaal. Kata und Lore sahen sich an.

»Um wie viel Uhr sollst du oben sein?«, fragte Lore.

»In drei Stunden«, erwiderte Kata und schluckte.

Auf dem Weg zum Buffet machte Anton einen Umweg und schlenderte am Tisch der Papageien vorbei. »Wir haben heute ein Date.« Er grinste und zog anzüglich die Augenbrauen hoch.

Kata konnte vor Wut kaum atmen. Mit zittrigen Fingern tastete sie nach der Kapsel, schraubte sie auf und legte sich die Tablette auf die Zunge.

»Nicht«, flüsterte Lore hastig und griff nach Katas Hand, doch sie erwischte nur die leeren Metallhülsen.

Kata nahm Lores Becher und spülte mit einem großen Schluck die Tablette hinunter. »Iiiih«, rief sie laut und verzog das Gesicht. »Was ist das denn für Zeug?«

»Ingwertee«, erwiderte Lore und prustete los. Auch Kata musste lachen.

In diesem Moment kam Anton mit seinem vollen Teller an ihnen vorbei und zwinkerte ihnen grinsend zu. Den beiden verging das Lachen und nur Lores fester Griff um ihr Handgelenk hielt Kata davon ab, sich auf ihn zu stürzen.

Nach dem Frühstück verkroch sich Kata auf das Sofa in ihrer Lieblingsecke und holte sich die *Astronautin* auf ihr Tablet. Auch Lore hatte den Unterricht sausen lassen und saß gegenüber auf einem der Sessel.

Es war noch keine Stunde her, dass sie die geheimnisvolle Tablette eingenommen hatte, und nur noch zwei Stunden bis zum Termin bei der Ärztin. Kata konnte sich nicht auf das Buch konzentrieren, obwohl es gerade spannend wurde. Sie ertappte sich dabei, dass sie eine Seite bereits zum dritten Mal las und immer noch nicht wusste, worum es gerade ging.

Kata spürte ein Ziehen in ihrem Unterleib. Sie drehte sich zur Seite und zog die Knie zum Bauch. Das unangenehme Gefühl ließ ein wenig nach, trotzdem blieb ein komischer Druck. Sie versuchte, sich auf das Buch zu konzentrieren, als plötzlich Krämpfe einsetzten. Kata stieß entsetzt den Atem aus und legte die Hand auf ihren Unterleib.

Lore fuhr hoch. »Was ist?«, fragte sie besorgt und legte ihr Tablet weg.

»Krämpfe«, murmelte Kata, setzte sich auf und schob Tablet und Rucksack zur Seite. »Bringst du meinen Kram mit?«, fragte sie Lore, die sie entsetzt musterte und dann nickte.

Kata lief hinüber ins Schlafhaus und stürzte in eine Toilette. Wenig später kehrte sie in den Waschraum zurück.

Lore saß auf einem der Hocker und blickte ihr besorgt entgegen. »Und?«

Kata trat an ein Waschbecken und drehte das Wasser auf. Der Wasserstrahl rann über ihre Finger und spülte blutige Schlieren in den Ausfluss. Kata musterte nachdenklich ihr Gesicht im Spiegel.

Lore trat hinter sie und ihre Blicke begegneten sich. Lore hob fragend die Augenbrauchen.

Kata atmete tief durch und als sie versuchte zu lächeln, verzog sich ihr Gesicht zu einer Grimasse. »Die Menstruation hat eingesetzt.«

Lore seufzte erleichtert. »Die können ihre Insemination vergessen.«

Kata spürte, wie Lore die Hand auf ihre Schulter legte. Der sanfte Druck fühlte sich tröstlich an.

Noch immer rann Wasser über Katas Finger. Sie nahm sich von der flüssigen Seife und rieb ihre Hände, als könnte sie mit dem Blut auch ihre Angst abwaschen.

»Ob ich immer noch Kinder bekommen kann?«, flüsterte

Kata. Sie hob den Kopf und ihre Blicke trafen sich im Spiegel. »Du weißt schon, auf natürlichem Weg.« Ihre Stimme brach.

Lore runzelte die Stirn und der Griff ihrer Finger verstärkte sich. »Klar«, murmelte sie, doch Kata sah ihr an, dass sie ebenfalls Zweifel hatte.

Kurze Zeit später verabschiedete sich Kata von Lore. Sie ging hinauf in ihre Schlafkoje, wechselte die Kleidung und stopfte die blutige Unterwäsche in den Versorgungsschacht. Es blieb nur noch eine Stunde bis zur Insemination. Kata kehrte ins Hauptquartier zurück. Sie stürmte die Treppen hinauf und den Gang entlang, erst vor Untersuchungszimmer 18B blieb sie stehen. Dort wartete sie einen Moment, bis sich ihr Atem beruhigt hatte. Dann klopfte sie.

»Ja?«, kam es scharf von innen.

Kata öffnete die Tür. Leibold stand vor der Wandzeile und hantierte mit einigen gläsernen Röhrchen. Neben ihr stand eine Petrischale und in der Hand hielt sie eine Pipette.

Noch bevor Kata Anstalten machte, über die Schwelle zu treten, herrschte Leibold sie an: »Du bist zu früh.«

Sie beugte sich über die Petrischale und hob die Hand mit der Pipette. Kata blieb stehen und beobachtete sie reglos. Die Ärztin hob den Kopf und mit einem Blick in Katas Gesicht hielt sie inne. »Was ist?«, fragte sie gereizt.

»Meine Menstruation hat eingesetzt«, erklärte Kata kühl.

»Was?« Die Ärztin fuhr hoch und die Pipette fiel klappernd auf den Tisch zurück. »Du lügst!«

Kata schüttelte wortlos den Kopf.

»Komm schon rein«, zischte Leibold und wies auf den Untersuchungsstuhl.

Es dauerte nur wenige Minuten, dann gab sie Kata ein Zeichen, dass sie sich wieder anziehen konnte.

Ohne ein Wort mit ihr zu wechseln griff die Ärztin nach dem Telefon und drückte eine Zahl.

Als Kata zur Tür ging, sagte sie knapp: »Du bleibst.« Dann zog sie das Tablet heran und begann hektisch zu tippen.

Kata kehrte zum Untersuchungsstuhl zurück. Sie setzte sich auf den Hocker, den die Ärztin bei den Untersuchungen nutzte. Kata stieß sich mit beiden Füßen ab und kreiselte auf den leichtgängigen Rollen durch das Zimmer. Leibold hob genervt den Kopf, doch sie sagte nichts.

Zwei Minuten später betrat die Admiralin das Untersuchungszimmer, dicht gefolgt von Wilhelm. Kata starrte ihn an, doch er achtete nicht weiter auf sie. Kata musterte die Admiralin. Sie hatte sie bisher nur selten von Nahem gesehen. Die Admiralin hielt sich meist aus allem raus, tauchte auch im Speisesaal so gut wie nie auf. Nur an hohen Feiertagen wie Thanksgiving oder Weihnachten saß sie am Tisch des Camp-Personals, schweigend, ohne auf die Menschen um sich herum zu achten. Meist verschwand sie wieder nach oben in ihre eigenen Räume, noch bevor die Clan-Member beim Nachtisch angekommen waren.

Leibold brauchte nur ein paar Sätze, dann waren die beiden informiert.

»Was ist passiert?«, fuhr die Admiralin Kata an.

Interessiert blickte Kata sie an. Zum ersten Mal, seit sie denken konnte, sprach die Initiatorin des Experiments persönlich mit ihr. Ihre Stimme klang rau, ähnlich wie aus den Lautsprechern. Sie musste schon ziemlich alt sein, Kata schätzte sie auf 60 oder 65. Ihre helle Haut zeigte Falten und auch deutlich hervortretende Tränensäcke verrieten ihr Alter. Ihre Augen waren braun und so dunkel, dass die Pupillen kaum zu erkennen waren. Sie betrachteten Kata streng und mitleidslos.

Sie sieht mich an wie eine Ratte im Versuchslabor, fuhr es Kata durch den Kopf. Dann zuckte sie mit den Achseln. »Weiß auch nicht«, antwortete sie.

»Hast du ein Medikament genommen?«, brummte Wilhelm und sah sie ebenso streng an wie die Admiralin.

»Nein«, erwiderte Kata rasch.

Leibold nickte zustimmend.

»Vielleicht nur eine Zwischenblutung«, sagte die Admiralin gereizt. »Wenn das jetzt nicht klappt, verlieren wir mehrere Wochen!«

Kata verzog keine Miene. Es gab also einen Zeitplan, wie sie vermutet hatte.

Leibold schüttelte bedauernd den Kopf. »Die Blutung hat eingesetzt, für diesmal ist es vorbei.« Sie warf einen ärgerlichen Blick auf Kata. »Wir müssen warten.«

In diesem Moment setzte ein weiterer Krampf ein. Kalter Schweiß trat auf Katas Stirn. Sie sog den Atem ein und stieß sich wieder mit den Füßen ab, sodass sie um den Untersuchungsstuhl kreiselte.

»Das Mädchen hat doch etwas genommen!«, sagte die Admiralin mit scharfer Stimme.

Kata hob den Kopf und begegnete ihrem misstrauischen Blick. Dann stieß sie sich ein weiteres Mal vom Boden ab und entzog sich den forschenden Blicken.

Sie hörte die Stimme Leibolds hinter ihrem Rücken. »Kann ich so nicht feststellen.«

Kata musste sich ein Grinsen verkneifen und war froh, dass sie den Erwachsenen den Rücken zuwandte.

»Du kannst gehen«, sagte Wilhelm.

Kata stemmte beide Beine auf den Boden und stand auf. Der Hocker, plötzlich ohne Gewicht, knallte mit Schwung gegen die Wand und flog klappernd zu Boden.

Kein Wort fiel, als Kata das Zimmer verließ und die Tür hinter sich zuzog. Ein Blick nach links und rechts verriet ihr, dass der Gang leer war. Die Kamera setzte sich surrend in Bewegung und steuerte sie an. Kata bückte sich und tat, als säße ihr Schuh nicht richtig. Sie fummelte an ihren Sportschuhen herum und lauschte angestrengt auf alle Geräusche, die aus dem Untersuchungszimmer drangen. Enttäuscht musste sie feststellen, dass sie nur entferntes Gemurmel hören konnte. Sie verstand kein Wort.

Sie unterdrückte ein Seufzen und machte sich auf den Weg ins Schlafhaus. Bevor sie in ihre Schlafkoje ging, füllte sie im Waschraum eine Wärmflasche mit heißem Wasser. Dann schlüpfte sie in ihr Bett und legte sich die Wärmflasche auf den schmerzenden Unterleib. Die Krämpfe waren unangenehm, doch sie hatten ihr einen Aufschub verschafft.

18.

»Morgen geht es wieder zum Training in die Biosphäre«, verkündete Wilhelm, als sie einen Tag später beim gemeinsamen Mittagessen saßen.

Kata hatte noch immer gelegentlich Krämpfe und ihre Menstruation war stärker als sonst, trotzdem freute sie sich über das kurzfristig anberaumte Training. Sie ließ sich nichts anmerken und leerte ohne Hast ihren Teller. Zwanzig Minuten später traf sie auf der oberen Plattform in der Trainingshalle ein.

Dort saßen bereits Dirk und Frieda, beide vom Clan der Bären, um in Ruhe zu knutschen. Kata verscheuchte sie mit einem Grinsen nach unten. Wenig später schwangen sich Lore und Mark zu ihr hinüber.

»Das ist die Gelegenheit«, keuchte Lore und klinkte ihren Sicherheitsgurt in die Öse der Plattform. Sie warf ihren Rucksack neben Kata auf den Boden und ging in den Schneidersitz.

Kata nickte und wartete, bis auch Mark seinen Sicherheitsgurt eingeklinkt hatte und neben ihnen auf der Plattform saß.

»Diesmal muss es klappen«, sagte Kata, »wir müssen die Tür finden.«

Lore musterte sie besorgt. »Kannst du denn mit? Oder hast du noch Krämpfe?«

»Es geht so«, murmelte Kata und verdrehte die Augen.

»Wie viel der Außenhülle hast du schon abgesucht?«, fragte Mark.

»Etwas mehr als ein Viertel«, sagte Kata, »bleiben noch 1.400 Meter übrig. Aber zu fünft schaffen wir es.«

»Wie soll das gehen?«, fragte Mark.

»Anton ist jetzt auf unserer Seite«, erwiderte Kata. »Auch Elli ist dabei. Also können wir uns ohne Probleme absetzen und auf die Suche machen.«

»Hoffentlich legt er uns nicht rein«, murmelte Lore besorgt.

»Wir müssen es darauf ankommen lassen!« Kata umschlang ihre Knie und musterte die beiden eindringlich.

An diesem Abend packten alle ihre Rucksäcke. Kata verstaute gerade ihre Wasserflasche, als Wilhelm die Trennwand zur Seite schob.

»Du bist diesmal nicht dabei«, verkündete er. »Die Admiralin hat angeordnet, dass du Pause machst, bis deine Menstruation abgeklungen ist.«

Kata riss den Kopf hoch. »Mir geht es echt besser. Ich will unbedingt mit!«

»Leibold hat es verboten«, erwiderte er schneidend und schob die Trennwand wieder zu.

Kata schlüpfte in ihre Jacke und rannte zum Hauptquartier hinüber. Sie hatte keinen Blick für den Sonnenuntergang draußen über dem Meer. Ungeduldig strich sie sich die Haare, die im Abendwind tanzten, aus dem Gesicht. Immer zwei Stufen auf einmal nehmend sprintete sie die Treppe hoch. Auf dem Absatz im ersten Stock musste sie innehalten, ein Krampf ließ sie zusammenklappen wie ein Taschenmesser. Kata spürte, wie ein Schwall Blut abging. Sie biss die Zähne zusammen und lehnte sich gegen die Wand, bis die Schmerzen nachließen.

Sie richtete sich auf, atmete durch die Zähne und ging weiter, erst langsam und dann immer schneller, bis sie wieder rennen konnte.

Beim Untersuchungszimmer angekommen, trommelte sie mit den Fingerknöcheln gegen die Tür. Von drinnen war ein geknurrtes »Herein!« zu hören.

Kata stürmte in den Raum und blieb schwer atmend vor dem Schreibtisch der Ärztin stehen. »Ich will mit in den Dschungel. Bitte. Sie müssen es mir erlauben.«

Die Ärztin hob den Kopf und musterte Kata mit zusammengekniffenen Augen. Dann schüttelte sie langsam und demonstrativ den Kopf.

»Es geht mir schon viel besser«, stieß Kata zwischen zusammengepressten Lippen hervor.

Die Ärztin beachtete sie nicht weiter und begann mit hektischen Bewegungen auf die Tastatur ihres Tablets einzuhämmern.

Kata betrachtete das verkniffene Gesicht der Ärztin, dann kehrte sie entmutigt zur Tür zurück.

Sie legte die Hand auf die Klinke und startete einen letzten Versuch. »Lassen Sie mich einfach mit.«

»Es ist zu deinem eigenen Schutz«, erwiderte die Ärztin herablassend.

»Das ist unfair!«, schrie Kata.

Die Ärztin griff nach dem Telefon und hielt den Hörer in Katas Richtung. »Wenn du nicht sofort aus meinem Büro verschwindest, rufe ich die Wache«, sagte sie hart.

Wütend starrte Kata sie an. Dann wandte sie sich um und stürmte hinaus. Sie rannte die Treppe hinunter und gab Lore im Wohnraum mit ein paar Gebärden zu verstehen, dass sie sich in einer Stunde in der Trainingshalle treffen sollten. Kata lief ins Schlafhaus, streifte ihre Klettersachen über und kehrte ins Hauptquartier zurück.

In der Kletterhalle übte sie an der Trainingswand, bevor sie zwei Durchgänge am Everest machte. Allmählich ließ ihre Wut nach und sie konnte wieder klar denken. Erst jetzt schwang sie sich auf die Plattform, wo Lore bereits auf sie wartete.

»Sie lassen mich nicht zum Training«, erklärte Kata und klinkte ihren Sicherheitsgurt in die Öse der Plattform. Rasch berichtete sie Lore von dem Treffen mit der Ärztin.

Lore pfiff leise durch die Zähne.

Kata zerrte wütend an ihrem Gurt. Dann schloss sie die Augen und atmete einige Male durch, bis ihr Herzschlag wieder langsamer wurde.

Lore betrachtete sie nachdenklich, dann richtete sie sich mit einem Ruck auf. »Wir können also nur zu viert nach der Tür suchen!«

»Ja.« Kata nickte.

»Zu viert schaffen wir es nicht«, rief Lore entsetzt. »Nie im Leben können wir 1.400 Meter Außenhülle in einer Stunde sorgfältig genug absuchen.«

Kata nickte. Bedrückt sahen sie sich an.

Nach dem Mittagessen versammelten sich die Clans vor dem Hauptquartier. Ein Essenspaket brauchten sie für die paar Stunden nicht. Alle hatten nur eine Flasche Wasser im Rucksack und das übliche Notfallpaket.

Kata saß auf den Stufen des Hauptquartiers und verfolgte angespannt das Sammelritual. Fin begann, nannte seine Zahl im Clan, die Wölfe, und die »Eins« als seine aktuelle Position. Diesmal war sogar Anton pünktlich. Kata beobachtete ihn und fragte sich, ob man ihm wirklich trauen konnte. Zuletzt war Martin dran mit der Position 144.

Wilhelm blickte über die Köpfe hinweg zu Kata. Dann hob er die Hand und machte ihr ein Zeichen. Sie sollte zu ihrer Gruppe treten.

Überrascht sah Kata ihn an, dann sprang sie auf und lief hinüber zu den anderen. Wilhelm winkte sie zu sich her und gab ihr den Rucksack, den sie gestern gepackt hatte. Er musste ihn aus ihrer Schlafkoje geholt haben. Erst als sie auf ihrem gewohnten Platz stand und ihren Namen, ihre Clan-Zahl und ihren Clan nannte und mit der Nummer »145« endete, begriff sie, was gerade passierte. Sie hatten eine Chance, sie hatten tatsächlich eine echte Chance, heute diese verdammte Tür zu finden!

Wilhelm gab das ersehnte Startzeichen und die Kolonne formierte sich. Kata fragte sich, warum das Team seine Meinung geändert hatte. Dann schüttelte sie den Kopf, es machte keinen Sinn, sich Gedanke über die Oberen zu machen. Sie würde ohnehin nie begreifen, was in denen vorging.

Die Kolonne setzte sich in Gang. Diesmal bildete Fin die Spitze und Kata spürte, wie stolz sie auf ihn war. Er durfte heute zum ersten Mal die Clans zum Dschungel führen. Einige Sekunden, nachdem er losgetrabt war, kam die Bewegung bei Kata an. Froh, dass es endlich losging, setze sie einen Fuß vor den anderen.

Kata wandte den Kopf und sah nach hinten, wo gerade Lore zu laufen begann. Ihre Blicke trafen sich und Kata konnte ihr ansehen, wie erleichtert sie war.

Am Dschungel warteten bereits Mimi und Gerard. Die Kontrolle der Rucksäcke ging schnell über die Bühne, sie hatten nicht viel dabei. Als die Aufgaben verteilt wurden, musste Kata grinsen. Sie sollten in der Savanne trainieren, etwas Besseres hatte ihnen nicht passieren können. Außerdem war die ganze Meute Fin unterstellt. Sie sah zu Anton, dem das natürlich nicht passte.

Mit stolzgeschwellter Brust führte Fin die Clans in den Dschungel. Mit seiner Machete bahnte er einen Weg durch dichten Farn und nahm Kurs auf die Trennwand zur Savanne. Nicht nur die Hitze trieb ihm den Schweiß auf die Stirn.

Er machte seine Sache gut, fand Kata. Sie nutzte die Gelegenheit, sich unauffällig zurückfallen zu lassen. Wenig später hatte sie Lien und Martin erreicht, die wie immer über Computer fachsimpelten.

Martin verstummte und wandte den Kopf. Auch Lien blickte sie überrascht an.

»Hey«, sagte Kata und grinste.

»Was ist?«, fragte Lien leise und warf einen vorsichtigen Blick zurück. Die anderen waren weit genug entfernt, um ungestört zu sein.

»Es heißt, ihr arbeitet heimlich an einer Simulation«, erwiderte Kata leise. »Ein Fake-Bild für die Kameras, damit wir ein paar Minuten unbeobachtet sein können.«

Martin verdrehte die Augen. »Heimlich«, stöhnte er. »Du sagst es. So heimlich, dass alle darüber quatschen.«

Kata grinste. »Nicht alle.«

»Ist nur eine Fingerübung«, sagte Lien. »Vielleicht können wir es mal gebrauchen. Um die Küche zu plündern oder so.«

Lien und Martin lachten.

Auch Kata musste lachen, dann wurde sie wieder ernst. »Wie weit seid ihr?«

Lien und Martin sahen sich an, machten ein paar Gebärden.

»Könnte in einigen Wochen funktionieren, wenn wir uns dahinterklemmen«, sagte Lien.

Kata nickte. »Vielleicht kriegt ihr das ja schneller hin. Könnte sein, dass wir es bald gut gebrauchen können.«

Überrascht sog Martin die Luft ein. Lien zog erstaunt die Augenbrauen hoch.

»Später mehr«, flüsterte Kata, nickte ihnen zu und verlangsamte ihr Tempo.

Von hinten konnte sie beobachten, wie die beiden aufgeregt die Köpfe zusammensteckten. Kata drosselte ihr Tempo noch mehr, etliche Clan-Member überholten sie und musterten sie mit neugierigen Blicken.

Endlich lief sie neben Anton und Mia. Als Kata den Kopf wandte, verzog Anton ironisch grinsend das Gesicht. Eine Gruppe Aras flog laut kreischend auf und zog über ihnen davon.

Kata beobachtete, dass Mia nach Antons Hand griff und ihn fragend ansah. Schließlich nickte er mit zusammengepressten Lippen.

»Ist gut«, knurrte er und warf Kata einen vorwurfsvollen Blick zu.

Mia grinste, dann ließ sie sich zurückfallen.

»Wenn wir hier lebend herauskommen wollen, müssen wir kooperieren«, sagte Kata.

Ein verächtlicher Blick streifte sie und Kata sah, wie Antons Kieferknochen unter der Haut mahlten.

»Du bist dabei?«, fragte sie und es fiel ihr schwer, ruhig zu bleiben.

»Ja«, erwiderte er kurz und warf ihr einen Blick zu, den sie nicht deuten konnte.

Ein ungutes Gefühl beschlich Kata. Konnte sie ihm überhaupt vertrauen? Oder hatte Wilhelm Anton auf sie angesetzt? Angst schnürte ihr die Kehle zu. Wenn sie jetzt mit ihm sprach, gab es kein Zurück mehr. Sie wischte eine Luftwurzel zur Seite, die vor ihrem Gesicht hing.

Anton warf ihr einen prüfenden Blick zu. Er schien zu ahnen, was in ihr vorging.

»Du kannst mir trauen«, sagte er grimmig. »Ich war bei Wilhelm, du erinnerst dich.« Ein zynisches Grinsen flammte in seinem Gesicht auf.

Sie nickte vorsichtig.

»Er hat es nicht dementiert.« Sein Mund verzog sich angewidert und wütend stieß er eine Faust in die offene Hand. »Die wollen uns loswerden.«

Kata schluckte.

»Du hattest Recht«, zischte Anton und sein Atem ging schwer.

»Hat er das gesagt?«, fragte Kata und ein Schauer lief ihr über den Rücken.

»Nein, hat er nicht«, erwiderte Anton kalt. »Aber du hättest mal sehen sollen, wie er mich angeschaut hat.«

Schweigend liefen sie einige Sekunden nebeneinanderher. Kata warf einen zweifelnden Blick zur Seite. Endlich stieß sie den Atem aus. Sie hatten keine andere Chance.

»Wir wollen in die Biosphäre flüchten«, begann sie.

»Was für ein Quatsch«, fuhr Anton auf, »hier sitzen wir fest wie in einer Mausefalle.«

Kata hörte die Wut in seiner Stimme und fragte sich, wie es jemals zwischen ihnen funktionieren könnte.

»Es gibt eine Tür«, erwiderte sie kalt. »An der Rückwand der Savanne. Die Tür führt aus dem Dschungel heraus.«

»Und dann?« Verächtlich verzog er den Mund. »Dort draußen werden sie uns abknallen wie Kaninchen.«

»Werden sie nicht«, erwiderte Kata und versuchte, ihre Zweifel zu ignorieren.

»Sagt?« Verächtlich musterte Anton sie.

»Sandrine.« Kata stieß den Namen hervor und hoffte verzweifelt, dass Anton es ehrlich meinte. Sonst hatte sie jetzt Sandrine ans Messer geliefert.

Sie sah zu ihm hinüber.

Anton hatte den Kopf gesenkt, sein Blick hing am Boden. Vor ihnen tauchte die Trennwand zur Savanne auf.

Fin verschwand hinter den von oben herabhängenden Kunststoffstreifen. Die Clan-Member folgten ihm und tauchten unter den Trennstreifen durch.

Dann wechselten auch Kata und Anton hinüber in die Savanne. Auf der anderen Seite empfing sie stickige und trockene

Luft. Sofort stand ihnen noch mehr Schweiß auf der Stirn, doch das Atmen fiel leichter.

Seit Kata Sandrines Name ausgesprochen hatte, schwieg Anton. Sie fragte sich, ob das ein gutes Zeichen war. »Du bist dabei?«, wiederholte sie.

Ihre Schritte wirbelten Staub auf. Vorne gab Fin ein Kommando, er bemühte sich, den Posten des Anführers auszufüllen.

Die Stille zwischen ihnen dauerte nun schon eine gefühlte Ewigkeit. Kata lief ein Schauer den Rücken hinunter, der sie frösteln ließ.

Endlich rührte er sich.

»In Ordnung«, presste Anton hervor und blickte starr nach vorn.

Prüfend musterte Kata ihn von der Seite, dann warf sie einen Blick nach hinten, die anderen hielten respektvoll Abstand.

»Fin weiß Bescheid«, flüsterte sie. »Wenn wir die drei Regenschirmbäume erreicht haben, machen wir uns auf den Weg. Du, Lore, Mark, Elli und ich. Zu fünf müssten wir es heute schaffen, die Tür zu finden.«

Anton runzelte die Stirn. »Ihr wisst noch nicht mal, wo diese verdammte Tür ist?«, zischte er wütend. Dann schlug er mit der rechten Hand gegen seine Stirn. »Na klar, jetzt weiß ich auch, wo du beim letzten Mal warst.« Er schnaubte. »Was, wenn es diese Tür überhaupt nicht gibt?« Lauernd betrachtete er sie.

»Heute Abend wissen wir es«, erwiderte sie knapp und ließ sich weiter zurückfallen. Lore und Mark liefen ganz hinten, wenig später schlossen sich Elli und Anton an. Als sie an einer Gruppe von Schirmakazien mit weit ausladenden Kronen vorbeikamen, setzten sie sich nacheinander von der Gruppe ab.

Kata führte sie an die Stelle, wo sie beim letzten Mal abgebrochen hatte. Die noch verbleibende Außenhülle unterteilten sie in fünf Abschnitte und machten sich dann einzeln auf die Suche.

Sorgfältig schritt Kata ihren Teil der Kunststoffwand ab. Sie hatte mehr Zeit als beim letzten Mal und untersuchte die glatten Kacheln akribisch nach Unregelmäßigkeiten. Ein Krampf ließ sie stöhnend innehalten. Kata legte die Hand auf ihren Unterleib und krümmte sich keuchend nach vorn. Wenige Meter entfernt verharrte eine Schildkröte, hob den Kopf und betrachtete sie prüfend. Kata musste grinsen. Die Schildkröte verlor das Interesse und kroch weiter. Endlich ließen die Schmerzen nach.

Kata wusste nicht, wie viel Zeit vergangen war, als sie das Ende ihres Abschnitts erreicht hatte. Stöhnend streckte sie sich und rieb sich den Rücken, das Bücken in der Hitze war anstrengend. Dann machte sie sich auf den Weg zu den beiden Myrrhensträuchern, die sie als Treffpunkt vereinbart hatten. Lore und Elli warteten bereits. Sie hatten ihre Köpfe zusammengesteckt und kicherten über etwas, das Lore gesagt hatte. Als Kata näherkam, fuhren die beiden auseinander. Lore begegnete ihrem Blick und blickte betreten zu Boden. Kata runzelte die Stirn. Es blieb keine Zeit, darüber nachzudenken. Mark trat zu ihnen und auch Anton kam näher.

Es genügte ein Blick in die Gesichter, dann wusste Kata, dass ihre Suche ebenfalls erfolglos verlaufen war. Auch Lore und Elli hatten nichts gefunden.

»Ohne diese Tür haben wir keine Chance«, sagte Lore mutlos. Das Lachen war ihr vergangen und sie rieb sich die mit Erde verschmierte Stirn.

»Dann suchen wir sie eben auf unserer Flucht«, erwiderte Kata.

»Das ist doch Quatsch«, brauste Anton auf.

Und auch Mark stimmte ihm zu: »Wir können uns nicht auf den Weg machen, ohne zu wissen, ob es diese Tür wirklich gibt. Ohne Ausgang zur Küste ist der Dschungel eine Falle. Die Wachen werden uns einfangen wie verirrte Ratten.«

Kata ballte die Fäuste. »Es gibt diese Tür«, stieß sie hervor. »Sandrine war sich ganz sicher.«

Anton grinste verächtlich. »Vielleicht will Sandrine den Wachen einen guten Grund geben, uns alle abzuknallen.«

»Sandrine können wir vertrauen«, fuhr Kata ihn an, »zu 100 Prozent.«

»Sagt wer?«, fragte Anton höhnisch.

»Ich«, erwiderte Kata. Ein Krampf zwang sie innezuhalten. Keuchend beugte sie sich vor und presste die Hand auf ihren Unterleib. Erschrocken trat Lore an ihre Seite und legte den Arm um ihre Schultern.

»Geht wieder«, flüsterte Kata, nickte ihr dankbar zu und richtete sich auf. Da begegnete sie Antons Blick und sah nur Verachtung in seinen Augen.

Entmutigt machten sie sich auf den Weg, zurück zu den anderen. Zwischen ihnen fiel kein Wort. Kurz vor der Trennwand zur mittleren Kuppel erreichten sie die Clans. Niemand schien ihre Abwesenheit bemerkt zu haben. Fin gab das Startsignal und in kleineren und größeren Grüppchen kehrten die Clan-Member zurück in den mittleren Teil des Dschungels und machten sich auf den Weg zum Ausgang. Über ihren Köpfen kreisten Aras und Kata schien es, als würden ihre lauten Rufe sie alle verhöhnen.

Draußen empfing sie kühle Luft, mindestens 15 Grad weniger als im Dschungel. Viele fröstelten und griffen nach ihren Jacken, bevor sie sich auf den Weg machten. Ihre Schritte brachten den Steg zum Schwingen. Fin war stolz und Martin berichtete Kata, dass er nur wenige Male seine Hilfestellung gebraucht hatte. Kata drückte ihm dankbar die Hand.

An diesem Abend war es im Speisesaal ruhiger als sonst. Kata beeilte sich mit dem Essen, dann machte sie sich auf den Weg zum Schlafhaus.

Noch lange lag sie grübelnd im Bett und wälzte sich von

einer Seite auf die andere, bis sie endlich in einen unruhigen Schlaf fiel.

19.

»Solange wir die Tür nicht gefunden haben, können wir keinen Versuch starten«, sage Anton schneidend.

»Wir müssen« erwiderte Kata kalt. »Wir haben keine Zeit mehr. In spätestens drei Wochen sollten wir abhauen.«

Sie saßen zu fünft auf der großen Plattform in der Kletterhalle.

Lore verzog das Gesicht. »Ich glaube, Anton hat recht«, sagte sie leise. »Wir sollten warten, bis wir die Tür nach draußen gefunden haben.«

»Kein Mensch weiß, ob es diese Tür wirklich gibt«, mischte sich Elli ein.

»Sandrine …«, begann Kata, doch sie wurde rüde unterbrochen.

»Sandrine, Sandrine, Sandrine«, äffte Anton sie nach und verzog höhnisch das Gesicht. »Wer weiß, ob wir uns auf sie verlassen können.«

Auf eine *Köchin*, er sagte es nicht, aber sein Gesicht sprach Bände. Kata presse die Lippen zusammen. Lore legte ihre Hand beruhigend auf Katas Unterarm. Lass dich von Anton nicht provozieren, darum hatte sie Kata schon vor dem Gespräch gebeten.

»Vielleicht lockt sie uns in eine Falle«, erklärte Elli nüchtern.

»Warum sollte sie das tun?«, fragte Kata zurück.

Alle schwiegen.

»Auf Sandrine habe ich mich bisher immer verlassen können«, fuhr Kata fort. »Warum sollte ich ihr jetzt misstrauen?«

»Vielleicht, weil unser Leben davon abhängt?« Anton machte eine Geste, als wollte er das Gespräch abwürgen.

»Hast du einen besseren Vorschlag?«, fragte Elli. Sie zog die Augenbrauen hoch und betrachtete Anton abschätzend.

Kata atmete tief durch. Sie durfte sich von ihren Gefühlen gegenüber Anton nicht zu sehr ablenken lassen. Sonst könnte am Ende die Flucht scheitern, nur weil zwei Clan-Chiefs nicht miteinander klarkamen.

»Hast du einen Vorschlag?«, wiederholte Elli eindringlich und ließ Anton nicht aus den Augen.

»Müssen wir überhaupt hier weg?«, gab Anton provokant zurück.

Die Plattform begann ohne ersichtlichen Grund zu schaukeln. Elli wurde blass, Lore und Mark tauschten überraschte Blicke. Niemand war in ihrer Nähe zu sehen. Mark griff nach dem Ankerungsseil und balancierte das Gewicht aus, bis die Plattform aufhörte zu schwingen. Elli warf ihm einen dankbaren Blick zu.

»Sie werden das Experiment abbrechen«, fuhr Kata fort, »das hat die Admiralin zu Wilhelm gesagt. Vorher soll ich schwanger werden. Das versuchen sie gerade umzusetzen. Wenn das eine stimmt, warum sollte das andere nicht stimmen?«

Betroffen sahen die anderen sie an.

»Okay, selbst wenn es stimmt«, knurrte Anton. »Es gibt keinen Grund, die Flucht in den nächsten Wochen durchzuziehen. Die wollen warten, bis du schwanger bist. Und garantiert wollen sie warten, bis sie die Gene unseres …« Er stutzte, wusste für einen Moment nicht weiter.

Überrascht bemerkte Kata, dass er verlegen wirkte.

Dann räusperte er sich: »… bis sie die Gene des neuen Experiments untersuchen können.«

Kata schaute ihn kalt an. »Und?«

»Wir haben also mindestens zwei bis drei Monate Zeit. Genug, um diese verdammte Tür zu finden. Wenn sie es wirklich gibt.«

Die anderen schwiegen. Lore blickte auf und Kata sah ihr an, dass sie Anton insgeheim recht gab.

»Ich werde nicht warten, bis sie mir deinen Samen aufzwingen.« Angewidert verzog sie das Gesicht.

Anton gab einen verächtlichen Laut von sich. »Und weil die Alphawölfin ihr eigenes Ego durchsetzen will, folgen ihr mehr als 100 Clan-Member in den sicheren Tod.«

Katas Atem beschleunigte sich. Es kostete sie ihre ganze Kraft, sitzen zu bleiben und ihn nicht zum Kampf herauszufordern.

»Ihr setzt das Leben von uns allen aufs Spiel, wenn ihr beide eure Feindschaft pflegt, anstatt euch Gedanken zu machen, was das Beste für alle ist.« Ellis Stimme klang kühl.

Mark warf ihr einen dankbaren Blick zu. Kata beobachtete aus den Augenwinkeln, wie Lore hinter ihrem Rücken nach Ellis Hand tastete und sie kurz drückte.

»Ich werde die Insemination nicht zulassen«, erwiderte Kata. »Also helft mir bitte.« Sie sah zu Elli und hielt ihren Blick fest. Dann wanderten ihre Augen weiter zu Lore und Mark, schließlich zu Anton.

Der Chief der Gorillas erwiderte ihren Blick finster. Sein Unterkiefer mahlte, doch er schwieg. Schließlich nickte er.

»In Ordnung«, flüsterte Lore.

Auch Mark und Elli nickten.

Katas Datenarmband piepte einige Male und verstummte wieder. Sie zog die Decke über ihren Kopf und sperrte das Sonnenlicht aus, das in ihre Schlafkoje fiel. Gedämpft hörte sie draußen Schritte, die sich wenig später auf der Treppe verloren. Die Tür zum Waschraum öffnete sich, Quietschen und Lachen ertönte, dann klappte die Tür wieder zu.

Im Schlafhaus der Wölfe herrschte schon wenige Minuten nach dem morgendlichen Wecken hektisches Treiben. Heute sollte die erste Präsentation der Jahresaufgabe sein. Niemand erwartete, dass ihre Flugobjekte schon funktionierten, doch erste Erfolge sollten zu sehen sein.

Die Stimmen auf der Treppe wurden lauter, eilige Schritte kehrten von unten zurück. Kata warf das Deckbett zur Seite und schlüpfte in ihren Morgenmantel.

Zehn Minuten später stand sie geduscht und mit geputzten Zähnen in ihrer Koje und zog sich an. Dann machte sie sich auf den Weg nach drüben. Eigentlich war sie heute Morgen früh dran, trotzdem betrat sie als eine der letzten den Speisesaal.

Aufgeregte Stimmen schlugen ihr entgegen. Vom Buffet kam ein intensiver Geruch nach gebratenen Eiern, Speck und Pfannkuchen. Kata füllte ihren Teller. Auf dem Weg zum Tisch der Wölfe stattete sie Lore einen kurzen Besuch ab.

»Hey«, sagte sie und musste grinsen, als sie in Lores aufgeregtes Gesicht blickte. »Und? Seid ihr vorbereitet?«

»Klar«, presste Lore zwischen zwei Bissen hervor und grinste. »Und ihr?«

Kata nickte. »Bis gleich«, sagte sie und ging rasch weiter.

Es fühlte sich überraschend gut an, ein bisschen Alltag und die Aufregung vor der ersten Präsentation, fast wie in Kindertagen. Sie hatte sich nicht mehr so leicht gefühlt, seit sie das Gespräch zwischen Wilhelm und der Admiralin belauscht hatte. Kata verschlang ihre Eier mit Speck und als sie die letzten Krümel vom Teller wischte, leerten sich um sie herum allmählich die Tische.

Kata trug ihren Teller zum Laufband und machte sich auf den Weg in die Werkstatt. Einige Clan-Member kamen ihr auf dem Holzsteg bereits entgegen, trugen Modelle und ausgedruckte Pläne bei sich. Als Kata drüben ankam, empfing sie das aufgeregte Gelächter der Kleinen.

»Sie hat es geschafft«, jubelte Fin, »sie hat es geschafft.«

Kata trat näher und die Aufregung der anderen steckte sie an.

Lien hielt ihr stolz den Motor entgegen. »Ich habe ihn zum Laufen gebracht«, verkündete sie triumphierend und ihre Augen verrieten, dass sie sich die Nacht um die Ohren geschlagen hatte.

Kata lachte. »Toll«, rief sie, »dann kann heute nichts mehr schiefgehen.«

Zwei der jüngeren Wölfe holten die Flügel aus dem Regal, Fin und Lien legten den Motor auf einen Transportwagen und Kata schnappte sich die Planungsunterlagen.

Auf dem Sportgelände waren die meisten schon versammelt. Ein Blick auf ihr Datenarmband verriet Kata, dass sie noch zwei Stunden Zeit hatten. Das sollte ausreichen, um den Schwingenflügler zusammenzubauen. Sie hatte nicht erwartet, dass sie ihr Projekt schon heute in der Luft präsentieren konnten.

Als der Schwingenflügler fertig montiert auf der Rasenfläche lag, blieben nur noch wenige Minuten bis zum Beginn der Präsentation. Etliche Stellen hatten sie mit Kabelbindern und stabilem Klebeband überbrückt, aber Lien war sicher, dass er fliegen würde.

Kata betrachtete nachdenklich den blauen Himmel. Vermutlich lag die schwimmende Stadt in der westlichen Hemisphäre. Die Temperaturen von Luft und Wasser waren durchschnittlich und es gab genug Regen, um den Rollrasen grün zu halten. Doch jeder Versuch, das Hauptquartier auf Google Maps genau zu lokalisieren, scheiterte. Lien war überzeugt, dass es einen Schutzmechanismus gab, der dafür sorgte, dass die schwimmende Stadt weder aus der Luft noch aus dem Wasser zu orten war. Ein blinder Fleck auf der Weltkarte.

Selbst wenn sie die Tür finden würden, raus aus dem Dschungel und raus aus der schwimmenden Stadt, selbst wenn sie die Küste erreichen könnten, wussten sie nicht, was sie dort erwartete. Ob Sandrine recht behielt, und sie von dort fliehen konnten?

Katas Blick streifte den Schwingenflügler. Der Rumpf war provisorisch zusammengeheftet und brauchte noch einiges an Arbeit, bis daraus ein ansehnliches Flugobjekt wurde. Dafür lief der Motor und vermutlich waren sie der einzige Clan, der einen Probeflug wagen konnte. Zum ersten Mal hätte sie die Chance, einen Blick von oben auf das Camp zu werfen. Auf die Biosphäre. Und auf das, was sie drüben an der Küste erwartete.

Die Lautsprecher auf der Tribüne knackten. Dann verkündete Sabines Stimme, dass die Präsentation in wenigen Minuten starten würde. Lien wischte sich Öl von den Händen, sie hatte bis zum Schluss an den Ventilen geschraubt.

»Bleibt er wirklich oben?« Kata musterte den Flieger skeptisch. »Oder endet das Ganze mit einer Bauchlandung?«

Lien grinste. »Ich werde es herausfinden.«

Kata nickte nachdenklich und sah Lien bittend an. Diese runzelte die Stirn.

»Lass mich fliegen.« Kata neigte den Kopf und legte die Hände zusammen.

Entrüstet stemmte Lien beide Hände in ihre Taille. »Ich fliege«, rief sie. »Ich habe in einer Nacht-und-Nebel-Aktion das Ding zum Laufen gebracht, ich denke, mir steht es zu …«

»Bitte«, unterbrach Kata ihren Wortschwall.

Lien verstummte und presste die Lippen zusammen.

»Danke dir.« Kata nickte.

Drüben auf der Tribüne war das gesamte Lehrpersonal versammelt. Kata sah Tolu und Dilma in der obersten Reihe sitzen und gerade hatte Sabine die Treppe erreicht. Als sie Kata entdeckte, winkte sie diese zu sich.

»Hast du die Detail-Zeichnungen für die Flügel dabei?«, fragte sie und wirkte fast so aufgeregt wie die Clan-Member.

Kata schüttelte den Kopf.

»Dann hol sie doch bitte noch«, erwiderte Sabine.

»Das geht nicht, ich muss gleich fliegen«, stieß Kata hastig hervor.

»Ich dachte, Lien fliegt«, erwiderte Sabine stirnrunzelnd. Kata wollte protestieren, doch ihre Hausmutter winkte ab: »Bring mir bitte die Pläne. Jetzt.«

Wilhelm kam dazu und wollte sich einmischen, doch Sabine brachte ihn mit einem strengen Blick zum Schweigen. Kata biss sich auf die Lippen und rannte los. Der Weg zur Werkstatt kam ihr jetzt viel länger vor. Endlich hatte sie das Tor erreicht und stürmte in die große Halle. Vom Sportplatz war Wilhelms Stimme zu hören, der Wind trug einige Satzfetzen bis zu ihr. Die übliche Ansprache, wie vor jeder Präsentation.

Die restlichen Papiere lagen noch im Regal der Wölfe. Hastig suchte Kata nach dem Ausdruck, der die Flügelkonstruktion zeigte. Endlich bekam sie die Pläne zu fassen und machte sich auf den Weg zurück zur Tribüne. Drüben erklangen bereits erste Motorengeräusche. Kata rannte schneller. Heute sollten sie als erstes präsentieren. Wenn sie nicht bald am Sportgelände auftauchte, wäre Lien hocherfreut und würde sich wie geplant hinter das Steuer setzen. Damit hätte sie die beste Möglichkeit verpasst herauszufinden, was sie drüben an der Küste erwartete.

Kata war völlig außer Atem, als sie das Sportgelände erreichte. Natürlich saß Lien hinter dem Steuer. Mit einem triumphierenden Blick zu Kata startete sie den Motor. Der hustete sich nach mehreren Anläufen ins Leben, lief zunächst nur stotternd, doch dann beruhigte er sich allmählich. Nach weniger als einer Minute gab der Motor ein gleichmäßiges Geräusch von sich.

Kata horchte gebannt hinüber zum Startplatz, während sie zur Tribüne rannte. Wortlos drückte sie Sabine die Planungsrollen in die Hand. Bevor diese den Mund öffnen konnte, wandte sich Kata ab und rannte zum Schwingenflügler. Lien machte bereits Anstalten, mit dem Vogel in die Lüfte zu steigen, als Kata endlich bei ihr eintraf.

Mit einem Kopfnicken gab sie ihr zu verstehen, dass sie die Plätze tauschen wollte. Lien wirkte noch enttäuschter als zuvor. Umständlich kletterte sie aus dem Cockpit und sprang hinunter auf den Startplatz.

Vorsichtig kletterte Kata in das Steuerhaus, unter das sie zwei Räder montiert hatten. Sie achtete darauf, keine der provisorischen Verbindungen zu beschädigen. Endlich war sie drinnen und rutschte hinter das Steuerrad.

Lien hielt ihr den Helm entgegen. »Du hast die Ansprache verpasst«, erklärte sie mürrisch.

Kata zuckte mit den Achseln und nahm ihr den Helm ab.

»Wilhelm hat uns vor dem elektronischen Schutzschild gewarnt«, sprach Lien ungerührt weiter. »Schließt auch den Luftraum der schwimmenden Stadt ein.«

Kata schnaubte und stülpte sich die Hartschale über.

Lien ignorierte sie. »Wenn du dem Schutzschild zu nahekommst, geht der Flieger in Flammen auf.« Eindringlich blickte sie Kata an. »Sagt Wilhelm. Kapiert?«

»In Ordnung«, stieß Kata hervor. Dann wies sie auf die beiden Steuerknüppel vor sich und sah die andere fragend an.

Lien verdrehte die Augen, erklärte aber doch, wie sie steuern konnte.

Kata atmete tief durch und drückte den linken Hebel nach unten. Die Flügel begannen zu schlagen. Mit einem gemächlichen Flap-Flap-Flap zogen sie nach oben und wieder nach unten. Es entstand ein Sog, als sie Luft unter die Tragflächen pumpten. Die anderen begannen zu schieben und ihr Herz schlug bis zum Hals, als die Räder unter ihr ins Rollen kamen. Sie wartete noch ein paar Meter, bis genug Auftrieb entstand, der die Konstruktion nach oben trug. Dann zog sie den rechten Hebel zu sich heran und der Schwingenflügler hob vom Boden ab.

Ihr Herz machte einen Sprung, als sie spürte, wie der Flieger im Wind wankte. Das Gras unter ihr entfernte sich und begleitete sie noch etliche Meter, dann ließ sie die Plattform hinter sich und vor ihr öffnete sich das Blau des Wassers. Kata staunte über das Glitzern der Wasseroberfläche in der Sonne, dann folgte sie dem Verbindungssteg zum Dschungel. Die Kuppeln der Biosphäre kamen näher und die Sonne reflektierte in den Kunststoffkacheln. Der Motor vor ihren Knien brummte gleichförmig. Kata warf einen Blick nach unten, nur wenige Meter unter ihr mündete der Verbindungssteg in die mittlere Plattform des Dschungels.

Sie zog den Steuerknüppel weiter zu sich, die Schnauze des Schwingenflüglers hob sich und folgte der Rundung der Biosphäre. Etwa 50 Meter hoch ragten die drei Kuppeln in den Himmel. Endlich hatte Kata die höchste Stelle erreicht. Sie zog den Schwingenflügler in eine Linkskurve und flog die Mittellinie entlang.

Kata hielt den Atem an und beugte sich vor. Ihr Blick folgte der Küstenlinie, die etwa 1.000 Meter hinter der Biosphäre aus dem Wasser ragte. Sie konnte Felsen erkennen, verkrüppelte Büsche und eine hügelige Graslandschaft, die sich weit hinten am Horizont im Nichts verlor.

Kata drückte den Steuerknüppel weiter nach rechts und näherte sich der Außengrenze der schwimmenden Stadt. Das Atoll begann und endete an der Biosphäre. Von hier aus nicht zu erkennen war das engmaschige Edelstahlnetz darunter. Oberhalb des Atolls sollte der elektronische Schutzschild angeblich vor Angriffen von außen schützen.

Kata steuerte den Schwingenflügler so weit wie möglich an den äußeren Rand der Kuppeln. Aufgeregt spähte sie nach unten, dann blieb ihr Blick an einem Podest hängen. Winzig wirkte es von hier oben, doch im Vergleich zum Durchmesser der Biosphäre war Kata klar, dass es etwa zehn Meter in der Länge und fünf Meter in der Breite haben musste. Ein kleiner Steg. Und direkt davor lagen drei Boote. Ihr Herz klopfte wie verrückt. Hatte Sandrine also Recht behalten. Dort, hinter der Biosphäre, im Schatten der riesigen Kuppeln, gab es einen zweiten Ausgang aus der schwimmenden Stadt.

Hastig drückte sie den Steuerknüppel des Schwingenflüglers nach vorn. Fast zu spät, es fehlten nur noch wenige Zentimeter bis zum Schutzschild. Sollte es ihn wirklich geben, würde sie bei einer Kollision vermutlich in Flammen aufgehen.

Doch der Schreck war schnell vergessen. Kata war so glücklich, dass sie laut lachte. Sie zog den Steuerknüppel zu sich und die Schnauze des Schwingenflüglers zeigte nach oben. Vor der Präsentation hatten sie strikte Weisung erhalten, unter zwei Metern Flughöhe zu bleiben. Angeblich, damit es bei einem Absturz nicht zu schweren Verletzungen kommen konnte. Mit einem Blick nach oben fragte sich Kata, welche Form der elektronische Schutzschild hatte. Wie eine Kuppel? Dann hatte sie keine Chance. Oder wie ein Schlauch, nach oben offen? Dann könnte sie jetzt, genau jetzt, fliehen. Wie weit würde sie mit dem Schwingenflügler kommen?

Sie sah hinüber zum Sportgelände, wo alle gebannt ihren Flug verfolgten. Das wäre ein Abgang vor aller Augen und das Wachpersonal würde vermutlich nur Minuten brauchen, um sie mit den Schnellbooten zu verfolgen. Vielleicht würden sie sogar den Hubschrauber startklar machen, der drüben am Anleger im Depot stand.

Ob sie mit dem Schwingenflügler schnell genug wäre? Lien hatte von fünf Metern Flughöhe und 16 Knoten gesprochen. Die Küste war nur einen Kilometer entfernt. Doch wie ging es von dort aus weiter? Bei einer gemeinsamen Flucht mussten sie sich darauf verlassen, dass sie außerhalb der schwimmenden Stadt mit ihren Tablets ihren genauen Standort herausfinden würden. Aber heute?

Sehnsüchtig blickte Kata zur Küste hinüber. Ihr Blick wurde magisch von der schmalen Linie am Horizont angezogen, wo das Grün der Hügel und der blaue Himmel aufeinander trafen. Das war ihre Chance.

Kata packte den Steuerknüppel fester und starrte nach oben. Nur noch wenige Meter bis zur Mitte der schwimmenden Stadt. Wenn es ein Loch im Schutzschild gab, dann hier. Sie musste schnell sein und so weit sie konnte senkrecht nach oben steigen. Sie durfte nicht zögern, damit das Camp-Team keine Sekunde zu früh Verdacht schöpfte.

Erneut blickte sie zum Sportplatz. Die Clans beobachteten immer noch wie gebannt den Schwingenflügler. Kata musste an Fin denken und an Marks Worte. Wenn sie allein durchkam, hatten die anderen keine Chance mehr. Und wenn sie im Schutzschild verglühte, war niemandem geholfen.

Kata näherte sich dem Zentrum. Ihre Hand verkrampfte sich und der Motor dröhnte in ihren Ohren. Wenn sie es schaffte, konnte sie die Behörden informieren und die anderen hier herausholen. Vorausgesetzt, die Hilfe kam schnell genug. Würden die Wachen sie töten, hätte die Admiralin keinen Grund mehr zu warten: Sie würde das Experiment abbrechen.

Kata biss die Zähne zusammen. Dann lockerte sie ihre Hand und blickte ein letztes Mal sehnsüchtig zur Küste. Kata wendete den Schwingenflügler und nahm Kurs auf das Sportgelände.

Sie war nur noch wenige hundert Meter entfernt, als der Motor zu stottern begann und schließlich aussetzte. Entsetzt blickte Kata nach unten. Die Plattform lag etwa zwei Meter unter ihr, genug, um sich den Hals zu brechen und den Flieger zu schrotten. Entschlossen zog sie den Steuerknüppel zu sich und beide Flügel klappten zur vollen Spannbreite aus. Der Wind verfing sich in der Kunststoffbespannung und jetzt, da der Motor verstummt war, konnte Kata die Flügel im Wind surren hören.

Endlich kam die Rollbahn auf dem Sportgelände näher. Kata klammerte sich an den Sitz, da setzte der Flieger auch schon auf, holperte einige Meter weiter und kam schließlich zum Stehen. Der Rumpf kippte nach vorn und nur das rasche Zugreifen von Martin und Lien verhinderte, dass der Flieger auf die Schnauze fiel.

Wütend funkelte Lien sie an. »Du bist viel zu weit geflogen«, zischte sie. »So viel Sprit war nicht drin. Und überhaupt, warum warst du so dicht am Schutzschild. Da hätte locker der ganze Flieger in Flammen aufgehen können.«

Entschuldigend nickte Kata ihr zu und schlüpfte nach draußen. Sie stopfte ihre Hände in die Taschen ihrer Khakihose und schlenderte an den Rand des Sportgeländes, wo der Rest des Wolf-Clans sie aufgeregt plappernd erwartete.

Drüben auf der Rollbahn schoben Lien und Martin den Schwingenflügler zur Seite und der Clan der Bären machte sich startklar. Stolz präsentierte Mark den Rumpf des Tragschraubers, den sie in den vergangenen Wochen perfektioniert hatten. Die Sonne spiegelte sich in den Scheiben aus Plexiglas und der mit Kunststofflack überzogene Rumpf glänzte. Doch der Motor fehlte noch und Mark erläuterte dem Camp-Team auf der Tribüne, dass sie noch an den Zylinderkopfdichtungen dran waren, da diese bisher dem Druck nicht standhielten.

Dilma, die Hausmutter der Bären, nickte zufrieden. Offiziell lag noch ein weiteres halbes Jahr vor ihnen, genug Zeit, die Hochglanzkarosserie zum Fliegen zu bringen.

Im Anschluss präsentierten Lore und die Papageien ihr Luftschiff, dann die Delfine ein motorisiertes Schlauchboot, das sie zu einem Ultraleichtflugzeug umgebaut hatten. Am Ende zeigten die Gorillas ihren Flugschrauber. Betty kletterte hinter das Steuer und aus dem Stand erhob sich der Flieger einen Meter über die Rollbahn und driftete in der Brise, die vom offenen Meer über die Plattform strich, Richtung Tribüne. Doch eine halbe Minute später begann der Motor zu stottern und Flammen schlugen aus dem Gehäuse. Die Clan-Member stürzten mit Feuerlöschern heran und versenkten ihr Modell in einem Schaumteppich. Betty tauchte wenig später grinsend auf und versicherte Anton, dass der Flieger kaum Schaden genommen hatte.

Nach der Präsentation brachten die Clans ihre Modelle zurück in die Werkstatt und strömten in den Speisesaal. Dort ging es an diesem Abend lauter zu als sonst, die Erleichterung über die mehr oder weniger gelungenen Präsentationen war überall zu spüren.

Nach dem Essen zitierte Wilhelm Kata in sein Büro. Besorgt folgte sie ihm durch den Speisesaal hinauf in den ersten Stock und blieb mit verschränkten Armen vor seinem Schreibtisch stehen. Wilhelm musterte sie stirnrunzelnd, dann heftete er seinen Blick auf das Fenster, in dem sich in glühenden Farben der Sonnenuntergang spiegelte. Mit finsterer Miene hielt er ihr einen Vortrag, dass sie mit ihrem Alleingang ihr Leben aufs Spiel gesetzt hatte. Er würdigte sie keines Blickes und schien selbst zu merken, wie lächerlich das für sie klingen musste. Als er endlich schwieg musterte Kata ihn reglos, bis er sie ansah.

»Fertig?«, fragte sie ruhig.

Die Falten auf Wilhelms Stirn vertieften sich, doch er nickte.

Kata erwiderte seinen Blick ohne Regung. Dann wandte sie ihm den Rücken zu und ging.

20.

In den kommenden Tagen nutzten sie die Erfahrungen des Testflugs, um die Pläne für den Schwingenflügler zu korrigieren. Die Flügel hatten das Gewicht von Kata und der Kabine ohne Schwierigkeiten in der Luft gehalten, doch beim Landeanflug wäre er fast auf die Schnauze gekippt. Sie brauchten also eine neutrale Nullstellung, damit sie beim Aufsetzen keine Bruchlandung riskierten.

Heute wollten sich die Wölfe gleich nach dem Frühstück drüben in der Werkstatt treffen. Vorher musste Kata zur Ärztin, denn Leibold hatte nach der Präsentation verkündet, dass sie Kata nun jeden Morgen vor dem Frühstück oben im Untersuchungszimmer sehen wollte.

Kata saß wie schon die letzten beiden Tage vor dem Schreibtisch der Ärztin. Hier fiel es ihr deutlich schwerer, den Mund zu halten, als neulich bei Wilhelm. Sie war so wütend. Doch das letzte, was sie jetzt gebrauchen konnte, war Ärger und womöglich ein Arrest in der Baracke. Nur noch eine Woche Zeit bis zur geplanten Insemination. Also nur noch eine Woche Zeit, ihre Flucht zu planen.

Gerade hatte Leibold ihr wie jeden Morgen ein paar Fragen gestellt und schloss nun das Tablet. Kata erhob sich und ging zur Tür.

»Einen Moment noch«, erklang die Stimme der Ärztin hinter ihrem Rücken.

Kata erstarrte.

»Ich möchte noch kurz einen Ultraschall machen.«

Kata fuhr herum.

»Nur zur Sicherheit«, sagte Leibold und grinste falsch.

Kata folgte ihrem Blick zum Gynstuhl. Dann biss sie die Zähne zusammen und tappte zögernd hinüber zum Paravent, streifte ihre Hose ab und ließ die Unterhose folgen. Sie kehrte zurück zum Untersuchungsstuhl, setzte sich zwischen die Fußstützen und hob nacheinander ihre Beine in die Halterung. Kata sank nach hinten und starrte an die Decke, um Leibold nicht ansehen zu müssen.

Die Ärztin presste den Schallkopf auf Katas Unterbauch und zog kleine Kreise. Dann pfiff sie leise durch die Zähne. »Sieh an, schneller als erwartet«, murmelte sie zufrieden.

Beunruhigt hob Kata den Kopf. »Was ist schneller als erwartet?«

Die Ärztin hielt abwehrend die Hand hoch, änderte eine Einstellung am Ultraschallgerät und drückte den Schallkopf erneut auf Katas Unterbauch. Mit gerunzelter Stirn starrte sie auf den Bildschirm, dann wischte sie den Schallkopf ab und hängte ihn zurück. Sie schob das Ultraschallgerät zur Seite und packte Kata einige Lagen Papier auf den Bauch.

»Der Eisprung«, knurrte die Ärztin. »Schneller als erwartet, gut, dass ich einen Ultraschall gemacht habe.«

Katas Atem stockte. Sie wollte sich nichts anmerken lassen, griff wie betäubt nach dem Papier und wischte sich das glibberige Gel vom Bauch. »Das heißt?«, fragte sie, ließ das Papier vor dem Stuhl zu Boden fallen und rutschte nach unten. Ihre Strümpfe machten auf dem weiß gefliesten Boden kein Geräusch.

»Heute Nachmittag ist es soweit«, erwiderte die Ärztin mit einem zufriedenen Grinsen in der Stimme.

Kata schossen Tränen in die Augen. Wütend wischte sie sich die nassen Wangen und zog hastig ihre Sachen über. Dann baute sie sich vor dem Schreibtisch auf.

»Das können Sie nicht tun«, erklärte sie der Ärztin wütend.

Diese legte den Kopf zur Seite und blickte sie an wie eine gütige Großmutter: »Wie willst du das verhindern?«

Kata verschlug es die Sprache. Wütend stürmte sie hinaus, rannte die Treppen hinunter und quer durch den Speisesaal. Ihre Schritte klangen dumpf auf dem Steg, der zum Schlafhaus führte. Sie warf die Trennwand ihrer Schlafkoje zu, sodass diese beinahe zur Seite kippte. Schluchzend ließ sie sich aufs Bett fallen.

Die Tränen auf ihren Wangen brannten. Mit der Faust bearbeitete sie ihr Bett, bis eine tiefe Kuhle entstand. Warum war sie nicht längst geflohen? Vor ein paar Tagen war sie nur wenige Meter vom Schutzschild entfernt gewesen. Sie hätte einfach den Steuerknüppel nach oben ziehen können.

Allmählich ließ ihr Zorn nach und Kata musste daran denken, dass im Motor kaum noch Sprit gewesen war. Ihre

Chance, den Fluchtversuch zu überleben, wäre wohl nicht sehr groß gewesen.

»Kata?«, Lores Stimme klang ängstlich.

»Komm rein«, erwiderte Kata dumpf.

Lore schob die Trennwand einen Spalt zur Seite und quetschte sich hindurch. Sie ließ sich neben Kata aufs Bett fallen und griff nach ihrer Hand. »Was ist los?«

Kata schniefte und wischte sich wütend die Augen. »Mein Eisprung. Leibold sagt, heute Nachmittag ist es soweit. Die Insemination.«

Lore sog erschrocken den Atem ein. »Echt jetzt?«

Kata nickte und versuchte sich zusammenreißen. Doch als Lore die Arme um sie legte, konnte sie ihre Tränen nicht mehr zurückhalten. Sie legte ihren Kopf an Lores Schulter und weinte hemmungslos. Lore strich ihr über das Haar und wartete geduldig, bis Kata sich beruhigte.

Schließlich richtete Kata sich auf und griff schniefend nach dem Taschentuch, das Lore aus ihrer Hosentasche fischte. Sie wischte sich die Wangen und putzte sich die Nase.

»Knallrot, oder?« Kata sah Lore fragend an.

Diese erwiderte ihren Blick nachdenklich. Dann musste sie grinsen. »Verheult eben.«

Kata lachte und auch Lore prustete los. Zum ersten Mal seit der Untersuchung konnte Kata durchatmen. Dann wurde sie wieder ernst.

»Und jetzt?«, fragte Lore.

Kata zuckte mit den Achseln. Sie kuschelten sich auf Katas Bett zusammen.

»Irgendwie kriegen wir das hin«, flüsterte Lore, »wir haben schon so viel geschafft.«

Dann schwiegen sie gemeinsam. Einmal schlüpfte Lore aus der Schlafkoje, holte drüben am Tagesbuffet ein paar Nüsse und Früchte und schnappte sich zwei Flaschen Limonade.

Dann kehrte sie in die Schlafkoje zurück und kuschelte sich zu Kata ins Bett. Schweigend aßen sie Nüsse und tranken Limonade.

Irgendwann waren draußen Schritte zu hören, dann ein Klopfen. Kata und Lore erstarrten. Die Trennwand rollte zur Seite und Wilhelms Gesicht war zu sehen

»Du musst los«, sagte er ungerührt. »Es ist so weit.«

Kata schluckte. Zögernd erhob sie sich, schwang ihre Beine über den Bettrand und stand auf. Breitbeinig baute sie sich vor Wilhelm auf und verschränkte ihre Arme vor der Brust.

»Ich will das nicht«, erklärte sie fest und sah ihm geradewegs in die Augen.

»Du hast keine Wahl«, erwiderte er ruhig.

»Was wollt ihr tun?«, fragte Kata.

»Betäubung, Insemination, Baracke.« Wilhelm zog eine Augenbraue hoch. »Es liegt an dir.«

Kata starrte ihn an. Dann trat sie einen Schritt vor und trommelte mit beiden Fäusten auf seine Brust. »Ich will das nicht!«, schrie sie. »Ich will das nicht, ich will das nicht, ich will das nicht!« Ihre Stimme kippte.

Unbeteiligt schob Wilhelm sie zur Seite. Atemlos blieb Kata stehen und blickte hinüber zu Lore, die sich entsetzt die Hand vor den Mund geschlagen hatte.

Tränen rannen über Katas Wangen und vergeblich suchte sie in Wilhelms Gesicht nach Mitleid. Schließlich senkte sie den Kopf und auch ihre Schultern sanken nach vorn. Sie setzte einen Fuß vor, dann noch einen und noch einen. Wilhelm beobachtete sie stumm, dann folgte er ihr.

Kata erreichte die zurückgeschobene Trennwand ihrer Koje. Dort blieb sie erneut stehen und wandte sich an Wilhelm, der mit versteinertem Gesicht stehen blieb.

»Ich will das nicht«, sagte sie leise. »Damit das klar ist. Ihr zwingt mich dazu.«

Wilhelm runzelte die Stirn, dann ging er an ihr vorüber. Kata folgte ihm ins Hauptquartier. Auf dem Weg nach oben holte Anton sie ein.

Sein Atem ging schnell, er musste gelaufen sein. Jetzt drosselte er sein Tempo und ging neben Kata die Treppe hinauf.

»Na?«, sagte er und warf Kata einen spöttischen Blick zu. »Bereit?« Dann musste er über seinen eigenen Witz lachen.

Kata ballte die Faust und ihr Atem ging schneller.

Wilhelm schien zu ahnen, was in ihr vorging. Er machte ein paar schnelle Schritte und schob sich zwischen die beiden. »Ganz ruhig jetzt«, sagte er grimmig.

Kata senkte den Blick, sie konnte Antons grinsendes Gesicht nicht länger ertragen. Der Boden verschwamm vor ihren Augen. Endlich hatten sie das Zimmer der Ärztin erreicht.

»Man sieht sich«, sagte Anton feixend und verschwand in dem kleinen Labor nebenan.

Wilhelm riss die Tür auf und schob Kata hinein. Leibold erwartete sie bereits und zeigte auf den Stuhl vor ihrem Schreibtisch.

»Dauert noch ein paar Minuten«, murmelte sie mit Blick auf die schmale Tür nach nebenan. Drüben war dumpfes Poltern zu hören. Angewidert verzog Kata das Gesicht.

»Ich warte draußen«, sagte Wilhelm zur Ärztin, dann heftete er seinen Blick auf Kata. »Falls was sein sollte.«

Überrascht hob Leibold den Kopf und ihre Augen wanderten unter hoch gezogenen Augenbrauen von Kata zu Wilhelm. Dann nickte sie. Wilhelm trat hinaus in den Gang und zog lautlos die Tür hinter sich zu.

Die Ärztin vertiefte sich in ihre Unterlagen, tippte mehrere Minuten schweigend. Dann stand sie auf, ging zum Gynstuhl und legte einige Instrumente bereit. Schließlich kehrte sie zum Schreibtisch zurück.

»Es wird wohl gleich soweit sein. Du kannst dich allmählich

fertig machen.« Leibold deutete mit dem Kinn zum Paravent und trat dann hinaus in den Gang.

Kata schloss die Augen und fragte sich, ob es eine letzte Chance gab hier herauszukommen. Wilhelm fiel ihr ein, der draußen vor der Tür stand, und die Wachen, die im Hauptquartier so gut wie nie zu sehen waren. Doch es hatte schon einige Vorfälle gegeben und es dauerte immer nur wenige Sekunden, bis mehrere schwer bewaffnete Wachen zur Stelle waren.

Es fiel ihr schwer aufzustehen, sie fühlte sich steif und ungelenk. Zögernd ging Kata hinüber zum Paravent, streifte die Schuhe ab, schlüpfte aus der Hose, dann aus der Unterhose. Beides warf sie auf den Hocker. Mit zitternden Knien ging sie hinüber zum Gynstuhl und setzte sich zwischen die Beinstützen. Kata senkte den Kopf und konzentrierte sich auf die Geräusche. Draußen waren Schritte zu hören, die sich der Tür näherten und wieder verklangen. Motorengeräusche drangen durch das Fenster, vielleicht unternahmen die Delfine einen weiteren Probeflug mit ihrem fliegenden Motorboot.

Tief sog sie den Atem ein. Es roch streng nach Desinfektionsmittel, muffig nach alten Unterlagen und etwas süßlich nach Reinigungsmittel. Darüber lag der Körpergeruch der Ärztin, scharf, gepaart mit dem menschlichen Schweiß weiterer Personen.

Kata schrak hoch, als die Tür aufgestoßen wurde.

Leibold kehrte zurück und ihre Stimme klang zufrieden, als sie sagte: »Du bist so weit.«

In der rechten Hand trug sie einen Becher, den sie vorsichtig auf ihrem Labortisch abstellte. »Na, dann wollen wir mal.« Sie streifte die dünnen Handschuhe ab, wusch sich die Hände und zog frische Handschuhe über. »Bitte«, sagte sie und wandte sich zu Kata, die noch immer reglos auf dem Gynstuhl saß.

Kata ließ sich nach hinten fallen und legte erst das eine, dann das andere Bein in die Beinstützen. Leibold blinzelte ihr lächelnd zu, sie schien sich bestens zu amüsieren. Dann trat sie zwischen Katas Beine.

Kata schloss die Augen und dachte an den Dschungel. An die Küste, drüben, gleich hinter der Biosphäre. Wenn sie es bis dort schaffen würden, dann könnten sie fliehen. Die Welt sehen, andere Menschen kennenlernen, leben. Zum ersten Mal wirklich leben.

Dann war es vorbei. Sie hörte, wie die Ärztin zur Seite trat. Kata öffnete die Augen und starrte zur Decke. Drüben klapperte etwas, dann schloss sich geräuschvoll der Deckel des Laboreimers.

»Das war's«, sagte die Ärztin munter. »Warte noch zwei Sekunden, dann kannst du dich wieder anziehen.« Schritte waren zu hören, dann das Knarren des Schreibtischstuhls.

»Wenn sich das befruchtete Ei in ein paar Tagen in deiner Gebärmutterschleimhaut einnistet, kommt es zu einer Hormonumstellung«, erläuterte die Ärztin zerstreut über das Klappern der Tastatur hinweg.

Kata hob den Kopf. »So weit habe ich in Bio aufgepasst.«

Geistesabwesend wandte die Ärztin den Blick von ihrem Bildschirm und grinste Kata an. »Dann weißt du sicher auch, dass jede Frau anders auf die Hormonumstellung reagiert. Da könnte noch die ein oder andere Überraschung drin sein.«

Kata starrte sie entsetzt an. »Psychisch.«

»Mal sehen«, erwiderte Leibold und ihr Grinsen verstärkte sich. »Bei euch weiß man ja nie so genau.«

Kata schluckte und ließ den Kopf sinken. Sie setzte erst den einen, dann den anderen Fuß auf den Boden. Mit hängenden Schultern tappte sie hinüber zum Paravent. Ihr Atem ging schnell wie nach einem Lauf durch den Cube.

Sie griff nach ihrer Unterhose. Sie spürte, wie eine warme, klebrige Flüssigkeit aus ihrer Vagina tropfte. Entsetzt fuhr sie über die Innenseite ihres rechten Beins. Sie hob die Hand und farbloser Schleim klebte zwischen ihren Fingern. Angewidert streifte sie ihn an der Innenseite des Paravents ab. Die Tränen auf ihren Wangen fühlten sich seltsam fremd an und ein Würgereiz schüttelte sie. Fast schien es, als hätte bereits etwas anderes von ihrem Körper Besitz ergriffen.

21.

Am liebsten hätte Kata den Rest des Tages unter der Dusche verbracht. Doch drüben warteten die anderen bereits auf sie. Also drehte sie das Wasser ab und machte sich rasch fertig.

Lore, Elli und Mark warteten auf der großen Plattform. Angespannt sahen sie ihr entgegen, Kata konnte ihre Blicke kaum ertragen. Schließlich bestätigte sie mit einem Nicken, dass die Insemination stattgefunden hatte. Mehr konnte sie im Moment nicht tun, sonst hätte der Ekel sie überwältigt.

Als Kata Marks entsetztes Gesicht bemerkte, durchfuhr es sie kalt. Sie sah ihn an und hielt seine Augen fest. Sie spürte ein ungewohntes Kribbeln, das über ihren Rücken bis in die Fingerspitzen schoss. Kata wandte den Kopf und begegnete Lores nachdenklichem Blick, der erst an ihr hängenblieb, und dann zu Mark wanderte.

Kata richtete sich auf. »Jetzt erst recht«, sagte sie und zum ersten Mal seit der Insemination hatte sie das Gefühl, wieder in ihrem Körper angekommen zu sein. Sie atmete tief durch: »Jetzt erst recht.«

Die anderen starrten sie überrascht an. Die Plattform begann zu schaukeln, dann landete Anton vor ihren Füßen. Elli wurde bleich und klammerte sich an ihr Sicherheitsseil. Wie immer löste der Gorilla sein Sicherheitsseil, ohne sich auf der Plattform einzuklinken. Er setzte sich zu den anderen und als sein Blick auf Kata fiel, breitete sich ein Grinsen auf seinem Gesicht aus.

»Hey«, herrschte Lore ihn an, »das kannst du dir sparen.«

»Wieso?«, Anton zog die Schultern hoch und machte ein unschuldiges Gesicht. »Echt jetzt. Es geht ihr doch gut.«

»Wir sind verdammte Versuchskaninchen«, knurrte Kata.

Anton drehte grinsend die Handflächen nach oben. »Und?«

»Wir werden in einigen Wochen beseitigt, schon vergessen?«, stieß Kata hervor. »Alle! Experiment beendet.«

Das Grinsen wich aus Antons Gesicht.

»Warum eigentlich?«, fragte Mark. »Habt ihr eine Idee?«

»Die Admiralin hat davon gesprochen, nachdem die beiden Männer hier waren«, erwiderte Kata nachdenklich. »Vielleicht ist das Experiment aufgeflogen und sie will jetzt alle Beweise vernichten.«

Die anderen schwiegen betroffen. Anton öffnete den Mund, doch als sein Blick auf Lore fiel, die ihn wütend anfunkelte, schloss er ihn wieder.

»Ich muss so schnell wie möglich hier heraus«, fuhr Kata entschieden fort. »Ich muss dieses …« Sie schluckte. Dann fuhr sie hastig fort: »Ich muss es loswerden. So schnell wie möglich. Noch bevor aus den Zellen ein Fötus wird.«

»Vielleicht nistet es sich nicht ein«, erwiderte Lore, doch ihr Gesichtsausdruck verriet, dass sie selbst nicht daran glaubte. »Wann weißt du es?«

Kata zuckte mit den Achseln. »Leibold sagt, es braucht ein paar Tage. Wenn der …«, sie stockte, »… der Zellhaufen sich einnistet, wird das Schwangerschaftshormon HCG gebildet. Wissen wir aber erst in ein paar Tagen.«

»Hormone«, murmelte Anton und wieder legte sich ein Grinsen über sein Gesicht.

Lore warf ihm einen vernichtenden Blick zu.

»Vielleicht nistet es sich nicht ein«, sagte Elli nachdenklich. »Du hattest doch vor Kurzem die ungewöhnliche Blutung und der Eisprung war auch zu früh. Kann sein, dass dein Zyklus durcheinander ist, dann klappt es vielleicht nicht.«

Mark wurde unruhig, Ellis Worte schienen ihm Unbehagen zu bereiten.

Kata biss sich auf die Lippen und schüttelte den Kopf. »Ich will auf jeden Fall so schnell wie möglich hier heraus«, erklärte sie entschieden. »Heute Nacht könnten wir es versuchen.«

Entsetzt starrte Lore sie an. »Aber das ist doch viel zu früh!« Ihre Stimme überschlug sich. »Die anderen wissen nicht Bescheid. Wir sind nicht vorbereitet!«

Mark richtete sich auf, er schien wieder zur Ruhe gekommen zu sein. »Wir haben die Tür noch nicht gefunden«, erklärte er.

»Ich habe sie gesehen«, erklärte Kata zufrieden.

»Die Tür?« Mark blickte sie fragend an.

Kata schüttelte den Kopf und biss sich auf die Lippen, als sie die enttäuschten Blicke der anderen sah. »Eine Plattform«, erklärte sie hastig. »Direkt hinter dem Dschungel. Habe ich bei meinem Testflug gesehen. Nördliche Kuppel. Drei Boote waren dort festgemacht.«

»Deshalb der lange Flug«, murmelte Lore.

Kata nickte.

»Wo es eine Plattform gibt, muss es auch einen Ausgang geben.« Antons Augen glänzten. »Von mir aus kann es heute Nacht losgehen.«

»Das wäre Wahnsinn«, protestierte Elli. »Wir brauchen noch mindestens zwei Wochen.«

»Ihr seid vielleicht Schisser.« Verächtlich musterte Anton die anderen. »Wir sterben ohnehin. Entweder auf der Flucht oder hier im Hauptquartier.«

Elli, Lore und Mark schwiegen betroffen. Kata sah Anton überrascht an und war froh, einen Mitstreiter gefunden zu haben. Ausgerechnet ihn.

»Das hat mit Angst nichts zu tun«, fuhr Mark ihn an. »Sondern mit Vernunft.« Eine steile Falte grub sich zwischen seine Augen.

»Wir tragen die Verantwortung für die anderen«, ergänzte Elli mit fester Stimme.

»Das ist doch dummes Gerede«, knurrte Anton. »Benehmt euch doch endlich wie Erwachsene und sülzt hier nicht so rum. Es geht schließlich um das Leben von allen. Ich schaff das schon, euch heil hier herauszubringen.«

Elli schwieg überrascht. Mark schnaubte verächtlich.

»Du«, erwiderte Kata und verzog das Gesicht.

»Ja, ich«, erklärte Anton und reckte selbstzufrieden den Kopf. »Ich werde nicht von Hormonen gesteuert.«

Kata sprang auf. »Du bist eine einzige verdammte Hormonschleuder«, zischte sie wütend und ballte die Fäuste.

Die Plattform begann zu schwanken und entsetzt klammerte sich Elli an die Sicherheitsleine.

Der Chief der Gorillas erhob sich. Sein verkniffener Mund verriet, dass Katas Worte ihn getroffen hatten.

Sie standen erhobenen Hauptes voreinander und ließen sich nicht aus den Augen. Ihr Atem ging schwer.

»Super«, sagte Elli mit sarkastischem Unterton. »Ihr prügelt euch am besten jetzt gleich. Dann war's das mit der Flucht. Wir haben sowieso kaum eine Chance, lebend hier herauskommen. Aber mit zwei prügelnden Clan-Chiefs sinkt unsere Chance auf ein sensationelles Minus.«

Betroffen sah Kata sie an.

»Wer ist auf meiner Seite?«, fragte Anton und blickte sich herausfordernd um.

Elli erwiderte seinen Blick ohne Regung. Mark senkte stumm den Kopf und sah zu Lore, die ihren Blick auf Kata heftete. Kein Wort fiel.

Fassungslos musterte Anton die anderen. Als er sich Kata

zuwandte, grinste diese triumphierend. Provokant hob sie die Augenbrauen.

»Ihr könnt mich mal«, zischte Anton, klinkte seinen Gurt in den Karabinerhaken der Seilrutsche und sprang ohne ein weiteres Wort hinüber zum Felsen.

Die Plattform schwankte und Elli gab ein leises Geräusch von sich. Nachdenklich sah Kata ihm nach. Anton kletterte in Windeseile den Felsen hinunter. Sie kehrte zu den anderen zurück und setzte sich.

»Das wird nichts«, sagte Elli und schüttelte energisch den Kopf. »Zwei zerstrittene Clan-Chiefs, die kein vernünftiges Wort miteinander wechseln. Die Clan-Member wissen von nichts und die Zeit läuft davon. Das kann nichts werden.«

In dieser Nacht lag Kata lange wach. Ihre Hand ruhte auf ihrem Unterleib. Sie wollte sich lieber nicht vorstellen, was darin gerade vorging. Mehr Gedanken machte ihr im Moment die Auseinandersetzung mit Anton. Heute Abend hatte Lore sie gebeten, beim Chief der Gorillas zu Kreuze zu kriechen.

»Und dann?«, hatte Kata zurückgefragt. »Glaubst du wirklich, Anton schafft es, so ruhig und besonnen zu bleiben, dass unsere Flucht eine Chance hat?«

Lores Schweigen war Antwort genug gewesen. Kata sah hinauf an die Decke, wo der Mond lange Schatten warf. Am liebsten wäre sie jetzt sofort aufgebrochen. Doch damit hätte sie die anderen gefährdet. Aber wie sollte es gehen mit ihr und Anton?

Über Stunden konnte Kata nicht schlafen, ihre Gedanken kreisten unablässig um ihre Flucht. Am nächsten Morgen fühlte sie sich wie gerädert. Sie quälte sich aus dem Bett und griff nach ihrem Bademantel, als die Trennwand zur Seite geschoben wurde.

Überrascht blickte sie auf. So früh ließ sich normalerweise niemand hier blicken.

Die Trennwand rollte zur Seite und in der Öffnung tauchte Mias Gesicht auf. »Hast du einen Moment?«

Überrascht hielt Kata inne. »Klar.«

Mia machte ein paar Schritte in Katas Koje und sah sich neugierig um.

»Was willst du?« Kata zog die Augenbrauen zusammen.

Früher war Mia öfter in ihrer Koje gewesen, doch seitdem sie mit Anton zusammen war, hatte sie sich hier nicht mehr blicken lassen.

»Anton«, erwiderte Mia und grinste. Dann drehte sie der Kamera den Rücken zu und wechselte zur Gebärdensprache. »Er möchte, dass ich dir was ausrichte.«

Überrascht hob Kata die Augenbrauen.

Mia zuckte mit den Achseln. »Ihr beide könnt nicht besonders gut miteinander.«

»Weiß er, dass du hier bist?«

Mia nickte. »Klar«, erwiderten ihre Hände und fuhren rasch fort: »Er ist einverstanden, wenn du das Sagen hast.«

Nachdenklich starrte Kata sie an. »Woher weißt du ...?« Aber sie musste nicht weitersprechen. Mias Augen verrieten alles. Der Angeber hatte sich bei seiner Freundin ausgekotzt.

»Er will nur nicht, dass es vor den anderen so aussieht, als würde er vor dir einknicken«, fuhr Mia unbeirrt fort.

Das sah dem Gorilla ähnlich, Kooperation mit Schwäche zu verwechseln.

»Deshalb schickt er dich?«, formten Katas Lippen, um Zeit zum Nachdenken zu gewinnen.

Mia nickte. Ihr Blick fiel auf Katas Bauch und blieb dort hängen.

»Also wird er machen, was ich sage«, erwiderte Kata tonlos, zog ihren Bademantel enger und schlang den Gürtel um ihre Taille.

Mia hob den Kopf und zuckte mit den Achseln. »Sicher nicht

auf Anhieb, denn das würde ja so aussehen, als ob er sich dir unterordnet.«

»Klar«, erwiderte Kata und schnaubte.

»Aber am Ende – ja.« Mia strich sich das Haar aus dem Gesicht und ließ Kata nicht aus den Augen.

Kata betrachtete Mia nachdenklich. Das war nicht gerade eine gute Basis, aber vielleicht das Beste, was sie im Moment kriegen konnte. »Ist in Ordnung«, murmelte sie. »Sag ihm das.«

Mia grinste, dann nickte sie. Wortlos kehrte sie hinter die Trennwand zurück und schloss sie wieder, ohne sich umzusehen.

Kata machte sich auf den Weg in den Waschraum, dabei gingen ihr Mias Worte durch den Kopf. Warum hatte Anton Mia mit dem Friedensangebot zu ihr geschickt?

Selbst im Speisesaal ließ sie die kleine Szene nicht los. Neugierig warf sie einen Blick zu Mia, die schweigend neben ihr frühstückte. Schließlich mahnte sich Kata, zur Tagesordnung zurückzukehren, um nicht wieder den Verdacht auf sich zu lenken. Egal, wie es zu einer Zusammenarbeit zwischen ihr und Anton kam, Hauptsache, es funktionierte. Kata wandte sich ihrem Frühstück zu und schaufelte geistesabwesend einige Löffel Hirsebrei in sich hinein.

»Morgen findet das nächste Training statt!«

Kata fuhr hoch. Sie hatte nicht bemerkt, dass Wilhelm aufgestanden war.

Er hielt seine Tasse in der Hand und nahm einen Schluck, bevor er weitersprach. »Zwei Tage. Packt bitte wieder euren Schlafsack und die Isomatte ein. Wir treffen uns morgen früh Punkt acht Uhr auf dem Sportgelände.«

Erleichtert schloss Kata für einen Moment die Augen. Zwei Tage. Genug Zeit, um die Tür zu finden. Das könnte den Durchbruch bringen.

22.

Als sie am nächsten Morgen beim Frühstück saßen, begann es zu regnen. Kata trat auf den Steg, der das Hauptquartier mit den Schlafhäusern verband. Regentropfen sprühten ihr ins Gesicht und trafen ihr Haar. Sie zog den Kopf zwischen die Schultern und rannte los. Zwei Minuten später schlüpfte sie in die Eingangshalle ihres Schlafhauses. Der Regen hatte ihre Jacke durchnässt und rann in langen Fäden aus ihrem Haar. Kata wischte sich das Wasser aus dem Gesicht und nahm immer zwei Stufen auf einmal. Einige der Clan-Member kamen ihr mit vollem Gepäck entgegen. Auch Kata wollte sich gleich auf den Weg machen, hinüber zum Sportgelände, sie brauchte nur noch ihre Sachen.

In ihrer Schlafkoje angekommen, schnappte sie sich Regenjacke und Rucksack und kehrte auf die Treppe zurück. Sie blieb noch kurz in der Eingangshalle stehen und zog sich die Kapuze über den Kopf. Als sie aus dem Windschatten des Eingangs auf den Steg trat, verfing sich der Wind in ihrem Rucksack und brachte den offenstehenden Deckel zum Flattern. Vor ihr trabten zwei der Jüngsten.

»Es stürmt«, rief Ute und reckte ihren Hals. Die Wassertropfen in ihrem Gesicht machten ihr sichtlich Spaß. »Gehen wir trotzdem?«

»Klar«, erwiderte Kata.

Auf dem Sportgelände standen die Clan-Member in kleineren und größeren Gruppen zusammen. Die meisten hatten die Schultern hochgezogen und trugen ihre Kapuzen tief in die Stirn gezogen. Gesprächsfetzen und Gelächter wehte zu Kata herüber. Ab und zu fegte ein Windstoß zwischen die Wartenden.

»Jetzt kommt schon«, rief Wilhelm gegen den Wind und winkte die Nachzügler heran, die noch im Schutz der Tribünen warteten. Einige fummelten im Gehen an ihren Jacken herum, während sie sich gegen den Wind stemmten.

Kata entdeckte Lore, die sich durch die Massen drängte und sie fast schon erreicht hatte, als sie in einer Gruppe laut schnatternder Papageien stecken blieb.

»He«, rief die Freundin entrüstet und zog ihren Rucksack an sich, um sich zwischen den Clan-Membern durchzuschlängeln. »Lasst mich doch mal durch!«

Sie schob Cai zur Seite, der, ohne auf sie zu achten, einen Schritt weiterging. Lore packte die Riemen ihres Rucksacks fester und schaffte es schließlich durchzukommen. Die Lücke hinter ihr schloss sich wieder.

»Kein Respekt vor dem Alter«, murmelte Lore empört und blieb neben Kata stehen. »Mistwetter«, schimpfte sie dann und ließ ihren Rucksack zu Boden fallen.

Kata lachte.

»Ob wir heute die Türe finden?«, flüsterte Lore ihr ins Ohr und sah hinüber zu Anton, der mit Betty und Mike scherzte und die beiden Clan-Chiefs keines Blickes würdigte.

»Hoffentlich«, erwiderte Kata leise. Sie schwang den Rucksack vom Rücken, schloss den Deckel und schlüpfte wieder in die Riemen.

»Geht's schon los?«, rief Fin atemlos und fummelt hektisch an seinem Rucksack, der zwischen seinen Beinen klemmte.

Kata trat einen Schritt zur Seite, um Wilhelm beobachten zu können. Der Hausvater der Wölfe sprach mit gesenktem Kopf in sein Telefon. Kata zuckte mit den Achseln und zog ihre Kapuze zurecht. Ein Schwall Wasser ergoss sich auf ihre Schulter, rann an ihrem Arm entlang und tropfte zu Boden.

Wilhelm beendete sein Gespräch mit ernstem Gesicht und stopfte das Telefon zurück in seine Jackentasche. Er baute sich vor den Clans auf und verschränkte die Arme vor der Brust. Einige Male öffnete er den Mund. Kata konnte nur wenig hören, doch er schien mehrfach »He!« zu rufen. Allmählich verstummten die Gespräche, dann war nur noch das Rauschen des Regens zu hören.

»Die Admiralin hat das Training abgesagt«, verkündete Wilhelm mit finsterer Miene.

Enttäuschung zeichnete sich auf den erwartungsvoll hochgereckten Gesichtern ab, einige protestieren lautstark.

»Geht nicht anders, das komplette Camp-Team muss zu einem Meeting, auch Mimi und Gerard.« Er zog den Kopf ein und stapfte in Richtung Hauptquartiert davon.

Stirnrunzelnd sah Kata ihm nach. Was hatte das nun schon wieder zu bedeuten? Sie konnte sich nicht erinnern, dass es früher solche Treffen gegeben hatte.

Als sie sich umwandte, sah sie das Entsetzen auf Lores Gesicht. »Verdammt«, flüsterte sie.

Kata räusperte sich und beugte sich vor, als wolle sie Lore zum Trost umarmen. »Wir holen das Training mit Sicherheit in den nächsten Tagen nach«, flüsterte sie Lore ins Ohr, »keine Sorge, wir werden die Tür schon rechtzeitig finden.«

Missmutig machten sie sich auf den Weg zurück. In ihrer Schlafkoje angekommen, streifte Kata die nassen Sachen ab, rieb sich mit einem Handtuch die Haare und schlüpfte in trockene Jeans und ein frisches T-Shirt. Zitternd schlüpfte sie in ihr Bett und zog die Decke bis unters Kinn. Sie wollte nur einige Minuten bleiben, bis ihr wieder warm war.

Sie musste eingeschlafen sein. Als Kata aus einem unruhigen Schlaf hochschreckte, hatte es aufgehört zu regnen und die Sonne stand hoch am Himmel. Kichern und Lachen auf der Treppe verrieten, dass die Wölfe auf dem Weg hinüber zum Speisesaal waren.

Kata schlug die Decke zur Seite und sprang aus dem Bett. »Mist«, entfuhr es ihr, als sie mit dem rechten Fuß auf ihre

Jacke trat. Sie spürte die Nässe durch ihre Socke hindurch. Kata griff nach den feuchten Klamotten und drapierte sie über ihren Stuhl. Sie tastete nach der feuchten Socke und erwog, die nassen Sachen gegen trockene Kleidung auszutauschen. Doch mit einem Blick auf ihr Datenarmband verwarf sie den Gedanken wieder. Hastig schlüpfte sie in ihre Schuhe und machte sich ebenfalls auf den Weg zum Speisesaal.

Die meisten hatten sich schon am Buffet bedient und saßen an den Tischen ihrer Clans. Etliche Schüsseln auf dem Buffet waren leer. Kata schnappte sich einen Teller, legte zwei Hähnchenspieße darauf und schaufelte Reis und Kochbananen daneben. Als sie aufsah, bemerkte sie Sandrine, die ihren Blick festhielt und dann nach dem Servierwagen griff, der mit vollen Platten und Schüsseln neben ihr stand.

Kata nahm sich einen weiteren Löffel Reis und blieb vor einer leeren Schüssel stehen. Grinsend wartete sie auf Sandrine, die Nachschub brachte.

Sandrine schob den Servierwagen dicht an das Buffet heran, griff sich die Schüssel mit Bohnensalat und trat neben Kata an das Buffet. Sie nahm die leere Schüssel an sich und platzierte an deren Stelle die gefüllte.

»Ihr müsst so schnell wie möglich hier weg«, sagte sie leise zu Kata und rückte die Schüssel auf dem Buffet zurecht.

»Was?«, entfuhr es Kata überrascht.

Warnend hob Sandrine die Augenbrauen.

»Mit Petersilie mag ich die schwarzen Bohnen am liebsten«, erwiderte Kata und grinste. Sie griff nach dem Löffel und häufte sich etwas Salat auf den Teller.

»Spätestens in zwei Tagen müsst ihr weg sein«, sagte Sandrine leise und stellte die leere Schüssel auf den Servierwagen. »Alle.« Sie packte den Griff und ging weiter am Buffet entlang, den Blick fest auf die Platten und Schüsseln gerichtet.

Betroffen blickte Kata auf ihren Teller und zwang sich, Sandrine nicht nachzusehen. Nachdenklich ging sie hinüber zum Tisch der Wölfe und ließ sich auf ihren Platz fallen. So schnell wie möglich schlang sie ihr Essen hinunter. Mia blickte erstaunt auf Katas Teller, der sich rasch leerte, doch sie schwieg. Kata verputzte den letzten Löffel Reis, griff noch kauend nach ihrem Teller und schlenderte betont langsam zum Laufband.

Drüben am Buffet stand Lore und holte sich gerade Nachschlag. »Um 13 Uhr auf der großen Plattform«, flüsterte Kata ihr im Vorübergehen zu. »Die anderen auch.«

Zehn Minuten später schwang sich Kata auf die leere Plattform. Sie war die erste und warf besorgt einen Blick auf ihr Datenarmband. Noch sieben Minuten. Kurz darauf traf Lore ein, wenig später Mark und Elli.

Punkt 13 Uhr schwang sich auch Anton auf die Plattform. Er klinkte seinen Sicherheitsgurt aus und setzte sich. »Was ist los?«

»In spätestens zwei Tagen sollten wir abhauen«, begann Kata. Überrascht hob Lore den Kopf, auch Elli und Mark starrten sie an.

»Sagt wer?«, fragte Anton spöttisch.

»Sandrine«, erwiderte Kata.

»Warum glaubst du eigentlich dieser Küchentante?«

Kata biss die Zähne zusammen. »Sandrine ist absolut vertrauenswürdig«, zischte sie und ihre Nasenflügel bebten.

»Wenn es nach mir ginge, wären wir längst weg«, erwiderte Anton und zuckte mit den Achseln. »Also dann, lasst uns endlich aufbrechen.«

»Wir haben die Tür im Dschungel noch nicht gefunden«, warf Lore mit großen Augen ein. »Schon vergessen?«

»Dann müssen wir eben weitersuchen, wenn wir dort sind«, erwiderte Kata. »Es fehlen uns nur noch ein paar Meter, da muss sie irgendwo sein.«

»Was, wenn nicht?«, fragte Anton spöttisch.

Kata sah ihn stumm an, dann wandte sie sich an Lore. »Das werden wir schaffen. Sandrine sagt, die Tür ist in der Savanne. Ich habe die Plattform hinter der Kuppel gesehen. Jetzt fehlt nur noch die Verbindung. Bisher konnte ich mich immer auf Sandrine verlassen.«

»Wollen wir's hoffen«, brummte Anton. »War die Küchentante eigentlich jemals im Dschungel?«

Ellis Augen weiteten sich. »War sie?«, flüsterte sie.

Kata zuckte die Schultern. »Keine Ahnung«, erwiderte sie, »aber sie wird wissen, wovon sie spricht.«

»Heute Nacht geht's los«, warf Anton ein.

»Das ist viel zu früh«, herrschte Kata ihn an. »Wir haben keine Chance, wenn wir überstürzt aufbrechen!«

Anton gab ein Knurren von sich. Seine Oberlippe hob sich, sodass seine Schneidezähne zu sehen waren. Die anderen starrten ihn entsetzt an. Reglos erwiderte Kata seinen Blick und fragte sich, ob er gehen würde. Doch er blieb.

Kata entspannte sich. »Besser morgen Nacht«, erwiderte sie ruhig, »dann haben wir noch Zeit für Vorbereitungen.«

»Vorbereitungen.« Anton verzog verächtlich seinen Mund. »Alle haben ihre gepackten Rucksäcke noch in den Kojen stehen. Wilhelm hat klare Anweisung gegeben, die Rucksäcke erst morgen auszupacken, damit wir wie immer zum Unterricht gehen können.«

»Stimmt.« Kata nickte nachdenklich.

»Also heute Nacht«, sagte Anton nachdrücklich. »Dann bleibt dem Camp-Team weniger Zeit, uns auf die Schliche zu kommen.«

Nachdenklich musterte Kata ihn, dann sah sie zu den anderen. Schließlich nickte sie. »In Ordnung«, erwiderte sie entschlossen. »Heute Nacht.«

Die Entscheidung war gefallen. Endlich. Eine Welle der Erleichterung durchströmte Kata. Sie brauchten nur zehn Minuten, dann stand ihr Plan. Kata hätte gern mehr Zeit für die Planung gehabt, doch sie hatten keine Wahl.

Die Clan-Chiefs nutzten die kommenden Stunden, um die anderen einzuweihen. Wie ein Lauffeuer verbreitete sich die Nachricht. Kata fürchtete, dass die Jüngsten zu aufgeregt sein würden, doch beim Abendessen spielten alle perfekt Theater. Nur wer genau hinsah, hätte merken können, dass die Kleinsten ein wenig aufgedrehter waren als sonst.

Doch das Camp-Team war mit sich selbst beschäftigt. Kata beobachtete, wie etliche die Köpfe zusammensteckten und mit bedrückten Mienen diskutierten. Selbst Sabine wirkte angespannt und wich ihrem Blick aus.

Nach dem Abendessen ging Kata in ihre Schlafkoje, streifte ihren Schwimmanzug über und kehrte zurück auf den Steg. Der Mond schickte einen ersten schimmernden Streifen über die dunkle Linie weit hinten am Horizont. Kata stieß sich kräftig vom Steg ab und genoss das Gefühl, als das nachtschwarze Wasser über ihrem Kopf zusammenschlug. Die Welt wurde leise. Sie ließ sich nach oben treiben und glitt mit geschlossenen Augen durch die Kälte. Der Wind strich über ihre Wangen. Schließlich schwang sie sich auf den Steg und griff nach ihrem Handtuch.

Sie zog sich um und kehrte in den Wohnraum zurück. Lien und Martin begegneten ihr auf dem Steg und nickten ihr zu. Elli musste inzwischen mit ihnen gesprochen haben. Kata zwang sich dazu, wie jeden Abend in ihrer Lieblingsecke zu sitzen und zu lesen. Lore kam vorbei und leistete ihr einige Minuten Gesellschaft. Sie plauderten über die Jahresaufgabe und das neue Material, das Dilma besorgt hatte, um die Flügel zu verstärken. Dann wünschten sie sich wie jeden Abend eine gute Nacht und wagten dabei kaum, sich anzusehen.

Kata kehrte in das Schlafhaus der Wölfe zurück. Sie ging zu Fin hinauf, der sich über ihren Besuch freute. Als er sie löchern wollte, schüttelte Kata den Kopf, sah zur Kamera und legte den Fingern auf ihre Lippen. Fin verdrehte die Augen, doch er stellte keine weiteren Fragen.

Kata machte die Gebärde für Rucksack und Fin zeigte hinter sein Bett, wo sein Rucksack unausgepackt in der Ecke lehnte. Leise bat sie ihn, mit ihr nach unten zu kommen und heute Nacht bei ihr zu schlafen. Er nickte und hüpfte mit nackten Füßen neben ihr die Treppe hinunter. Unten kuschelte er sich in ihr Bett. Kata strich ihm über die Wange.

»Schlaf noch ein wenig«, flüsterte sie.

Schlaftrunken nickte er und wenig später war er bereits eingeschlafen.

Kata löschte das Licht und blieb regungslos neben ihm liegen. Die Aufregung hielt sie eine ganze Weile wach. Als sie merkte, dass ihr die Augen zufielen, kauerte sie sich auf den Boden, umschlang ihre Knie und wartete. Endlich war es soweit. Kata sah auf ihr Datenarmband. Punkt drei Uhr morgens würden Lien und Martin die Simulation auf die Bildschirme schalten und die Datenarmbänder manipulieren. Ihr System war noch nicht ausgereift, das hatten beide betont. Doch für ein paar Minuten konnten sie die Bildschirme übernehmen und eine ereignislose Nacht vorzugaukeln. Es blieben ihnen 14 Minuten, um sich fertigzumachen und den Dschungel zu erreichen. Dann würden die Wachen die Simulation bemerken und feststellen, dass die Clans nicht mehr in ihren Betten lagen. Vielleicht zwei weitere Minuten, bis das Camp-Team alarmiert war und sich auf die Suche machte. Das musste reichen.

Kata beobachtete die schwach leuchtenden Zahlen auf ihrem Armband. Als die erste Ziffer auf die Drei umsprang, sprang sie auf. Kata lief nach nebenan, weckte die Wölfe auf ihrem Stockwerk und schickte sie nach oben, um den anderen Bescheid zu geben. Die Clan-Member zogen sich im Dunkeln an und warteten in den Schlafkojen auf ihr Signal.

Zuletzt weckte sie Fin, der noch immer friedlich in ihrem Bett schlief. Aus seiner Schlafkoje hatte ihm Kata Kleidung und seinen Rucksack mitgebracht. Verwundert rieb er sich die Augen, doch dann zog er sich hastig an.

Es waren keine fünf Minuten vergangen, da standen alle bereit. Kata gab das Zeichen und schob Fin auf den Gang. Auch aus den anderen Schlafkojen kamen verschlafene Gesichter zum Vorschein. Schweigend gingen sie zur Treppe. Der harte Drill im Camp zahlte sich aus, alle hatten die Botschaft verstanden und steuerten lautlos die Waschräume der Mädchen an. Sachte öffnete Kata das Fenster.

Den Kleineren half sie über die Brüstung nach draußen. Dicht an die Wand gepresst blieben die Clan-Member stehen, bis Kata als Letzte die verlassen daliegenden Toilettenräume hinter sich ließ. Sie winkte den anderen und lautlos trabten sie über das nachtdunkle Camp-Gelände. Sie hatten Glück, der Mond versteckte sich hinter Wolken und streckte nur gelegentlich ein paar Strahlenfinger nach ihnen aus.

Von ihren Ausflügen durch das nächtliche Camp kannte Kata alle Sensoren. Rasch bewegte sie sich hinter den Schlafhäusern entlang. Drüben stand Lore mit den Papageien, dann schloss sich ihnen Mark mit den Bären an, es folgte Elli mit den Delfinen und zuletzt Anton mit den Gorillas. Seinem Gesicht nach zu urteilen fiel es dem Chief der Gorillas schwer, sich hinten einzureihen. Doch da er die Alarmsysteme auf dem nächtlichen Gelände nicht kannte, blieb ihm nichts anderes übrig.

Kata warf einen Blick nach hinten. Eine lange Reihe formte sich, alle Clan-Member in dunkler Kleidung und mit Rucksäcken. Katas Magen schmerzte. Eigentlich hatten sie kaum eine Chance, hier lebend herauszukommen. Doch nun galt es, diese geringe Chance zu nutzen.

Kata hob entschlossen den Kopf und beschleunigte ihren Schritt. Hinter ihr war kaum etwas zu hören. Die Clan-Member gaben sich Mühe, so geräuschlos wie möglich zu laufen. Die meisten waren zum ersten Mal nachts unterwegs. Geschickt wich Kata allen Sensoren aus. Noch blieb alles ruhig.

23.

Kata sah hinauf zu den Schlafräumen des Camp-Teams. Die Fenster waren dunkel, nur im Büro der Admiralin brannte wie fast jede Nacht Licht. Ein kurzer Blick auf ihr Armband verriet, dass ihnen nur noch wenige Minuten blieben, dann würde die Simulation auffliegen.

Kata steigerte das Tempo. Tausend Meter bis zum Dschungel sollten in sieben Minuten zu schaffen sein. Endlich hatte sie die Landebahn erreicht. Statt wie sonst das Asphaltfeld zu queren, umrundete sie die dunkle Fläche, um auf dem Gras zu bleiben. Das kostete sie 30 Sekunden, doch ihre Schritte waren leiser. Wenn sie es bis zum Dschungel schafften, hatten sie Heimspiel.

Die Atemzüge hinter ihr wurden lauter, vereinzelt war Keuchen zu hören. Unbeirrt lief Kata durch die Nacht und zog eine Kolonne dunkler Schatten hinter sich her. Der Dschungel rückte näher, die transparente Außenhaut warf im diffusen Licht der mondlosen Nacht keinen Schatten. Noch hundert Meter. Kata lief schneller, hinter ihr war unterdrücktes Stöhnen zu hören.

Ohrenbetäubend setzten die Sirenen ein. Bisher hatten sie die nur wenige Male bei Übungen gehört. Erschrocken warf Kata einen Blick auf ihr Datenarmband. 50 Sekunden früher als erwartet.

Suchscheinwerfer leuchteten auf und schickten ihre Lichtkegel durch die Nacht. Zweimal huschten die Scheinwerfer an ihnen vorbei, dann streifte ein Lichtkegel die Kolonne. Der Strahl blieb stehen, kehrte zurück und hob sich, bis alle Clan-Member in gleißendes Licht getaucht waren. Noch 50 Meter.

Kata spürte, wie die Luft in ihrer Lunge knapp wurde. Ihre Muskeln brannten und ihr Atem ging schwerer. Sie begann zu keuchen. Noch immer folgte der Lichtstrahl jeder ihrer Bewegungen. Vom Hauptquartier erklangen Motoren, die sich näherten. Die Kacheln der Biosphäre wuchsen vor ihnen in den Nachthimmel. Noch 30 Meter.

Hinter ihnen waren aufgeregte Stimmen zu hören. Erschreckt sah sich Kata um. Die Kolonne wurde unruhig, weit hinten tat sich eine Lücke auf. Jemand musste gestürzt sein. Kata sah wieder nach vorn und lief in gleichem Tempo weiter. Die anderen mussten ihr Problem selbst in den Griff bekommen.

Aus dem Dunkel der Nacht tauchte das Fahrzeug von Mimi und Gerard auf, es stand auf seinem gewohnten Platz. Zwei Schatten lösten sich von der Kolonne und liefen zum Amphibienfahrzeug. Lien und Martin würden versuchen, den Motor zu blockieren. Ohne ihren motorisierten Untersatz wäre es den Ranchern nahezu unmöglich, ihnen im Dschungel zu folgen. Noch zehn Meter.

Endlich erreichte Kata den Eingang des Dschungels. Es war ein großes Tor, aus demselben Material wie die Kacheln und ohne Schloss. Sie legte die Hand darauf und spürte die Kühle des Kunststoffs und zugleich die Wärme, die von innen nach außen drang. Schwer atmend drückte sie dagegen und wirklich – der Eingang zur Biosphäre öffnete sich. Triumphierend zog sie das Tor weit auf und trat zur Seite. Feuchte und warme Luft schlug ihr entgegen, atemberaubend der Duft der Orchideen. Die Clan-Member zogen an ihr vorüber und traten in den Dschungel, keuchend und außer Atem, aber sie waren da. Sita, die Jüngste der Delfine, stolperte schmutzverschmiert und weinend an ihr vorbei, doch Elli hatte sie fest im Griff und zog sie hinter sich her. Im Vorbeigehen nickte sie Kata grimmig zu.

Besorgt sah Kata hinüber zum Pinguin. Dort verschmolzen immer noch die beiden Schatten mit dem dunklen Umriss.

Die Motoren der schnellen Scooter der Wachen wurden lauter und dröhnten in ihren Ohren. Drüben lösten sich endlich die Schatten und als sie näherkamen, verriet das zufriedene Lächeln auf ihren Gesichtern, dass sie es geschafft hatten. Lien und Martin traten als Letzte in den Dschungel.

Das erste Scooter stoppte drüben am Steg, dicht gefolgt von einem weiteren. Kata blickte in die angespannten Gesichter von zwei Wachen. Triumphierend ließ sie das Tor los. Es fiel wenige Meter vor den beiden Wachleuten zu. Dann wandte sich Kata um und folgte den anderen, die längst im dichten Farn verschwunden waren. Als sie in das grüne Dickicht abtauchte, hörte sie das leise Scharren des Eingangstors. Sie verharrte für einen Moment und duckte sich tief unter die Farnwedel. Zögernde Schritte kamen näher, erschrockenes Stöhnen, dann Stille, nur vom lauten Krächzen einiger Aras unterbrochen, die klangen, als wollten sie die Wachen verhöhnen. Wie erwartet waren die Wachleute nicht auf den Dschungel vorbereitet. Ohne Mimi und Gerard hatten sie keine Chance hier weiterzukommen.

Lautlos huschte Kata in das dichte Unterholz des Regenwalds. Die leisen Stimmen der Wachen verklangen hinter ihr. Wenig später tauchten einige Clan-Member vor ihr auf, die sich ebenso geräuschlos wie sie durch das Unterholz bewegten. Weiter vorn liefen die anderen, trotzdem war kaum etwas zu hören. Kata ging schneller, sie erreichte die Gruppe und überholte sie. Schon von Weitem konnte sie erkennen, dass Anton sich an die Spitze des Zugs gesetzt hatte. Er steuerte ohne Zögern die Wand aus Kunststoffstreifen an, die den Regenwald von der Savanne trennte.

Fast schien es, als wollte er hindurchstürmen, ohne Rücksicht auf die Kameras. Kata begann zu traben, stürmte an Mark und Lore vorbei, die ihre Clans anführten, dann folgten die Delfine mit Elli an der Spitze, schließlich die Gorillas und allen voran Anton.

Endlich war Kata auf seiner Höhe. Sie verlangsamte ihren Schritt und ging schwer atmend neben ihm her.

»Wir können da nicht einfach durchrennen«, presste sie zwischen zwei Atemzügen hervor.

»Warum?« Er warf ihr einen verächtlichen Blick zu und zog die Oberlippe hoch.

Wütend riss Kata die Hand hoch und packte seinen Arm. »Weil dann die Überwachungskameras anspringen.«

»Die wissen längst, wo wir sind«, presste Anton hervor und wand sich aus ihrem Griff.

»Die wissen, dass wir im Dschungel sind«, gab Kata zurück, »mehr nicht. Solange wir im dichten Unterholz unterwegs sind, hat uns keine Kamera auf dem Schirm.«

»Ist doch egal«, erwiderte Anton kalt. »In zwei Stunden sind wir hier raus.«

»Wir brauchen Zeit, um diese verdammte Tür zu finden«, fuhr Kata ihn an.

Anton schwieg und erhöhte sein Tempo.

»Bleib stehen, verdammt noch mal!« Sie packte ihn am Arm und riss ihn herum.

»Lass mich los«, zischte er und zerrte an ihrer Hand, mit der sie seinen Arm umklammert hielt. Nur noch wenige Meter, dann hätten die Überwachungskameras sie alle auf dem Schirm. Sie griff noch fester zu und endlich blieb er stehen, stemmte beide Beine in den von Farm überwachsenen Boden und fletschte wütend die Zähne.

Wut wallte in ihr hoch und schlug in blinden Hass um. Sie ballte die Linke zur Faust und fixierte ihn. Sein Gesicht schien in roten Nebeln zu versinken. Kata hatte das Bedürfnis, ihn zu schlagen, damit die Wut, die sie durchflutete, nicht wie ein überhitzter Motor in ihr explodierte. Sie kämpfte gegen das Gefühl, doch der Wunsch, ihm mitten ins Gesicht zu schlagen, wurde immer stärker.

»Kata?«

Sie holte tief Luft, es schien, als hätte sie das Atmen in den letzten Sekunden vergessen. Mit erhobener Faust stand sie vor Anton. Ihr Brustkorb hob und senkte sich schwer. Triumphierend musterte er sie, als warte er nur darauf, dass sie zuschlug.

»Kata?«

Es war Lores Stimme, die sie zurückholte. Blinzelnd, als würde sie aus einem Traum erwachen, wandte sie den Kopf und sah ihre beste Freundin neben sich stehen. Lore blickte sie besorgt an.

»Alles in Ordnung?«, fragte sie und legte eine Hand beruhigend auf Katas Schulter.

Kata fühlte sich, als käme sie von einer langen Reise zurück. »Ja«, erwiderte sie betreten und ließ die Fäuste sinken. Verlegen wich sie den neugierigen Blicken der anderen aus. Ihre Augen blieben an Mia hängen, die sie entsetzt ansah. »Ich wollte nur sicher gehen, dass wir nicht direkt in die Kameras hineinlaufen.«

»Wovor du dich immer …«, knurrte Anton.

Doch Kata achtete nicht weiter auf ihn.

»Kannst du alle Kameras im Dschungel gleichzeitig ausschalten?«, fragte sie Lien, die bei ihnen eintraf.

»Klar«, erwiderte die und lächelte zufrieden. »Auf die harte Tour immer. Wenn es kein Fakebild sein muss.«

»Die wissen, dass wir hier drin sind«, warf Mark ein. »Hauptsache, sie suchen uns nicht gleich in der Savanne.«

Lien ging hinüber zu einem kleinen Steuerungskasten, der unter einem Farn kaum zu erkennen war. Aus der Seitentasche ihrer Hose fischte sie mehrere Schraubenzieher und ein Taschenmesser. Es dauerte nur wenig Sekunden, dann klappte sie den Steuerungskasten auf und durchtrennte einige Kabel. Die Überwachungskameras schalteten sich mit einem hörbaren Klicken aus.

Lien kehrte zu den anderen zurück »In Ordnung«, sagte sie zufrieden und steckte ihr Werkzeug wieder ein. »Das war das Hauptkabel. Hier in der Biosphäre gibt es kein Notstromaggregat, damit ist alles gekappt.«

Sie nahm ein Tablet aus ihrem Rucksack und brachte ein Programm ins Laufen. Nur zwei Sekunden später steckte sie den Computer wieder zufrieden grinsend weg. »Jetzt ist auch die Verbindung zwischen unseren Datenarmbändern und dem Server endgültig gekappt. Sie können uns nicht mehr tracken.«

»Danke«, erwiderte Kata grimmig und setzte sich an die Spitze der Gruppe.

Anton blieb ihr dicht auf den Fersen. Schweigend tauchten sie unter den Kunststoffstreifen hindurch und wechselten hinüber in die Savanne. Heiße und trockene Luft empfing sie. Die Feuchtigkeit auf ihrer Haut verdunstete, unmittelbar darauf entstand ein dünner Schweißfilm. Ohne den schweren Duft der Orchideen fiel das Atmen leichter, die Sukkulenten gaben nur wenig Geruchsstoffe an die Umgebung ab.

Die Clans blieben dicht zusammen. Die Kleinen liefen in der Mitte, die Älteren außen. Sie brauchten nur zwanzig Minuten bis zur Außenwand.

Kata winkte Elli zu sich heran. »Du hast beim letzten Mal den nördlichsten Abschnitt abgesucht. Wie weit bist du gekommen?«

»Bis zur verkrüppelten Akazie«, erwiderte Elli und deutete die Außenwand entlang nach Norden. »Etwa zwei Minuten von hier.«

Schweigend marschierten sie weiter. Ihre Anspannung stieg. Kata hörte Lores Atem hinter sich, gelegentlich ein leises Keuchen. Ein paar der Jüngeren kicherten aufgeregt, die Älteren beruhigten sie.

Stirnrunzelnd betrachtete Kata eine Schildkröte, die regungslos zwischen den niedrigen Sträuchern lag. Ein Raunen ging durch die Clans, die Älteren hielten das Tier für tot, die Jüngeren wollten es nicht glauben. Es konnte noch nicht lange hier liegen, die Augäpfel waren noch klar, stellte Kata fest. Als sie vorüber waren, kehrte wieder Stille ein, nur ihre Schritte waren auf dem ausgetrockneten Boden zu hören.

»Ich bin müde«, klagte Sita.

»Stell dich nicht so an«, grunzte Nuri, der nur zwei Jahre älter war als sie.

»Wir sind gleich da«, schaltete sich Elli ein. »Dort könnt ihr so lange schlafen, wie ihr wollt.«

Kata biss sich auf die Lippen. Kein weiteres Wort fiel, doch den Älteren musste klar sein, dass niemand wusste, was sie auf der anderen Seite des Dschungels erwartete. Gab es genug Platz für alle auf den Booten? Hatten sie genug Sprit, um bis zur Küste zu kommen? Oder würden die Wachleute des Camps draußen auf sie warten? Kata musste an Sandrine denken und hoffte inbrünstig, dass sie Recht behalten würde und alle Clan-Member in Sicherheit waren, wenn sie es bis nach draußen schafften.

»Immer stellt sie sich so an«, maulte Nuri und versetzte der Jüngeren einen Stoß.

Sita kam ins Straucheln und fiel. Sie begann zu weinen.

Elli verdrehte die Augen und kehrte zurück. »Lass sie doch einfach in Ruhe«, schimpfte sie mit Nuri und kniete sich nieder, um Sita aufzuhelfen.

Der Kleinen fielen die Augen zu und für einen Moment wirkte es, als würde sie im Sitzen einschlafen.

Elli stutzte. Dann zog sie Sita hastig nach oben, richtete sich auf und nahm die Jüngste ihres Clans auf den Arm.

»Kata«, rief sie entsetzt.

Stirnrunzelnd hatte Kata die Szene beobachtet.

»Was ist?«, fragte sie scharf.

24.

»Kohlenmonoxid«, flüsterte Elli. Sie hob den Kopf und sah nach oben.

Katas Augen folgten ihrem Blick bis zu den Lüftungsklappen hoch über ihren Köpfen. Normalerweise standen sie weit offen, um frische Luft hereinzulassen. Jetzt war nur noch schmaler Spalt zu sehen, sie mussten irgendwann heute Nacht geschlossen worden sein.

»Sie lassen Kohlenmonoxid ein«, flüsterte Elli mit weit aufgerissenen Augen. »Denk an die tote Schildkröte. Und deshalb ist Sita so müde. Weil sie kleiner ist als die anderen, bekommt sie keinen Sauerstoff mehr.«

Entsetzt starrte Kata sie an. Dann holte sie aus der Seitentasche ihres Rucksacks ein schmales Feuerzeug und entzündete mit einem Klicken die Flamme. Langsam ging sie auf die Knie und senkte ihre Hand. Einen halben Meter über dem Boden erlosch die Flamme. Wortlos hob Kata das Feuerzeug und entzündete es erneut. Stumm standen einige der Clan-Member um sie herum. Die Flamme schoss hoch und als Kata ihre Hand senkte, erlosch sie wieder.

»Na, hat die Alphawölfin die Fährte aufgenommen?« Aus Antons Stimme klang Verachtung.

Wütend schoss Kata hoch und hob die Fäuste. Lore trat an ihre Seite und legte beruhigend die Hand auf Katas Arm. Anton machte einen Schritt nach vorn und betrachtete sie mit einem abschätzigen Blick. Am liebsten wäre Kata auf ihn losgegangen. Aufgebracht standen sie sich gegenüber, die Zähne gefletscht, die Augen fest aufeinander gerichtet.

Wie eine rote Wolke überlagerten starke Gefühle Katas Denken. Hass. Wut. Der Wunsch, zuzuschlagen. Sie spürte Lores Hand auf ihrem nackten Oberarm. Sie fühlte sich kühl an und schien das Durcheinander, in dem sich ihre Gefühle befanden, zu befrieden.

Kata blinzelte, ließ die Fäuste sinken und betätigte erneut das Feuerzeug. Eine Flamme schoss hoch und brannte ruhig weiter. Kata beugte sich vor und senkte langsam ihre Hand. Auf Kniehöhe erlosch die Flamme. Anton verzog unwillig das Gesicht.

»Ich glaube, du hast Recht«, wandte sich Kata an Elli und ließ das Feuerzeug zuschnappen. »Sie leiten Kohlenmonoxid ein. Es steht schon bis zu meinen Knien.«

Angstvoll starrte Lore sie an. Mark trat neben sie und betrachtete beide besorgt. Elli schloss Sita fest in ihre Arme.

»Sicher?«, fragte Anton misstrauisch und sah zu Boden, als könne er das unsichtbare Gas mit bloßem Auge erkennen. Mia trat neben ihn und er ließ es zu, dass sie ihre Hand in die seine schob.

»Kohlenmonoxid ist schwerer als Luft«, krähte eine Kinderstimme von hinten. Nuri. »Es füllt einen Raum von unten und breitet sich aus wie Wasser.«

»Langsam«, fuhr Kata nachdenklich fort. »Es breitet sich langsam aus. Lasst uns weitergehen. Macht vorsichtige Bewegungen, als ob ihr in knietiefem Wasser laufen würdet und möglichst wenig Geräusche machen wollt. Dann wühlen wir das Gas nicht so auf und es bleibt unten am Boden.«

Zögernd machten sich die ersten auf den Weg, die anderen folgten. Fühlte sich zuvor das Schweigen angespannt an, so wirkte es nun beklemmend. Vor Kata ging Anton, der ihr gelegentlich mit finsterem Gesichtsausdruck einen misstrauischen Blick zuwarf. Als sie erneut eine regungslose Schildkröte entdeckten, blieb es diesmal still. Niemand zweifelte daran, dass sie tot war. Selbst das Flüstern der Kleinen blieb aus.

Auf einmal war ein Kichern zu hören. Überrascht blickte sich Kata um. Frida schnitt Grimassen und bewegte sich wie bei einem Wasserballett. Selbst Sita, die erschöpft auf Ellis Arm hing, musste grinsen.

Kata war froh, dass die Jüngeren abgelenkt waren. Die Älteren wirkten besorgt, während sie sich mit langsamen Bewegungen vorwärtstasteten. Wie durch einen Sumpf wateten sie an der Außenwand des Dschungels entlang. Endlich tauchte vor ihnen die verkrüppelte Akazie auf. Bis hierher war Elli das letzte Mal gekommen. Die Clan-Chiefs stellten sich im Abstand von wenigen Metern auf, dazwischen die Älteren der Clans. Kata teilte allen einen bestimmten Abschnitt zu. Dann ging es weiter.

Kata wandte den Blick nicht von den Kacheln. Sie konnte jede einzelne Unebenheit darauf erkennen. Hier eine Mulde, dort ein Kratzer, da eine winzige Hinterlassenschaft eines Insekts.

Aufmerksam und wortlos wanderten sie an der Außenwand entlang, die kein Ende zu nehmen schien. Dann tauchte Lien neben Kata auf und zeigte ihr eine Skizze.

»Noch zehn Meter«, erklärte Lien stirnrunzelnd und tippte auf die grob gezeichnete Karte. »Dann verlässt die Außenwand des Dschungels die Außengrenze der schwimmenden Stadt.«

Kata folgte ihrem Blick und kniff die Augen zusammen. Sie spürte die Hitze der Tränen, die nach oben drängten. Auch Anton hatte die Worte gehört, obwohl Lien sehr leise gesprochen hatte. Er ließ sich zurückfallen und ging nun auf ihrer Höhe.

»Da ist keine Tür, verdammt noch mal«, knurrte Anton und seine geballte Faust fuhr durch die Luft. »Wusst ich's doch, Sandrine erzählt nur Blödsinn.«

»Ich vertraue ihr«, gab Kata wütend zurück.

»Wo ist sie dann, diese blöde Tür?«, stieß Anton hervor.

Kata zwang sich zur Ruhe. »Ich habe bei meinem Testflug die Plattform hinter dem Dschungel gesehen«, presste sie hervor. »Wo es eine Plattform gibt, muss es auch einen Ausgang geben.«

Lien hob die Hand. Sie hatten das Ende der Strecke erreicht, auf der die Außengrenze der schwimmenden Stadt und die Außenwand des Dschungels parallel verliefen.

Kata musterte finster die glatte Oberfläche des Kunststoffs.

»Dann müssen wir eben die Außenhaut durchbrechen«, sagte sie leise, trat näher und legte beide Hände auf eine der Kacheln. Der Kunststoff fühlte sich warm an, strahlte die Wärme der Savanne nach innen ab, und zugleich spürte sie die Kälte der anderen Seite.

»Mit bloßen Händen, super, dafür brauchen wir Tage«, knurrte Anton.

»Steine«, erwiderte Kata nachdenklich und blickte sich suchend um. »Die gibt es doch reichlich.« Sehnsüchtig dachte sie an das Werkzeug in der Werkstatt. Vielleicht war es ein Fehler gewesen, sich ganz auf Sandrine zu verlassen. Die Enttäuschung schmeckte bitter.

Lore, Mark und Mia blickten suchend auf den Boden. Anton bückte sich und packte einen faustgroßen Stein, bewegte seine Hand auf und ab, als wolle er das Gewicht schätzen. Dann stellte er einen Fuß nach hinten und brachte sich in Position. Er holte aus und warf den Stein mit großer Wucht gegen die Kunststoffwand. Mit einem dumpfen Ton prallte der Stein ab und sprang zurück. Erschrocken wich Lore aus und sah betreten vor ihre Füße, wo der Stein gelandet war.

Kata hob den Blick und musterte betroffen die Stelle, wo der Stein die Außenwand berührt hatte. Dort war nichts zu sehen, kein Kratzer, keine Beule. Der Stein hatte keinerlei Spuren hinterlassen. Das Schweigen war schlimmer als wütende Worte.

Elli drängte sich durch die wartenden Clan-Member. Auf ihrem Arm hing Sita, mit ausdruckslosem Gesicht und geschlossenen Augen.

»Wir haben keine Zeit mehr«, sagte Elli entschieden. »Das Kohlenmonoxid steigt immer weiter. Den Kleinsten geht es schon bis zur Brust. Wir haben vielleicht noch zwei oder drei Stunden, dann wird es auch für uns eng.«

Zweifelnd sah sich Kata um, musterte die Sukkulenten und die Bäume, die sie umgaben. Sie konnten nach oben klettern. Die Gorillas brauchten keine Kletterausrüstung, sie könnten den anderen helfen. Ihr Blick ging weiter nach oben, bis unter das gewölbte Dach.

Dann schüttelte sie den Kopf. Das würde ihnen nur eine Gnadenfrist von ein paar Stunden bringen. Keine weitere Chance, die Außenwand des Dschungels zu durchbrechen. Sie würden hilflos auf den Bäumen sitzen und auf ihren Tod warten.

Kata senkte den Blick und musterte die anderen nachdenklich. »Was sollen wir tun?«

Lore wirkte erschreckt, Mark ratlos, Elli entschlossen.

»Wir kehren zurück«, zischte Anton mit verzerrtem Gesicht. »Dann machen wir sie alle. Die wollen uns umbringen!«

»Erzähl mir was Neues«, erwiderte Kata bitter.

Anton fuhr zu ihr herum. Doch bevor er antworten konnte, trat Elli vor und schob sich zwischen die beiden.

»Und womit willst du sie umbringen?«, fragte sie Anton und zog die Augenbrauen hoch. »Mit den Fäusten?« Zweifelnd sah sie auf seine nackten Hände, die er zu Fäusten geballt vor die Brust hielt. »Die haben Waffen, im Gegensatz zu uns, schon vergessen?«

Erneut breitete sich Schweigen aus. Sie standen regungslos, manche blicken betreten zu Boden, andere sahen sich fragend um, vielleicht würde sich jemand mit einer brauchbaren Idee zu Wort melden. Als das Schweigen andauerte, schlich sich Angst in ihre Augen und legte sich über ihre Gesichter.

»Wir müssen zurück«, erklärte Elli entschieden. »Alles andere wäre Selbstmord.«

»Wenn wir zurückgehen, das wäre Selbstmord«, rief Kata verzweifelt.

David strauchelte. Erschrocken musterte Kata sein Gesicht. Anton stutzte, dann ging er hinüber und setzte sich David auf die Schultern. »Hier sterben wir auch«, erklärte er entschieden. »Ich führe meinen Clan nicht in den Tod. Wir kehren zurück.«
»Dort draußen wartet der Tod auf uns!«, rief Kata.
»Vielleicht liegt Sandrine damit ebenso falsch wie mit der Außentür«, erwiderte Anton kalt und winkte seine Clan-Member zu sich her. Mit bangen Gesichtern sammelten sie sich um ihren Chief. Als die Gorillas vollzählig waren, sah Anton sich ein letztes Mal um. »Wer kommt mit?«
Mia sah ihn mit geweiteten Augen an. Ihr Blick huschte zu Kata, dann zurück zu Anton. Auch Elli musterte Kata nachdenklich, dann winkte sie ihren Clan-Membern und schloss sich Anton an.
Entsetzt wechselte Lore einen Blick mit Elli, die sie bittend ansah. Flehentlich wandte sich Lore an Kata. »Bitte«, flüsterte sie, »kommt mit. Keiner weiß, was da draußen auf uns wartet. Hier drinnen ist es der Tod.«
Dort draußen auch, dachte Kata, doch sie sprach es nicht aus.
Mit einem letzten Blick zu Elli griff Lore nach Marks Hand. »Bitte«, flehte sie ihn an. »Wir können nicht zulassen, dass unsere Clans sterben.«
Mark blickte sie betroffen an, dann sah er zu Kata, schließlich nickte er und winkte seinen Clan zu sich. Zu Kata gewandt sagte er leise: »Bitte.« Seine Augen bohrten sich in ihre, bis sie den Blick abwandte.
Mit einem verzweifelten Blick zu Kata winkte auch Lore ihre Clan-Member zu sich. Tränen rannen über ihre Wangen und sie unterdrückte ein Schluchzen.
Noch immer zögerte Kata.
Anton sah zu Mia, sein Blick schien sie zu umfangen, als wollte er sie um Verzeihung bitten.
»Bitte, Kata«, flehte Mia und auch ihr liefen Tränen über das

Gesicht, »wir sterben alle hier drin. Lass uns mit den anderen gehen.«

Die Delfine erreichten den Clan der Gorillas, mit finsterem Gesicht schloss sich Elli Anton an. Der stand hoch aufgerichtet, sein Blick hing an Mia. David auf seinen Schultern wurde unruhig, doch Anton achtete nicht auf ihn. Lore und Mark schlossen sich den anderen ebenfalls an und verharrten.

Mia zog den Kopf zwischen die Schultern, stopfte die Hände in ihre Hosentaschen und marschierte, ohne einen Blick zurück, hinüber zu Anton. Er nickte erleichtert, dann straffte sich sein Körper und er wandte sich um. Wenig später verschwand er, gefolgt von seinem Clan, zwischen den Sukkulenten.

Elli und ihr Clan folgten ihm. Zögerlich setzten sich auch Mark und Lore mit ihren Clans in Bewegung. Mark warf mit hängenden Schultern einen flehenden Blick zu Kata. Lore blickte über ihre Schulter zurück zu Kata, die Tränen glänzten auf ihren Wangen.

Kata sah zu, wie die anderen Clans allmählich zwischen niedrigem Gestrüpp verschwanden. Lien trat neben sie, Martin schloss sich an.

»Wir sollten ihnen folgen«, sagte er leise.

Lien nickte. Katas Kopf schmerzte, Gedankenfetzten jagten durch ihr Gehirn, sie konnte keinen klaren Gedanken fassen. Jemand schmiegte sich an sie. Ihr Blick fiel auf Fin, der den Arm um sie schlang und seinen Kopf an ihre Hüfte drückte.

»Ich bin müde«, sagte er leise und kämpfte darum, seine Augen offen zu halten.

Kata musterte besorgt sein Gesicht. Dann packte sie ihn unter den Achseln und schwang ihn auf ihre Schultern. »Wir gehen mit den anderen«, sagte sie leise. »Okay?«

»Okay«, hörte sie Fins Stimme an ihrem Ohr und ein warmes Gefühl durchströmte sie, als er seinen Kopf auf ihren legte.

Sie winkte den anderen und gab auch Lore ein Zeichen, die

ihr erleichtert zulächelte. Mark senkte den Kopf, nickte und schritt nun zügig voran. Gemeinsam machte sie sich auf den Weg zurück zum Tor, zurück in ihre alte Welt.

Sie kamen viel langsamer voran als auf dem Hinweg. Vorsichtig hoben sie ihre Füße und versuchten, so wenig wie möglich von dem tödlichen Gas aufzuwirbeln. Erst nach zwei Stunden erreichten sie den Übergang zum Regenwald. Feuchte Luft und Totenstille empfing sie. Die Clan-Member spähten angespannt in die Baumkronen, sie hatten noch nie erlebt, dass von den Aras nichts zu hören war. Auch für den Rest ihres Weges blieb es ruhig. Die gespenstische Stille trieb sie schneller voran als ihr Wissen um das tödliche Gas zu ihren Füßen.

Endlich näherten sie sich dem Haupteingang. Das Kohlenmonoxid war immer weiter gestiegen. Inzwischen reichte es Kata bis zur Brust. Die Kleineren ihres Clans wurden von den Größeren getragen, sonst wären sie längst erstickt. Auch Fin saß noch immer auf Katas Schultern. Er wog mehr als erwartet und mit jedem ihrer Schritte schien er schwerer zu werden.

Sie erreichten das Ende des dichten Unterholzes. Kata bückte sich, damit Fin nicht in einer Luftwurzel hängenblieb, und trat aus dem Schatten der Palmen. Ihr Blick fiel auf Anton, drüben am Tor, der mit düsterem Gesicht auf den Boden starrte. Die Mitglieder seines Clans scharten sich um ihn. Kata glaubte, ein Schluchzen zu hören und wechselte einen entsetzten Blick mit Lore. Sie ging schneller.

Als sie zum Clan der Gorillas trat, wichen die Älteren zur Seite. Vor ihren Füßen lag die Wölfin, neben ihr drei ihrer Jungen. Alle waren tot. Die Kleinen lagen dicht an den Bauch der Alten geschmiegt, die ihren Körper zu einem schützenden Halbkreis gekrümmt hatte, als könnte sie ihre Jungen vor dem Tod bewahren.

Viele der jüngeren Clan-Member weinten, auch Kata traten Tränen in die Augen.

»Wie hat sie es nur bis hierher geschafft«, murmelte Mark.

Die Wölfe lebten drüben im mediterranen Klima der Biosphäre und die Kunststoffstreifen sollten sie davon abhalten, in die anderen Klimazonen zu wechseln.

»Die Verzweiflung«, flüsterte Lore und legte ihren Kopf an Marks Schulter. Ihr Blick fiel auf Elli.

Überrascht beobachtete Kata, wie Lore nachdenklich Elli anblickte und dann einen Schritt zurücktrat. Mark schien es nicht zu bemerken, er starrte noch immer auf die toten Wölfe.

»Raus hier«, rief Anton. »So schnell wie möglich.« Er stapfte zum Haupteingang, dort verharrte er und warf einen Blick zurück.

Schweigend sammelten sich die Clan-Member hinter ihm. Müde und resigniert starrten sie auf das Tor.

Anton blickte wütend zu Kata. Ruhig erwiderte sie seinen Blick und trotz Fins Gewicht auf ihren Schultern straffte sich ihr Körper. Unruhig wanderte sein Blick weiter, bis er Mia entdeckte, die nun mit Nik auf den Schultern neben Kata trat.

Erst jetzt wandte er sich um und hob die Hand. Er verharrte für einen Moment, als würde er sich besinnen, dann drückte er das Tor auf. Angespannt spähte er in die Morgendämmerung. Kata sah, wie sich sein Gesichtsausdruck veränderte. Er wirkte überrascht, zögerte und trat nach draußen. Die Mitglieder seines Clans folgten, dann Elli mit den Delfinen, hinter ihr Lore und Mark mit ihren Clans. Auch Kata trat an das Tor. Sie ließ die Wölfe an sich vorüberziehen und vergewisserte sich, dass der Clan vollständig war. Nach einem letzten sehnsüchtigen Blick zurück trat sie als Letzte ins Freie.

Kühle Luft erwartete sie. Gierig sog Kata den Sauerstoff in ihre Lungen. Als sie den Kopf hob, traf sie der Anblick wie ein Tritt in die Kniekehlen: Sie blickte in die Mündungen zahlloser Gewehre. Die Wachen standen aufgereiht vor ihnen wie ein Exekutionskommando. Erschrocken stieß sie den Atem aus und blickte zu den anderen. Anton erwiderte ihren Blick, er kochte vor Wut.

Kata blickte nach vorn und musterte die Wachen. Sie standen ihnen regungslos gegenüber, ihre Waffen auf die Clan-Member gerichtet. Kata zweifelte nicht daran, dass die Gewehre scharf geladen waren. Es herrschte atemloses Schweigen, niemand rührte sich, die Sekunden dehnten sich endlos.

Endlich bewegten sich die Reihen, zwei der Wachen traten zur Seite. Eine dunkel gekleidete Person schritt nach vorn. Die Admiralin musterte die Clans mit mürrischem Gesicht, ein Gewehr hing locker über ihrem Arm, die Mündung zeigte zu Boden. Ihr Blick wanderte über die Kinder und Jugendlichen, blieb an ihren Gesichtern hängen, die sie eindringlich musterte.

Dann nahm sie ihr Gewehr in den Anschlag, presste es mit der Linken gegen die Schulter, hob zugleich die Rechte und gab den hinter ihr stehenden Wachen ein Zeichen.

Kata erstarrte und tauschte einen entsetzten Blick mit Lore.

Ein Rascheln, ein metallisches Klacken, dann hatten die Wachen ihre Gewehre entsichert. Kata beobachtete, wie zwei Wachleute einen Blick wechselten, vielleicht Unsicherheit, vielleicht Vorfreude, wer wusste das schon. Dann war auch dieser kleine Aufschub vorüber und ihnen gegenüber stand eine Wand aus dunkel gekleideten Menschen, die ihre entsicherten Waffen auf sie richteten.

Vor Katas Augen flimmerte es. Verzweifelt suchte sie nach einem Ausweg. Jede Bewegung konnte einen tödlichen Schuss auslösen. Aus den Augenwinkeln sah sie, wie Anton seine Hand langsam Richtung Hosentasche schob. Darin trug er immer sein Messer. Seine Oberarme spannten sich. Auch Kata ballte die Fäuste und machte sich bereit, nach vorne zu stürmen.

Die Admiralin richtete die Mündung ihres Gewehrs auf Anton und ein verächtlicher Zug legte sich um ihre Lippen. Ein Klicken verriet, dass nun auch ihr Gewehr entsichert war.

»Das könnt ihr nicht tun!«, rief eine Stimme hinter Katas Rücken.

Überrascht fuhr sie herum. Mia. Sie hob Nik von ihren Schultern, schob ihn zu den anderen und trat neben Kata. Die Admiralin schwenkte ihre Waffe und richtete die Mündung auf Mia. Diese stockte und ihre Bewegungen froren ein.

Kata spürte, wie kalter Schweiß auf ihre Stirn trat. Fin klammerte sich mit beiden Armen um ihren Hals und leises Wimmern drang an ihr Ohr. In Zeitlupe griff sie nach ihm, setzte ihn ab und schob ihn nach hinten.

»Nein«, erklang nun eine Stimme hinter den Wachen, »nein, verdammt noch mal.«

Wieder kam Bewegung in die Reihen und jemand drängte unsanft zwei Wachleute zur Seite.

Erstaunt erkannte Kata im fahlen Licht der Morgendämmerung Wilhelm.

Finster musterte er die Admiralin, die Clans beachtete er mit keinem Blick. »Nein«, wiederholte er.

Die Mündungen vor ihnen schienen unmerklich zu sinken.

Entschlossen presste die Admiralin ihre Waffe gegen die Schulter. Ihr Finger krümmte sich. Gerade als sich der Schuss löste, drückte Wilhelm den Gewehrlauf nach unten.

Kata hörte ein Wimmern, dann brach Mia zusammen. Entsetzt fiel Kata auf die Knie. Mia lag stöhnend am Boden und presste beide Hände auf den Bauch. Zwischen ihren Fingern rann Blut, das sich rasch ausbreitete.

Anton drängte sich zwischen den anderen durch und ließ sich neben Mia auf die Knie fallen. Nie zuvor hatte Kata sein Gesicht so weich und verletzlich gesehen. Hastig riss sie ihren Rucksack herunter und kramte nach dem Verbandszeug. Die Clan-Member umringten sie und niemand wagte, ein Wort zu sagen. Mit fliegenden Fingern zerrte Kata das Verbandszeug heraus und suchte nach dem Druckverband.

Weit entfernt waren leise Stimmen zu hören und während Kata an der Verpackung des Druckverbands zerrte, beobachtete sie, dass Wilhelm der Admiralin etwas zuflüsterte. Die mächtigste Frau im Camp verzog unwillig das Gesicht, dann verschwand sie gemeinsam mit Wilhelm hinter den Wachen.

Endlich bekam Kata den Druckverband zu fassen. Sie riss den weißen Mull aus seiner Verpackung, faltete ihn auseinander und gab ihn Anton. Der kniete neben Mia und streichelte ihre Wange. Sie wollte etwas sagen, doch Anton legte ihr einen Finger auf die Lippen und beruhigte sie mit einem leisen »Schschschsch«. Ihre Hände fielen kraftlos zur Seite und ihre Augen schlossen sich. Entsetzt drückte Anton den Verband auf die blutende Wunde und versuchte, die Blutung zu stillen.

»In die Baracke mit ihnen!«, hörte Kata die Admiralin rufen.

Die Wachleute kamen näher und drängten Kata und Anton zur Seite.

»Sie verblutet, verdammt noch mal!«, rief Kata entsetzt.

Im selben Moment hörte sie Anton rufen: »Das könnt ihr nicht machen!«

Doch die Wachleute schoben sie unbeirrt vor sich her. Zwei von ihnen zerrten Mia auf die Beine. Die Bewegung brachte sie wieder zu Bewusstsein und ein lautes Stöhnen drang aus ihrem Mund.

Mit finsterem Blick trat Anton den Wachen in den Weg. »Lasst sie in Ruhe!«, schrie er und seine Stimme klang schrill vor Angst.

Mia versuchte den Kopf zu heben, Blut trat aus der dunklen Stelle an ihrem Bauch und sickerte in ihre Jacke. Tatenlos musste Kata mit ansehen, wie ein Wachmann Anton mit erhobener Waffe zur Seite drängte.

Unbemerkt trat die Admiralin heran. Mit angewidertem Blick betrachtete sie Mia, deren Kopf kraftlos nach unten hing. »Die bringt ins Hauptquartier«, verkündete sie kalt, »ins Krankenzimmer. Und lüftet endlich die Biosphäre, bevor noch die letzten Tiere sterben.« Sie machte auf dem Absatz kehrt und verschwand zwischen den Wachen.

25.

Die Wachleute nahmen Aufstellung und dirigierten die Clans in ihre Mitte. In Viererreihen ging es über den Steg entlang zur Hauptplattform, dann weiter über das Gelände zu den Baracken, die vor dem Sportgelände lagen. Immer wieder blickte sich Kata um und suchte die beiden Wachleute, die am Ende des Zugs Mia in ihrem Griff hatten. Auch Anton sah sich häufig um. Er achtete nicht auf Betty, die in seiner Nähe blieb und ihn besorgt musterte.

Vor der schmalen Barackentür blieben die Wachen stehen. Wie eine Herde Schafe trieben sie die Clans hinein. Entsetzt sah Kata, wie Mia weitergeschleppt wurde. Sie musste auf dem Weg wieder das Bewusstsein verloren haben, ihr Oberkörper hing nach vorn und ihre Füße schleiften über den Boden.

Die Baracke roch muffig. Nackte Bettgestelle schälten sich aus dem Zwielicht. Akkurat ausgerichtet standen sie links und rechts vor den Holzwänden. Die meisten Clan-Member kannten die Baracke von innen, viele hatten hier nicht nur eine Strafe abgesessen. Manchmal dauerte es eine Stunde, manchmal zwei oder drei. Einige hatten sogar eine ganze Nacht in der Baracke verbracht, wenn das auch seltener vorkam, als die zwanzig Bettgestelle vermuten ließen.

Der Holzbau war nicht dafür gedacht, dass sich alle fünf Clans dort versammelten. Dicht gedrängt standen die Clan-Member zwischen den Bettgestellen, als die Tür hinter ihnen verschlossen und mehrfach gesichert wurde. Fin sank auf eines der nackten Betten, Nik machte es ihm nach. Andere kauerten sich zwischen die Gestelle auf den Boden.

Kata sah hinüber zu Lore, die mit dem Kinn zum Waschraum wies. Es gab nur einen, der durch eine robuste Holzwand vom Hauptraum getrennt war. Elli gab Mark und Anton ein Zeichen. Wenig später schloss sich die Tür hinter ihnen. Lore ließ sich auf dem Rand der Toilette nieder, Mark ging neben dem Waschbecken auf die Knie. Kata sank in den Schneidersitz, Anton und Elli setzten sich zu ihr. Kata spürte die Kühle der Fliesen durch ihre Hose.

»Und jetzt?«, fragte Lore leise.

Betretene Stille folgte ihren Worten. Kata starrte auf Lores Hände, die unkontrolliert zitterten. Lore folgte ihrem Blick und verschränkte die Finger ineinander, bis das Zittern aufhörte.

Elli brach schließlich das Schweigen. »Wir werden es nicht schaffen, wenn ihr zwei nicht zusammenarbeitet«, erklärte sie entschieden.

Überrascht hob Kata den Kopf. Sie begegnete den Blicken der anderen, die abwechselnd sie und Anton musterten. Kata fühlte, wie Röte in ihre Wangen stieg.

»Glaubt ihr etwa …«, stieß Anton hervor, stemmte beide Hände auf den Boden und sprang auf. Schwer atmend stand er zwischen ihnen.

»Setz dich«, erwiderte Mark ruhig und fixierte Anton, der ihn mit zusammengezogenen Augenbrauen anstarrte.

Der Chief der Gorillas stemmte beide Beine in den Boden, verschränkte die Arme vor der Brust und blieb hoch erhobenen Hauptes stehen.

»Um ein Haar wären wir alle erschossen worden«, fuhr Elli fort.

Betroffen senkte Anton den Kopf und ließ seine Arme hängen. »Was ist mit Mia?«, fragte er leise.

»Sie lebt«, antwortete Lore fest und Kata wünschte, sie könnte ihr glauben.

Niemand mochte Lore widersprechen, Stille breitete sich aus.

Wieder war es Elli, die das Schweigen beendete. »Die Admiralin wird versuchen, uns alle zu töten«, sagte sie. »Ich dachte, sie würde auf ein Ergebnis warten«, fuhr sie fort und ihr Blick ruhte nachdenklich auf Kata. »Aber damit lag ich falsch.«

Kata strich über ihren Bauch. Als sie Marks Blick bemerkte, zuckte ihre Hand zurück. »Es ist zwei Tage her«, presste sie hervor. »Also hat sie ein Ergebnis. Sie muss mich nur auf den Obduktionstisch bringen.«

Elli nickte grimmig. »Sie hätte mehr davon, wenn das Ei sich eingenistet hätte oder der Fötus einige Wochen alt wäre.«

»Es muss etwas passiert sein«, mischte sich Anton ein. »Deshalb zieht sie es vor.« Zum ersten Mal gab er zu, dass Massenmord ein Teil des Experiments sein könnte.

Betreten sahen sie ihn an. Anton starrte zu Boden, seine Kiefermuskeln arbeiteten.

Kata musste an Mia denken und an das Schweigen, als ihr Name gefallen war. Die anderen schienen nicht zu glauben, dass sie noch lebte.

»Vielleicht haben wir noch ein paar Minuten, vielleicht ein paar Stunden. Dann wird die Admiralin es ein zweites Mal versuchen.« Marks Stimme war tonlos. Niemand zweifelte daran, dass er Recht hatte.

Antons Brust hob und senkte sich immer schneller. Fast körperlich spürte Kata seine Angst um Mia.

»Wir müssen versuchen, hier herauszukommen«, sagte Elli und ihr Stimme klang ruhig wie immer.

Überrascht hob Kata den Kopf. Auch Mark und Lore musterten sie erstaunt.

»Du glaubst, wir haben noch eine Chance?«, fragte Kata zweifelnd.

»Ich hoffe«, erklärte Elli grimmig und betrachtete die anderen mit gerunzelter Stirn. »Ihr erinnert euch an den Sommer vor zwei Jahren?«

»Und?« Kata kniff die Augen zusammen.

»Der Wachmann hat mir damals nicht nur Lippenlesen beigebracht«, fuhr Elli fort.

»Wissen wir«, warf Lore ungeduldig ein. »Die Sache mit dem Codewort.«

Elli nickte anerkennend. »Richtig. Dann wisst ihr ja, was ich meine.«

»Nein, wissen wir nicht«, erklärte Anton genervt. »Jetzt sag schon.«

Elli grinste. »Hier in der Baracke gibt es doch die Notentriegelung«, fuhr sie mit gesenkter Stimme fort. »Ich habe ihm damals hoch und heilig versprochen, dass ich es niemandem verrate.«

»Deshalb wissen auch alle davon«, erwiderte Anton und verdrehte die Augen.

Elli warf ihm einen verächtlichen Blick zu. »Es gibt ein Codewort, mit dem sich das Schloss elektronisch öffnen lässt. Sobald man es ausspricht, springt die Tür auf. Ist eine Art Notfallmaßnahme. Kennen nur die Wachleute, die vor der Baracke Wache schieben.«

»Worauf willst du hinaus?«, fragte Lore müde.

Elli grinste. »Das Wort wird natürlich dauernd geändert. Für jeden Einsatz in der Baracke gibt es ein neues Codewort. Erfahren nur die Wachen, die gerade Dienst haben.«

Kata seufzte. Für einen Moment hatte sie Hoffnung geschöpft.

»Aber versteht doch«, sagte Elli leise und beugte sich vor, als fürchtete sie, jemand könnte sie belauschen. Dabei gab es in der Baracke nur im Hauptraum zwei Kameras, auch hier war das Bad ausgespart worden. »Wir müssen nur das Wort ausfindig machen, dann kommen wir hier raus. Dann sind es nur noch ein paar hundert Meter bis zum Dschungel. Das ist zu schaffen.«

»Und was machen wir dort?«, fragte Anton verächtlich. »Das ist doch eine Falle. Es gibt keine Hintertür!«

»Doch, die gibt es«, warf Kata rasch ein. »Wir müssen sie beim ersten Mal übersehen haben.«

Anton schnaubte.

»Wir müssen es wenigstens versuchen, sonst können wir uns gleich selbst umbringen.« Elli machte eine harsche Handbewegung.

Kata schwieg betroffen und auch Anton sagte nichts mehr.

»Eine winzige Chance«, sagte Mark gedehnt. »Unsere einzige.«

Dankbar lächelte Elli ihn an und nickte.

»Wie sollen wir an das Wort kommen?«, warf Lore ein.

Elli hob die Augenbrauen und sah bedächtig von Kata zu Anton. »Das müsst ihr beide gemeinsam schaffen.«

In der eintretenden Stille waren leise Stimmen von nebenan zu hören. Anton verschränkte die Arme vor der Brust und musterte Kata von oben herab.

»Was soll das heißen?«, fragte er und verzog verächtlich den Mund.

»Telekinese – Gedanken lesen«, antwortete Elli. »Das könnt ihr beide.«

Kata hob abwehrend die Hand.

»Du auch«, fuhr Elli rasch fort.

Kata öffnete den Mund, doch Elli kam ihr zuvor. »Ich weiß«, sagte sie rasch, »dass du das nicht magst. Aber es ist unsere einzige Chance.«

Kata starrte sie an. Dann erhob sie sich bedächtig und trat Anton gegenüber, der sie abschätzig musterte.

»Ihr beide zusammen könntet es schaffen«, sagte Elli eindringlich.

Kata starrte Anton unwillig an. Sie hasste die künstlich erzeugten Fähigkeiten und wusste, dass Anton sich ärgerte, dass sie bei ihm nur schwach ausgeprägt waren. In den vergangen Jahren hatte er viel Zeit damit zugebracht, die telekinetische Fähigkeit zu üben, trotzdem hatte er kaum etwas erreicht.

»Deine Fähigkeiten, Kata«, fuhr Elli fort, »verbunden mit Antons Wissen, wie man sie anwendet, das könnte uns retten. Zusammen habt ihr eine Chance, der Wache draußen das Passwort zu entlocken.«

Zweifelnd blickte Kata sie an, dann sah sie zu Anton, der sie mit finsterer Miene musterte. Sie erwiderte seinen Blick, dann zuckte sie mit den Achseln. »In Ordnung«, sagte sie und verschränkte ebenfalls die Arme vor ihrer Brust. Nun standen sie einander gegenüber wie Spiegelbilder. »Das kriegen wir hin«, sagte Kata dumpf und kämpfte gegen einen hysterischen Lachanfall.

Anton schien ihren verkrampften Gesichtsausdruck falsch zu deuten und musterte sie feindselig. »Klar.«

Die anderen erhoben sich.

Das Gefühl, gleich in hysterisches Lachen ausbrechen zu müssen, ließ nach. »Fangen wir an«, erwiderte Kata entschieden und war froh, dass sie sich wieder im Griff hatte.

Lore legte beruhigend ihre Hand auf Katas Arm, dann folgte sie den anderen.

Als Elli die Tür aufstieß, schwappte eine Welle von Geräuschen herein. Stimmengewirr, Gelächter, leises Weinen. Lore verschwand in den Hauptraum, gefolgt von Mark und Elli. Dann schloss sich die Tür wieder und die Geräusche verklangen zu einem leisen Murmeln.

Anton und Kata standen sich gegenüber und nun, da sie allein waren, musterten sie sich unverhohlen feindselig.

Kata brach als Erste das Schweigen. »In Ordnung«, sagte sie und setzte sich wieder. »Wir mögen uns nicht. Ist okay. Aber wenn wir jetzt nicht zusammenarbeiten, dann gehen wir alle drauf. Du auch.«

Anton verzog das Gesicht. »Wer sagt, dass ich nicht kooperiere«, erwiderte er verächtlich. Dann setzte er sich Kata gegenüber und verschränkte die Beine.

»Was muss ich tun?«, fragte Kata und versuchte, gelassen zu bleiben. Es fiel ihr schwer, ruhig mit Anton zu sprechen.

Der grinste verächtlich. »Konzentrier dich«, schnarrte er im Befehlston und richtete sich auf.

Kata schluckte, doch sie schwieg und richtete sich ebenfalls auf.

»Beine übereinander, Handflächen nach oben auf die Knie«, schnarrte er und machte es vor.

Kata tat es ihm nach. Nun saßen sie einander mit aufgerichtetem Oberkörper gegenüber. Kata versuchte, so gut es ging auszublenden, dass sie Antons Worten folgte.

»Sammle deine Gedanken und richte deinen Blick auf eine Stelle an der Wand. Versuche, deine Gedanken auf diese Stelle zu konzentrieren. Denk an nichts anderes.« Antons Stimme war sanfter geworden, fast zärtlich. »Tief atmen. Zunge an den Gaumen.«

Kata tat, was er sagte. Sie atmete ein und aus, blickte über seine Schulter auf eine dunkle Stelle an der Wand und versuchte, sich darauf zu konzentrieren. Auch Anton sah an ihrem Gesicht vorbei und fixierte die Wand hinter ihr.

Ihre und Antons Atemzüge wurden immer tiefer und gleichmäßiger. Allmählich näherte sich ihre Atmung einander an, bis sie schließlich im gleichen Rhythmus waren: ein – aus – ein – aus.

Kata spürte ein unangenehmes Gefühl in der Magengrube. Das gemeinsame Atmen mit Anton verursachte ihr Übelkeit. Nicht nur, dass sie einen Fötus von seinem Samen in sich trug, nun musste sie auch noch seinen Atemrhythmus ertragen. Ein unterdrücktes Würgen schüttelte sie. Dann dachte sie an die Clans, die ihre ganze Hoffnung auf sie gesetzt hatten.

Kata reckte den Kopf und atmete flacher, bis die Übelkeit nachließ. Dann konzentrierte sie sich ganz auf die Wand ihr gegenüber und verdrängte jeden Gedanken an den Fötus und an Anton. Ein – aus – ein – aus. Eine Ruhe überkam sie, wie sie sie selten spürte.

Anton meldete sich zu Wort. »Nun sieh mich an«, sagte er mit sanftem Ton, den Kata noch nie zuvor von ihm gehört hatte.

Sie wandte den Blick und sah in seine Augen. Die Abneigung darin widerte sie an, ihr Atemrhythmus geriet durcheinander. Sie bemühte sich, sein Gesicht auszublenden. Das Grinsen war inzwischen gewichen, seine Gesichtszüge wirkten leer, konzentriert. Das half ihr, jeden Gedanken an den Chief der Gorillas auszublenden. Sie sah nur in seine Augen und begann erneut gleichmäßig zu atmen, bis ihr Atem und seiner klangen, als kämen sie aus einer Lunge.

Ein – aus – ein – aus.

»Woran denke ich?« Antons Stimme klang neutral und wie von weit her.

Sie sah seine sichelförmig geschnittenen Augen und seine Pupillen, die sich geweitet hatten. Der dunkle Fleck inmitten seiner Augen schien sie förmlich einzusaugen, mitten hinein in seine Gedanken. Irgendetwas wirbelte durcheinander, Kata fühlte sich verwirrt.

Dann wieder Antons Stimme, fast als wüsste er, was in ihr vorging.

»Wehre dich nicht«, sagte er monoton und seine Stimme bekam einen beschwörenden Klang, »lass dich hineinziehen.«

Ein – aus – ein –aus.

»Was denke ich?«

Kata starrte in Antons Pupillen, hinter denen es zu wimmeln schien. Gedanken stoben in Wolken auf und verflüchtigten sich wieder. Dann glaubte sie ein einzelnes Wort zu sehen, dass sich hinter ihrer Stirn verdichtete. Fast kam es Kata vor, als wäre das Wort aus Buchstaben geformt und sie müsste versuchen, es zu lesen. Angestrengt kniff sie die Augen zusammen, doch dann verschwamm es wieder und verschwand.

Keuchend holte Kata Luft. Erst jetzt merkte sie, dass sie vor lauter Anspannung den Atem angehalten hatte. Sie begegnete Antons skeptischem Blick und lehnte sich automatisch zurück.

»Nicht schlecht für den Anfang«, sagte er und fast glaubte Kata hinter seinen Worten eine gewisse Bewunderung zu spüren.

»Was ist passiert?«, fragte Kata und versuchte, ihren Atem zu beruhigen, der ihre Brust in schnellem Rhythmus hob und senkte.

»Du hast was zu fassen bekommen. Bei dem Versuch, das Wort zu erspüren, hast du dich verkrampft«, antwortete Anton. »Das war's.«

»Heißt was?«, fragte Kata ungeduldig und bereute im nächsten Moment ihren scharfen Ton.

Anton richtete sich auf und zwischen seinen Augenbrauen erschien eine steile Falte. »Was denkst du, warum ich das hier mache?«, zischte er wütend und seine Hände ballten sich zu Fäusten.

»Du willst deinen eigenen Arsch retten, genau wie ich«, erwiderte Kata kalt.

Er keuchte und für einen Moment fürchtete sie, er könnte auf sie losgehen. Doch dann wich die Wut aus seinem Gesicht, er öffnete die Fäuste und zwang sich, die Hände auf seine Knie zu legen.

»Wenn wir es schaffen, aus der Baracke herauszukommen, dann lauft ihr zum Dschungel«, sagte er und ließ Kata nicht aus den Augen. »Ich setze mich ab.«

Kata runzelte die Stirn. »Absetzen?«, fragte sie skeptisch.

»Wohin?« War ja nicht so, als gäbe es hier im Camp viele Möglichkeiten.

Er musterte sie abschätzig. »Das bleibt unter uns«, brachte er widerwillig hervor.

Kata hob die Augenbrauen. »Klar«, erwiderte sie leichthin und spürte im selben Moment, dass sie sich Anton nicht verpflichtet fühlte.

»Ich hole Mia«, erklärte er entschieden.

Kata sog entsetzt den Atem ein. In der vergangenen Stunde hatte sie so wenig wie möglich an Mia gedacht, sie wollte sich nicht an deren schmerzverzerrtes Gesicht und das viele Blut an ihren Händen erinnern. Nun war das Bild wieder da, so nahe wie vorhin, als sie direkt neben Mia gekniet hatte.

»Du hast keine Chance«, flüsterte sie heiser. »Das Hauptquartier ist bewacht wie ein Hochsicherheitsgefängnis. Da kommt niemand rein.«

Anton betrachtete sie mit undurchdringlicher Miene. »Ich muss es versuchen.«

Verwundert starrte Kata ihn an. In Anton schien mehr Gefühl zu stecken, als sie ihm jemals zugetraut hätte. Doch was, wenn Mia bereits tot war? Sie erschrak und verbannte diesen schrecklichen Gedanken sofort wieder aus ihrem Kopf. Davon wollte sie nichts wissen, genauso wenig wie er. Zum ersten Mal hatte sie das Gefühl, dass sie Anton verstehen konnte.

»Ist okay«, sagte sie rasch und hob beide Hände. »Machen wir weiter.«

Anton musterte sie mit zusammengezogenen Augenbrauen, dann schnaubte er und nickte. »In Ordnung«, brummte er. »Nächster Versuch. Du musst locker bleiben. Je entspannter du bist, desto eher klappt's.«

Wieder richtete er sich auf und legte seine offenen Hände mit den Handflächen nach oben auf seine Knie. Kata tat es ihm nach, konzentrierte sich auf einen Fleck an der Wand hinter ihm, und ließ zu, dass sich ihr Atem mit Antons synchronisierte.

Ein – aus – ein – aus.

»Woran denke ich?«, fragte Anton mit monotoner Stimme.

Kata blickte in seine Augen. Seine Pupillen weiteten sich und sie hatte das Gefühl, durch seine Augen wie durch ein Tor hindurchschreiten zu können. Wieder überwältigte sie das Gefühl, dass es in seinem Kopf von Gedanken nur so wimmelte. Einzelne Gedankenfetzen glitten an ihr vorüber, sie glaubte ihren Namen zu erkennen und die Gewehre der Wachen.

Dann wurde ein Wort allmählich klarer. Noch war es zu verschwommen, um es lesen zu können. Kata spürte, wie ihr Atem stockte. Sie zwang sich weiter zu atmen: Ein – aus – ein – aus.

Bleib locker, hatte Anton gesagt. Sie versuchte, sich auf das Wort zu konzentrieren und trotzdem entspannt zu bleiben. Es wurde schärfer, Kata glaubte Umrisse zu erkennen, wie Buchstaben sahen sie aus, hatten Ränder und blieben doch verschwommen.

»Knackarsch«, keuchte sie und zwang sich, den Blick von seinen Augen zu lösen. Dann verzog sie das Gesicht. »Knackarsch?«, wiederholte sie und runzelte die Stirn, »was soll der Quatsch?«

Anton grinste. »Wieso? Ist doch ein ordentliches Wort?« Dann nickte er anerkennend. »Du bist echt gut.«

Kata runzelte die Stirn. »Versuch es das nächste Mal bitte mit neutralen Wörtern. Das macht es einfacher.«

Anton streckte sich und machte sich dann wieder bereit. »Nächster Versuch«, sagte er. »Wir haben nur ein paar Stunden. Mit mir als Übungsobjekt hast du optimale Bedingungen. Wenn du es heute Nacht im Vorübergehen bei der Wache schaffen willst, wird es schwieriger.«

Kata wusste, dass er Recht hatte. Sie richtete sich erneut auf und heftete ihren Blick auf die Wand hinter ihm.

Doch es gelang ihr kein weiteres Mal seine Gedanken zu lesen. Drei Versuche später lehnte sie schweratmend an der Toilettenschüssel. »Du gibst dir keine Mühe mehr, an das Wort zu denken«, beschwerte sie sich.

»Der Wachmann heute Nacht wird sich auch keine Mühe geben«, erwiderte Anton lapidar. »Du musst es schaffen, seine Gedanken zu lesen, ohne dass er sich fokussiert.«

Die Tür öffnete sich. Mit gerunzelter Stirn hob Kata den Kopf. Lores Gesicht kam im schmalen Türspalt zum Vorschein. »Und?«, flüsterte sie.

Kata hörte hinter ihr die unruhigen Stimmen der Clan-Member.

»Raus«, antworteten Anton und sie gleichzeitig.

Lore grinste. »Klingt gut«, brummte sie, zog ihren Kopf zurück und schloss lautlos die Tür.

»Also«, knurrte Anton und hob den Kopf.

Kata setzte sich ihm gegenüber und konzentrierte sich auf den Fleck hinter seiner Schulter. Ein – aus – ein – aus.

Dann sah sie in seine Augen. Anton erwiderte nur kurz ihren Blick, dann sah er auf die Wand neben sich, auf den Boden, zum Waschbecken. Ohne sich von seinem unruhigen Blick ablenken zu lassen, bemühte sich Kata seine Pupillen zu fixieren. Wieder hatte sie das Gefühl, in ein Chaos unruhiger Gedanken hineingezogen zu werden.

»Was ist dein Lieblingsessen?«, fragte Kata, ohne den Blick abzuwenden.

Für einen Moment sah er in ihre Augen. »Geht dich nichts an«, brummte er.

Kata versuchte, seinen Blick festzuhalten. Eine halbe Sekunde erwiderte er ihren Blick und sah dann wieder weg. Das Chaos hinter seinen Augen wurde konkreter und aus dem Gewimmel schälte sich ein einzelnes Wort. Bleib entspannt, sagte sich Kata und achtete darauf, ihren Atem ruhig zu halten.

»Rumpsteak«, stieß sie schließlich hervor und sank mit einem Stöhnen nach hinten.

Anton nickte. »Du wirst besser«, sagte er und Kata hörte Bewunderung aus seiner Stimme. »Wie hoch ist deine Fähigkeit?«

Kata zuckte mit den Achseln. »Angeblich 40 Prozent.«

»Cool«, erwiderte er und grinste. »Ich hab nur 10 Prozent geschafft.«

Kata gönnte sich einen Moment Ruhe, dann übten sie weiter. Ab und zu wurden sie von einem der Clan-Member unterbrochen, das zur Toilette musste. Eine endlose Zeit später senkte sich draußen die Dunkelheit herab.

»Pause«, murmelte Kata erschöpft. »Ich brauch ein paar Minuten.«

Anton zuckte mit den Achseln. »Deine Entscheidung.«

Kata erhob sich und schüttelte ihre Beine. Das Blut begann wieder zu pulsieren, ihre Unterschenkel kribbelten. Kata machte versuchsweise ein paar Schritte. Sie öffnete das kleine Fenster, das knapp unter der Decke saß, und sog frische Luft ein. Dann schüttelte sie ihre Gelenke, ließ den Kopf rollen und lockerte ihre Finger.

Nachdenklich hob sie den Kopf. »Warum hast du eigentlich Mia mit deinem Kooperationsangebot zu mir geschickt?«, fragte Kata. »Hättest auch selber kommen können.«

Anton runzelte die Stirn. »Dasselbe könnte ich dich fragen«, entfuhr es ihm.

Kata hob die Augenbrauen. »Soll das heißen …«, begann sie, dann schwieg sie überrascht. »Du hast sie nicht zu mir geschickt«, stellte sie fest.

Anton nickte überrascht.

»Und bei dir war sie auch«, fuhr Kata fort, »und hat gesagt, dass ich kooperationsbereit bin, aber zum Schein Widerstand leiste. Damit ich mein Gesicht nicht verliere. Richtig?«

Anton nickte wieder und grinste.

Auch Kata musste grinste. »Sie hat uns reingelegt«, sagte sie und begann zu kichern. »Sie hat uns reingelegt!«, wiederholte sie und begann lauthals zu lachen.

Anton musterte sie mit finsterem Gesicht. Kata krümmte sich vor Lachen, all dieser Müll, die Angst, die Anspannung knallte mit dem Lachen aus ihr heraus.

Antons Gesichtsausdruck entspannte sich, er wirkte überrascht, dann stimmte er unvermittelt in ihr Gelächter ein.

Es dauerte nicht lange, dann öffnete sich die Tür und die überraschten Gesichter von Lore, Mark und Elli tauchten auf. Sprachlos betrachteten sie die beiden Clan-Chiefs, die wie alberne Teenager lauthals lachten.

»Schon in Ordnung«, keuchte Kata und wedelte mit der Hand, dass die anderen wieder verschwinden sollten.

Lore schüttelte den Kopf, tauschte einen fassungslosen Blick mit Mark und Elli, dann schloss sich die Tür wieder.

Sie brauchten einige Minuten, bis sie sich beruhigt hatten. Schließlich richtete Kata sich auf und wischte sich die Lachtränen aus den Augen. »Waffenstillstand«, sagte sie und streckte Anton die Hand entgegen.

Das Grinsen verschwand aus seinem Gesicht, nachdenklich betrachtete er Kata. Dann nickte er, hob seine Hand und schlug ein. »Waffenstillstand«, sagte er grimmig. »Bis wir aus dem Camp raus sind.«

Kata presste die Lippen zusammen. Typisch, dass er nur zum Teil zustimmte. Aber egal, Hauptsache, sie kamen hier raus. Draußen war es nicht mehr ihr Problem, wenn er seine eigene Nummer durchzog. Doch jetzt mussten sie zusammenarbeiten.

»Ich bin soweit«, erklärte sie.

Anton rieb sich den Nacken, dann reckte er ächzend beide Arme nach oben. Mit einem Räuspern stand er auf. »Lass uns im Stehen weitermachen«, erwiderte er und seine Stimme klang rau, als wäre ihm sein Gefühlsausbruch peinlich, »die Wache heute Nacht sitzt auch nicht auf dem Boden.«

Kata erhob sich und trat ihm gegenüber.

Er betrachtete sie nachdenklich. »Nicht so«, knurrte er schließlich. »Lass uns die Situation durchspielen.«

Er wandte sich um und stand nun mit dem Gesicht zur Tür. »Kann losgehen«, erklärte er.

Kata trat hinter ihn. »Hey«, sagte sie und tippte ihm auf die Schulter.

Unwillig wandte Anton den Kopf und blickte mit gerunzelter Stirn zu ihr. »Was?«, fuhr er sie an.

Kata holte tief Luft und stieß sie wieder aus. Sie blähte die Backen, dann zuckte sie mit den Achseln. »Was soll ich dem sagen?«

Unwillig wandte sich Anton wieder zur Tür. »Ist doch egal. Sag irgendwas. Hauptsache, er sieht dich an.«

Kata seufzte. Dann reckte sie sich und streckte erneut die Hand aus. »Hey«, rief sie entschlossen und tippte Anton auf die Schulter.

»Was?«, knurrte dieser, ohne den Kopf zu drehen.

»Eines der Kinder ist krank. Wir brauchen dringend einen Arzt!«, rief Kata und versuchte, möglichst dramatisch zu klingen, was ihr in dieser Situation nicht schwerfiel.

Anton wandte den Kopf und Kata konnte in seine Augen sehen. Sofort gelang es ihr, durch seine Pupillen hindurch einen Blick auf seine Gedanken zu erhaschen. Zum ersten Mal fiel ihr auf, dass sie unterschiedliche Farben hatten. Es gab rote Worte, blaue und gelbe.

Er wandte sich wieder zur Tür. »Ist mir egal«, knurrte er.

»Sollte es aber nicht«, rief Kata, »sonst tragen Sie die Verantwortung, wenn eines der Kinder stirbt.«

Erneut wandte Anton den Kopf und gewährte ihr einen Blick in seine Pupillen. Als Kata in das Farbenspiel seiner Gedanken blickte, begriff sie, dass es Emotionen sein mussten. Gelb überwog. Doch erst als sie das quittegelbe Wort »Mia« bemerkte, wurde ihr klar, dass die gelben Gedanken seine Angst widerspiegelten. Überrascht hielt Kata inne. Anton hatte Angst. Viel Angst. Genau wie sie.

Er runzelte die Stirn und trat zur Seite. »Was?«, fragte er unwirsch.

»Nichts«, erwiderte Kata und zuckte die Achseln.

»Sag schon«, knurrte er. »Was hast du gesehen?«

Kata schwieg.

Anton lehnte sich an die Wand und blickte sie abschätzig an.

»Du hast Angst um Mia«, antwortete Kata leise.

Anton stieß sich mit der Schulter von der Wand ab und stopfte grimmig die Hände in seine Hosentaschen. Wütend starrte er sie an und für einen Moment fürchtete Kata, er würde die Übungen abbrechen. Doch dann zuckte er mit den Schultern.

»Klar«, erwiderte er müde. »Du nicht?«

»Natürlich«, stieß Kata hervor.

Seine Schultern lockerten sich. Dann nahm er die Hände aus den Taschen und wandte sich erneut zur Tür. »Nun mach schon«, knurrte er.

»Wie bring ich die Wache dazu, an das Passwort zu denken?«, fragte Kata zweifelnd.

Anton zuckte mit den Achseln. »Wie vorhin. Das Rumpsteak.«

Kata nickte. »Er wird es mir nicht sagen«, murmelte sie, »aber er wird daran denken.« Dann hob sie die Stimme: »Hey«, sagte sie und tippte Anton mit dem Zeigefinger auf die Schulter. »Einer der Jungen ist zusammengebrochen, wir brauchen einen Arzt.«

»Mir doch egal«, knurrte Anton und drehte sich nicht um.

»Die Admiralin wird Sie verantwortlich machen, wenn er stirbt«, fuhr Kata fort.

Nun drehte sich Anton um und blickte sie wortlos an.

»Wie lautet heute das Codewort für die Notverriegelung?«, fragte Kata rasch.

Anton starrte sie an, nur den Bruchteil einer Sekunde, dann blinzelte er und wandte ihr wieder den Rücken zu.

»Pfannkuchen«, sagte Kata hinter ihm.

Anton drehte sich um und grinste. »Du bist wirklich gut.« Er nickte zufrieden. Dann sah er wieder zur Tür. »Okay, das üben wir noch ein paarmal.«

Zwei Stunden später lehnte er sich zufrieden gegen die Wand. »Das muss reichen«, murmelte er.

»Hoffentlich«, erwiderte Kata und rieb sich die Augen. Die letzten Stunden waren verdammt hart gewesen. »Ich schlafe jetzt ein paar Minuten. Dann geht's los.«

Anton gab die Tür frei und Kata ging hinüber zu den anderen. Im Hauptraum hatten sich die Clan-Member kreuz und quer verteilt. Einige lagen auf dem nackten Boden, andere hatten sich ihren Rucksack unter den Kopf geschoben und sich mit ihren Jacken zugedeckt. Die meisten schliefen, einige waren aufgeschreckt und folgten jede ihrer Bewegungen mit ängstlichen Augen.

Vorsichtig stieg Kata über Arme und Beine, die zum Teil ineinander verknotet waren. Auf einem der Betten lagen Lore und Elli dicht aneinander gekuschelt. Ein Bett weiter schliefen die Jüngsten der Papageien und Delfine. Auf dem Boden davor lag Mark und schnarchte leise.

Kata fand vor der Wand noch eine schmale Stelle, wo sie sich ausstrecken konnte. Durch die offen stehende Waschraumtür sah sie, wie es sich Anton auf dem Boden zwischen Waschbecken und Toilette bequem machte. Sie stellte ihr Datenarmband auf eine Stunde, dann bettete sie ihren Kopf auf den Rucksack und schlief sofort ein.

26.

Als ihr Armband piepte, brauchte Kata ein paar Sekunden, um wach zu werden. Das Atmen der Clan-Member um sie herum klang lauter als noch vor einer Stunde.

Müde richtet sich Kata auf, reckte die Arme und gähnte. Dann fiel ihr ein, was ihr bevorstand. Sie blieb noch einen Moment sitzen und besann sich. Sie war verdammt müde und konnte nur hoffen, dass der Adrenalin-Kick die Müdigkeit ausgleichen würde.

Kata stand auf und ging vorsichtig zwischen den schlafenden Clan-Membern hindurch. Sie weckte Lore, dann Elli und schließlich Mark. Die drei folgten ihr ins Bad, wo Kata Anton wachrüttelte. Lore zog die Tür zu und setzte sich zu den anderen auf den Boden.

»Wir haben genau eine Chance«, knurrte Anton und gähnte mit weit offenem Mund.

Kata nickte. Lore legte ihr die Hand auf die Schulter und drückte sie beruhigend. »Du schaffst das«, flüsterte sie.

»Wir wecken alle und machen uns fertig.« Anton rieb sich die rechte Wange, bis sie feuerrot war. »Mit Rucksack und allem.« Er blickte zu Kata. »Dann gehst du zur Tür und sprichst mit dem Wachmann. Wir müssen den Überraschungseffekt ausnutzen. Sobald du das Codewort weißt, sprichst du es laut aus. Ich warte hinter der Tür und kümmere mich um den Wachmann. Er darf keine Gelegenheit haben, Meldung zu geben.«

»Sie werden im System sehen, dass jemand mit dem Codewort die Schließanlage geöffnet hat«, sagte Lore zweifelnd.

»Aber sie werden nicht wissen, warum«, fuhr Anton fort. »Also kommen sie direkt zur Baracke. Bis sie Bescheid wissen und drüben am Dschungel sind, haben wir ein paar Minuten Zeit. Das muss reichen.«

»Verdammt wenig«, murmelte Kata.

Die anderen nickten beklommen.

»Es muss klappen!« Anton sprach leise und die Worte klangen wie eine Beschwörungsformel.

Kata zog die Beine an und stand auf. »Seid ihr soweit?«, fragte sie grimmig. Ihr Blick blieb an Mark hängen.

Er gähnte und brummte zustimmend. Verlegen sah sie weg. Elli nickte, auch Lore stimmte zögernd zu.

Anton wartete bereits an der Tür. Gemeinsam gingen sie hinüber und schoben sich durch die kreuz und quer liegenden Clan-Member, weckten sie, halfen ihnen beim Aufstehen und beim Aufsetzen der Rucksäcke. Kein Wort fiel.

Sita weinte, doch in Ellis Armen beruhigte sie sich schnell. Endlich standen sie aufrecht, alle wirkten konzentriert. Niemand fragte. Kata vergewisserte sich, dass alle bereit waren. Dann sah sie die anderen Clan-Chiefs an. Sie nickten.

Leise ging Kata zur Tür und wartete, bis Anton sich in Stellung gebracht hatte. Dann hämmerte sie so heftig gegen die Tür, dass ihre Knöchel schmerzten. Mit erhobener Hand blieb sie stehen und lauschte. Nichts rührte sich. Gerade wollte Kata ein zweites Mal klopfen, als eine Klappe nach unten fiel. Ein schmaler Spalt wurde sichtbar.

Betroffen starrte Kata auf das kleine Rechteck vor sich. Sie konnte kaum die Wangenknochen des Wachmanns erkennen, seine Augen lagen im Dunkeln. Anton winkte hektisch, er wollte, dass sie näher ran ging.

»Was ist?«, fragte eine schroffe Männerstimme.

Kata öffnete den Mund und machte einen Schritt nach vorn, als wolle sie sicher sein, dass der Wachmann ihre Worte verstand. »Einer der Jungen ist zusammengebrochen. Es geht ihm schlecht. Sehr schlecht.«

Verzweifelt starrte sie auf die kleine Öffnung. Nun konnte sie zwar Mund und Wangen des Mannes sehen, aber nicht seine Augen. Ganz langsam beugte sie die Knie und hoffte, dass der

Wachmann es nicht bemerkte. Nun konnte sie schräg nach oben sehen, doch anstelle seiner Augen sah sie nur schwarze Schatten.

Seine Kieferknochen mahlten, immer noch schwieg er.

»Sie müssen uns helfen!«, rief Kata und die Anspannung verzerrte ihre Stimme.

Nun kam Bewegung in den Mann. Er griff nach dem Funkgerät und hielt es vor seinen Mund. Wie hypnotisiert starrte Kata auf die dunklen Schatten, die seine Augen verbargen. Ein leises Klicken verriet, dass der Sprechmodus aktiviert wurde. Der Wachmann öffnete den Mund und holte Luft.

Endlich hatte sich Kata von ihrem Schreck erholt. Sie ließ sich gegen die Tür fallen, rutschte nach unten und spähte angestrengt nach oben. Jetzt konnte sie seine Augen erkennen. Die Pupillen waren klein und dunkel, viel kleiner als bei Anton, da nun das Licht über ihre Schulter auf seine Augen fiel.

»Wie heißt das Codewort für die Notentriegelung?«, rief sie hastig.

Überrascht hielt er inne und starrte sie an. Es war nur ein kurzer Moment, doch es reichte.

Kata spürte Triumph und Erleichterung zugleich, als sie hinter seinen Pupillen das Wort »Tragschrauber« aufblitzen sah. Noch bevor sich der Wachmann von seiner Überraschung erholte, rief sie laut »Tragschrauber«.

Mit einem dumpfen Klacken sprang die Tür auf. Anton drängte sich nach draußen und schlug dem Wachmann das Funkgerät aus der Hand. Es schlidderte an Kata vorbei über den Boden. Noch bevor der Mann seinen Arm nach oben reißen konnte, verpasste Anton ihm einen Schlag gegen die Schläfe, sodass er zu Boden fiel.

Mark trat gegen das Funkgerät und beförderte es unter eines der Betten. Von Elli und Lore angetrieben, drängten die Clan-Member nach draußen. Anton kniete neben dem Wachmann und kramte in dessen Taschen. Überrascht beobachtete Kata, wie Anton eine kleine halbautomatische Waffe zutage förderte und einsteckte. Sie verkniff sich eine Bemerkung und konzentrierte sich auf die Clans, die nach draußen strömten und vor der Baracke eine Kolonne bildeten.

Kata gab Elli ein Zeichen. Diese nickte, nahm die Spitze des Zugs ein und begann zu laufen. Kata dirigierte Mark in die Mitte der Kolonne und Lore an das Ende. Dann folgten sie und Anton.

Kalte Nachtluft schlug ihnen entgegen, die Kata gierig einsog. Noch war es dunkel und trotz der Nachtkälte fror sie nicht. Der Wind strich über ihre vor Aufregung heißen Wangen.

Anton scherte aus und verabschiedete sich mit einem kurzen Nicken.

Betty, die seit gestern immer in seiner Nähe geblieben war, starrte ihn entsetzt an und blieb ebenfalls stehen. »Riskier nicht dein Leben. Das ist sie nicht wert!«, rief sie verzweifelt. Als sie sah, wie sich sein Gesicht verzerrte, fuhr sie rasch fort: »Das ist niemand wert!«

Kata blieb ebenfalls stehen. »Wenn andere nicht ihr Leben für Anton riskiert hätten, stünde er jetzt nicht hier«, sagte sie kalt.

Betty riss den Kopf herum und starrte Kata finster an. »Misch dich nicht ein.«

Lore und Mark hatten bemerkt, dass sie zurückgeblieben waren und blieben nun ebenfalls stehen.

»Kommt endlich.« Der Nachtwind trieb Lores Stimme bis zu ihnen. Sie ruderte mit beiden Armen in der Luft, winkte verzweifelt.

»Achte auf die Kleinen«, sagte Anton zu Betty und seine Stimme klang rau. »Ich komm bald nach.« Er gab ihr mit einer Handbewegung zu verstehen, dass sie gehen sollte.

Betty zögerte und Kata sah, wie sehr die widerstreitenden

Gefühle in ihr arbeiteten. Ein böser Blick streifte Kata, dann gab Betty nach und folgte der Kolonne.

Anton begann zu laufen, diesmal in die andere Richtung, zurück zum Hauptquartier. Nachdenklich beobachtete Kata, wie seine massige Gestalt in der Dunkelheit verschwand. Ihre eigenen Worte klangen in ihr nach. Lore hatte, ohne zu zögern, ihr Leben für Anton riskiert. Beklommen dachte sie an die zahlreichen Bewegungsmelder rund um das Hauptquartier. Sie würden ihn wahrscheinlich schon etliche Meter vorher schnappen. Mias Gestalt schob sich in ihr Gedächtnis, wie sie leblos zwischen den Wachen gehangen hatte. Sie waren einmal befreundet gewesen, sie und Mia, bevor es Anton in ihrem Leben gegeben hatte.

Kata schluckte. Dann winkte sie Lore und Mark zu, die noch immer auf sie warteten. »Wir holen Mia«, rief sie.

Als Lore sie überrascht anstarrte und etwas erwidern wollte, sprach sie rasch weiter. »Wartet nicht auf uns. Wenn ihr im Dschungel seid, dann sucht die Tür und sobald ihr sie gefunden habt, haut ab. Hinterlasst uns bei der verkrüppelten Akazie eine Nachricht, wo die Tür ist. Dann kommen wir nach.«

»Das schafft ihr nicht«, rief Lore entsetzt.

Vor ihr drehten sich einige Köpfe, die Clan-Member starrten sie neugierig an.

»Beeilt euch!«, rief Kata.

Lore kehrte zu ihr zurück und griff nach Katas Hand. Sie wirkte so verloren, dass Kata Tränen in die Augen stiegen. »Sie brauchen dich«, sagte Kata leise.

Mark kam zögernd näher, hob die Hand und ließ sie wieder sinken.

»Sie brauchen euch«, sagte Kata heiser und wagte es nicht, ihn anzusehen.

Lore umarmte sie. »Ihr müsst nachkommen«, flüsterte sie in Katas Ohr, »versprochen?«

»Versprochen«, erwiderte Kata, drückte Lore ein letztes Mal und löste sich aus ihren Armen.

Zögernd griff sie nach Marks Hand und sah ihn an. Er erwiderte ihren Blick und in seinen Augen lag etwas, worauf sie lange gewartet hatte.

Kata schluckte, dann drehte sie sich rasch um und folgte Anton.

Ihre Beine trugen sie so leicht wie lange nicht mehr. Drei Minuten lief sie durch die Dunkelheit, bis sie Anton am Ende des Sportgeländes einholte. Dicht an die Tribüne gepresst beobachtete er fünf Wachleute, die mit Gewehren im Anschlag zur Baracke stürmten. Suchscheinwerfer tauchten das Gelände in gleißendes Licht und wiesen ihnen den Weg.

Als Kata näherkam, zuckte Anton zusammen. Dann erkannte er sie. Anton stieß den Atem aus und nickte wortlos, als hätte er sie erwartet. Schweigend verharrten sie weitere zwei Minuten. Dann lag das Gelände verlassen vor ihnen. Niemand schien damit zu rechnen, dass sie zum Hauptquartier zurückkehren würden.

Anton gab ihr ein Zeichen und gemeinsam setzten sie ihren Weg fort. Die gleißenden Kegel der Suchscheinwerfer wanderten weiter und wiesen nun den Weg zum Dschungel. Das Streulicht erhellte auch das Gelände rund um das Hauptquartier. Sie mussten weit nach Norden ausweichen, um nicht in die Lichtfelder zu geraten.

Kata hob den Kopf und ihr Blick wanderte die Fassade hinauf. Die unteren beiden Stockwerke lagen im Dunkeln. Nur auf der Krankenstation, in den Wohnungen des Camp-Teams und im Büro der Admiralin brannte Licht.

Jetzt trennte sie nur noch zwanzig Meter vom Hauptquartier.

»Warte«, flüsterte Kata.

»Was?« Seine Lippen formten das Wort ohne Ton.

Auch Kata wechselte zur lautlosen Kommunikation. »Da

vorne sind die ersten Bewegungsmelder«, gestikulierten ihre Hände und sie wies hinüber. »Sobald wir zu nahe kommen, wissen sie, dass wir hier sind.«

Er verlangsamte seine Schritte und wandte ihr den Kopf zu, damit sie von seinen Lippen lesen konnte. »Könnte doch auch der Wind sein.«

Kata schüttelte den Kopf. »Die erkennen den Unterschied. Außerdem springen die Kameras an.«

Nachdenklich blieb Anton stehen. Kata trat neben ihn und gemeinsam blickten sie hinauf zu dem schwachen Schimmer, der aus der Krankenstation nach draußen drang.

Hoffentlich ist sie dort oben, dachte Kata.

»Was schlägst du vor?«, fragte er.

»Wir sind jetzt nördlich vom Hauptquartier, hier war ich nachts noch nie. Weiter südlich kenne ich jeden Bewegungsmelder. Lass es uns dort versuchen.«

Anton nickte.

Sie machten einen großen Bogen um das Hauptquartier und erreichten schließlich den Korridor, den Kata in den vergangenen Monaten ausgekundschaftet hatte. Dann wechselten sie die Richtung und schlichen sich näher an das Gebäude heran. Kata achtete sorgsam auf jeden Schritt. Anton folgte ihr und trat nur auf jene Stellen, die Kata ihm zeigte.

Keiner der Wachleute ließ sich blicken. Scheinbar unbeobachtet näherten sich Kata und Anton dem Hauptquartier. Sie führte ihn an der Längsseite des Gebäudes entlang nach hinten. Endlich standen sie vor dem riesigen Rolltor. Erst ein paar Wochen war es her, dass Kata hier die Worte der Admiralin belauscht hatte.

Als sie Antons Blick bemerkte, der entsetzt auf das geschlossene Tor starrte, musste sie schmunzeln. Sie winkte ihn nach rechts, wo sie vor Wochen das kleine Stück Olivenholz in der Außenschiene verkeilt hatte. Mit einem Blick sah sie, dass die

Lamellen leicht schief hingen und das Holz noch an seinem Platz war.

Kata gab Anton ein Zeichen. Geduckt liefen sie zu der Stelle, wo das Tor mit der Außenwand abschloss. Antons Schritte hinter ihr waren kaum zu hören. Dann erreichten sie das äußerste, rechte Eck des riesigen Tors. Kata machte ihn auf die Stelle an der Außenschiene aufmerksam. Überrascht musterte er den kleinen Keil. Sie gab Anton mit ein paar Gebärden zu verstehen, was sie von ihm wollte. Beide griffen nach ihren Messern und schoben sie am Keil entlang nach innen. Sie mussten nur wenig hebeln, dann konnten sie die Finger unter die Metallkante schieben und das Tor nach oben drücken. Die Lamellen gaben nach und zwischen Tor und Boden öffnete sich ein schmaler Spalt.

Kata setzte ihren Rucksack ab, legte sich auf den Boden und rollte durch den offenen Spalt ins Innere der Garage. Dort angekommen hielt sie den Atem an und lauschte in die Dunkelheit.

Als sich nichts rührte, streckte sie ihre Hand unter dem Tor hindurch und zog ihren Rucksack ins Innere. Kata wollte auch Antons Rucksack zu sich herüberholen, doch dabei streifte sie den unteren Metallrand des Rolltors. Mit einem leisen Summen senkten sich die Lamellen. Entsetzt ließ sie den Rucksack los und riss ihren Arm zurück, doch da berührte das Metall bereits ihren Handrücken und hielt sie fest. Mit aller Kraft stemmte sie sich gegen den Druck, das Blut pochte in ihren Ohren. Das Tor war schwer genug, um ihr die Hand zu zerquetschen. Kata keuchte.

In diesem Moment stoppten die Lamellen. Das Gewicht auf ihrer Hand war unbeschreiblich, doch es nahm nicht weiter zu. Mit weit aufgerissenen Augen starrte Kata auf ihre Haut, die immer blasser wurde. Da schoben sich links und rechts neben ihrer Hand Antons Finger unter dem Tor hindurch.

Sie hörte ihn ächzen und nach scheinbar endlosen Sekunden ließ der Druck nach. Sie konnte ihre Hand unter der Metallkante hervorziehen, winzige Körner bohrten sich schmerzhaft in ihre Haut. Endlich war sie frei.

Stöhnend rieb sich Kata den Handrücken und bewegte ihre Finger. Erleichtert spürte sie, dass sie bis auf einige Schürfwunden unverletzt war. Antons Keuchen brachte sie zur Besinnung. Seine Finger ragten noch immer ins Garageninnere. Kata schob ihre Finger neben Antons unter das Tor. Sie sammelte ihre Kräfte und als sie ein leises »Jetzt« von draußen hörte, drückte sie kräftig nach oben.

Schweißperlen liefen über ihre Wangen und das Blut klopfte in ihren Schläfen. Das Tor bewegte sich nicht.

Kata ächzte und nahm ihre ganze Kraft zusammen. Endlich setzten sich die Lamellen in Bewegung. Kata legte ihre ganze Kraft in ihre Finger. Der Mechanismus gab nach und ganz allmählich konnten sie das Rolltor anheben.

Erleichtert richtete sich Kata auf. Anton schob sich ins Garageninnere. Kata schnappte sich beide Rucksäcke und huschte hinüber zu dem ausrangierten Waggon. Anton folgte ihr und gemeinsam drückten sie sich hinter dem Waggon dicht an die Wand. Da öffnete sich auch schon die Metalltür zum Korridor und Licht flammte auf. Geblendet schloss Kata die Augen. Schritte waren zu hören.

»Was zum Teufel …«, murmelte eine Männerstimme und die Schritte führten ihn bis zum Tor. Ein Stiefel trat gegen Metall und die Lamellen senkten sich, bis das Garagentor vollständig schloss. »Heute spielt doch alles verrückt …«, murmelte dieselbe Männerstimme, wieder waren Schritte zu hören.

Das Licht erlosch und mit einem Klacken verschloss sich die Metalltür, dann verklangen die Schritte im Korridor.

Erst jetzt merkte sie, dass sie den Atem angehalten hatten. Kata ließ die Luft aus ihrer Lunge entweichen. Mit einem Zeichen gab sie Anton zu verstehen, dass sie noch einige Sekunden warten sollten. Schließlich winkte sie ihm und huschte an der Wand entlang. Sie achtete darauf, dass sie der Kamera nicht zu nah kam.

Als sie die Tür zum Korridor erreichte, legte sie ihr Ohr dagegen und lauschte. Nichts. Behutsam drückte sie die Klinke, öffnete die Tür millimeterweise – und sah direkt in die Augen des Wachmanns. Überrascht starrte er sie an, dann riss er die Tür auf und griff nach seiner Waffe. Mit der Rechten versetzte ihm Kata einen Schlag gegen die Schläfe. Er stürzte zu Boden und blieb im Spalt zwischen Tür und Korridorwand liegen. Kata zerrte ihn zu sich her und schloss hinter ihm die Tür zum Korridor. Sie nahm seine Waffe an sich, sicherte sie und verstaute sie in ihrem Rucksack. Dann öffnete sie die Tür zum Vorratsraum. Anton kramte in seinem Rucksack und förderte eine Rolle Klebeband zutage. Überraschte hob Kata die Augenbrauen.

Anton grinste und tippte sich mit dem Zeigefinger gegen die Stirn. Gemeinsam zogen sie den bewusstlosen Wachmann im Vorratsraum bis vor die Regale. Kata umwickelte seine Hände und Füße mit mehreren Lagen Klebeband, dann klebte sie ihm noch einen Streifen über den Mund. Sie lehnten ihn gegen die hintere Wand und schoben einige Kisten Gemüse davor, sodass er von der Tür aus nicht zu sehen war.

Kata stockte der Atem, als hinter ihnen eine Frauenstimme zu hören war. »Silv an Tom, Silv an Tom, bitte melden!«

Sie kehrte zu dem bewusstlosen Wachmann zurück und tastete ihn ab. Schließlich förderte sie sein Funkgerät zutage. Noch immer war die Frau zu hören. »He, Tom, alles in Ordnung bei dir? Melde dich doch mal! Oder muss ich runterkommen?«

Entsetzt starrte Kata auf den Lautsprecher, dann hielt sie Anton das schwarze Gehäuse hin. Stirnrunzelnd blickte er sie an, Kata gab mit der freien Hand ein Zeichen und wies auf den bewusstlos am Boden liegenden Mann.

»Hey, Tom, jetzt komm schon!«

Zögernd nahm Anton das Gerät entgegen. Dann drückte er die Sprechtaste und hielt sich das Mikro unter die Nase. »Alles in Ordnung«, krächzte er und hustete heiser, »hatte nur … zu tun.«

Er ließ den Knopf los. Atemlos lauschten Kata und Anton in die Stille. Dann ein Knacken und ein Lachen. »In Ordnung, schon gut, kann ich mir vorstellen. In einer Viertelstunde machst du wie immer Meldung, okay?«

Erleichtert nickte Kata Anton zu. Der drückte ein letztes Mal die Taste und krächzte »Okay«, dann legte er das Gerät beiseite. Kata tippte auf die Zeitanzeige ihres Datenbands. Anton nickte und schob das Sprechgerät in seine Jacke.

Kata ging hinüber zum Aufzug und schnappte sich eine der leeren Obstkisten. Sie legte ihren Rucksack zur Seite, öffnete die Tür des Speiseaufzugs und platzierte die Kiste direkt davor. Dann winkte sie Anton, der sie mit gerunzelter Stirn beobachtete.

»Der Speiseaufzug bringt mich in den dritten Stock«, formten ihre Lippen lautlos. Überrascht öffnete Anton den Mund, doch Kata winkte ab. »Habe ich schon gemacht, ist die einfachste Möglichkeit. Aber du passt da nicht rein.«

Er wollte protestieren, doch Kata brachte ihn mit einer Handbewegung zum Schweigen.

»Nur so kommen wir ungesehen nach oben. Wenn ich es bis ins Krankenzimmer schaffe, setze ich Mia in den Aufzug und schicke sie zu dir runter. Sobald du sie rausgeholt hast, drückst du den Knopf, damit der Aufzug wieder oben bei mir landet. Verstanden?«

Widerwillig nickte er. Kata sah ihm an, wie schwer es ihm fiel, zurückzubleiben. Doch es war ihre einzige Chance. Anton staunte, als sich Kata vor seinen Augen in den Aufzug faltete. Ihr Handrücken schmerzte, doch sie achtete nicht darauf. Kata zog die Tür zu und drückte den Knopf für den dritten Stock. Als sich der Aufzug mit einem leisen Surren in Bewegung setzte, ließ Anton sie nicht aus den Augen, bis die Schwärze des Schachts ihre Blicke trennte.

27.

Die Dunkelheit umfing Kata wie ein Mantel. Dann erhaschte sie einen Lichtschimmer und eine glänzende Abdeckung glitt an ihr vorüber, das musste die Verkleidung in der Küche sein. Der Aufzug fuhr höher. In der Trainingshalle gab es keine Öffnung für den Aufzug, endlich kam die Glasplatte im dritten Stock in Sicht. Kata hielt den Atem an.

Sie hatte Glück. Der Gang lag verlassen vor ihr. Kata stieß die Tür auf und ließ sich nach vorne fallen. Mit beiden Händen fing sie den Sturz auf, rollte ab und landete an der Wand gegenüber. Rasch erhob sie sich und drückte die Aufzugtür soweit zu, dass sie unauffällig blieb, aber nicht ganz geschlossen war.

Kata wich zurück zur Wand und drückte sich eng an die glatte Oberfläche. Ihr Herz klopfte bis zum Hals. Mit fliegendem Atem betrachtete sie den verlassen daliegenden Korridor. Hier war das Risiko am größten, kaum etwas, das ihr Deckung bot. Sie ließ sich zu Boden fallen und huschte auf allen Vieren hinüber zur Wartenische neben dem Untersuchungsraum. Zwei Türen weiter war das Krankenzimmer. Sie konnte nur hoffen, dass Mia dort war. Über andere Möglichkeiten mochte sie nicht nachdenken.

Sie schob einen der Stühle zur Wand und stellte sich darauf, sodass sie die Kamera erreichen konnte. Vorsichtig drehte sie das Objektiv in die Gegenrichtung. Nun zeigten beide Kameras den gleichen Korridor. Da alle Flure praktisch identisch waren, würde das bei einem flüchtigen Blick auf den Bildschirm nicht auffallen.

Kaum hörbar öffnete sich die Tür zum Krankenzimmer. Ein Lichtstrahl fiel heraus und streute diffuses Licht. Hastig kletterte Kata vom Stuhl und konnte gerade noch verhindern, dass sie ihn umstieß. Atemlos huschte sie zurück in den Wartebereich. Sie hörte Schritte, die näher kamen. Verzweifelt blickte sie sich um. Hier gab es nichts außer Stühlen. Sie packte einen und stellte ihn mit der Rückenlehne zum Gang. Einen zweiten schob mit der Sitzfläche zum Gang daneben. Dann kroch sie auf den Sitz des abgewandten Stuhls, zog die Beine an und duckte sich.

Die Schritte kamen immer näher und verstummten. Ein schwaches Licht verriet Kata, dass jemand das Datenarmband aktiviert hatte, vermutlich, um nach der Uhrzeit zu sehen. Ihr verkrümmtes Rückgrat begann zu schmerzen und das Bedürfnis, sich aufzurichten, wurde immer größer. Lange konnte sie nicht mehr in dieser Haltung ausharren. Ein vertrautes Geräusch ließ ihren Atem stocken. Sie kannte dieses Räuspern. Wilhelm. Der Lautstärke nach war er wohl keine zwei Meter entfernt. Ob er etwas bemerkt hatte? Kata schloss die Augen.

Dann waren die Schritte wieder zu hören, im gleichen gemächlichen Rhythmus wie zuvor. Erleichtert riss sie die Augen auf. Noch immer herrschte Halbdämmer, Wilhelm hatte sich nicht die Mühe gemacht, auf den Lichtschalter zu drücken. Endlich waren die Aufzugtüren zu hören, sie öffneten sich, ein paar weitere Schritte, dann schlossen sie sich wieder und das Geräusch verriet, dass Wilhelm nach unten fuhr. Kata musste ihren Atem kontrollieren, um nicht vor Erleichterung einen Seufzer auszustoßen.

Sie streckte ihren schmerzenden Rücken und stellte die Beine zurück auf den Boden. Dann huschte sie nach vorn und riskierte einen Blick in den Korridor. Er lag verlassen da wie zuvor.

Kata lief geräuschlos an der Wand entlang weiter. Sie hatte schon viel Zeit verloren, doch nun blieb alles ruhig. Unbehelligt erreichte sie das Krankenzimmer. Kata presste ihr Ohr gegen die Tür und lauschte. Sie glaubte, das monotone Piepen eines Überwachungsgeräts zu hören.

Sie holte tief Luft. Dann legte sie die Hand auf die Klinke und drückte sanft nach unten. Behutsam öffnete sie die Tür einen schmalen Spalt und lauschte. Das Piepsen war nun lauter zu hören, sonst blieb alles ruhig. Kata ließ sich auf die Knie sinken und schob die Tür weiter auf. Sie legte sich auf den Bauch und robbte in den Raum hinein. Sacht drückte sie die Tür wieder zu. Außer dem lauten Piepsen war kein weiteres Geräusch zu hören. Sie hob den Kopf und sah sich um. Niemand war zu sehen und solange sie dicht am Boden blieb, würden die Kameras sie nicht erfassen.

Kata drückte ihren Oberkörper behutsam nach oben. Endlich konnte sie auf das Bett sehen. Mias Gesicht war sehr blass, ihr Atem ging schwer. Sie lebte, aber es schien ihr schlecht zu gehen. Kata schluckte.

Nervös blickte sie sich um, dann robbte sie hinüber zum Nachttisch, der unmittelbar neben dem Bett stand. Von Weitem hatte sie gesehen, dass sich darauf eine Box mit Papiertüchern befand. Kata kroch hinter den Nachttisch in Deckung, hob den Arm und schnappte sich eines der Tücher. Dann ließ sie sich wieder fallen und robbte näher.

Kata riss einige Fetzen des Taschentuchs ab, rollte sie zu festen Kügelchen, die sie mit Spucke anfeuchtete. Eines davon warf sie zu Mia. Es traf sie an der Hand, sprang zurück und fiel zu Boden. Nichts rührte sich. Kata zielte und warf ein weiteres Kügelchen in Mias Gesicht. Es prallte von ihrer Wange ab und kullerte zur Seite. Mia verzog den Mund, doch ihre Augen blieben geschlossen. Ihr Atem ging unruhiger als zuvor.

Kata warf ein weiteres Kügelchen. Das Papier landete unsanft auf Mias rechtem Lid, blieb einen Moment haften und rollte dann auf das Kissen. Mias Atem veränderte sich und das schneller werdende Piepsen verriet, dass sie wach war. Doch noch immer blieben ihre Augen geschlossen. Kata überlegte fieberhaft, ob sie es wagen konnte, nach Mias Hand zu greifen.

In diesem Moment öffnete Mia die Augen. Sie schien hellwach zu sein. Ohne sich aufzusetzen sah sie umher, stirnrunzelnd wanderten ihre Augen durch den Raum. Als sie Kata entdeckte, weiteten sich ihre Pupillen, sonst zeigte sie keine Regung.

Kata verharrte auf dem Bauch und hielt den Zeigefinger vor ihre Lippen. Mia schloss die Augen, ließ sie für einen Moment zu und öffnete sie wieder. Sie blickte mit ausdruckslosem Gesicht einige Sekunden zur Decke, bis ihr Blick wieder zu Kata wanderte.

Kata deutete zum Dschungel und machte die Geste für »Flucht«. Mia betrachtete sie stirnrunzelnd, doch sie schien verstanden zu haben. Zweifelnd blickte sie auf das Überwachungsgerät, das unruhig piepsend ihren Herzschlag zeigte. Wieder sah sie zur Decke und wartete einige Sekunden. Dann gab sie Kata mit einer unauffälligen Handbewegung zu verstehen, dass sie sich in dem kleinen Bad verstecken sollte, das zum Krankenzimmer gehörte.

Kata runzelte die Stirn, doch sie folgte Mias Aufforderung. Flach auf dem Boden liegend robbte sie am Bett vorbei. Mia setzte sich auf. Ihr Stöhnen klang besorgniserregend und Kata fragte sich zweifelnd, ob sie die Strapazen einer Flucht überstehen würde.

Mia schwang ein Bein aus dem Bett, dann das zweite. Inzwischen hatte Kata das Badezimmer erreicht, doch die Tür war verschlossen. Mia stellte beide Füße auf den Boden und richtete sich stöhnend auf. Ihre Hand hielt sie auf die Seite gepresst, wo sich unter dem Nachthemd ein Verband abzeichnete. Sie schlurfte mit bloßen Füßen zum Bad und zog das fahrbare Überwachungsgerät hinter sich her. Mia öffnete die Tür zum Bad und blieb stöhnend stehen, als müsste sie sich einen Moment ausruhen.

Kata glitt nach nebenan in den dunklen Raum. Hinter ihr war ein Rascheln und ein Schlurfen zu hören, Mia musste zum Bett zurückgekehrt sein. Wieder erklang ein Stöhnen, dann verstummte das Piepsen.

Kata drückte sich hinter der Tür eng an die Wand und lauschte. Nur wenige Sekunden später öffnete sich die Zimmertür. Sie erkannte die Stimme von Ruth, der Krankenschwester.

»Alles in Ordnung?«, fragte sie und ihre Stimme klang erstaunt.

»Das Ding macht mich wahnsinnig, ich kann nicht schlafen, wenn es so laut piept«, sagte Mia mit quengelnder Kleinmädchenstimme. »Außerdem jucken mich die Dinger.« Den Geräuschen nach zu urteilen, riss sie gerade die Abnehmer von ihrer Haut.

»Ausnahmsweise«, brummte Ruth.

Kata musste grinsen.

Dann schloss sich die Tür und kurz darauf waren tappende Schritte zu hören. Mia kam ins Bad und schloss die Tür, dann drehte sie den Wasserhahn auf.

»Was machst du hier«, fragte sie ohne einen Laut. »Ich dachte, ihr seid in der Baracke?«

»Wir konnten flüchten. Die anderen sind hoffentlich schon im Dschungel. Anton wollte nicht ohne dich gehen.«

Kata wurde verlegen, als sie das feuchte Glitzern in Mias Augen sah. Sie räusperte sich und antwortete rasch: »Wir müssen mit dem Speiseaufzug nach unten. Ich helf dir hinein. Unten im Keller wartet Anton. Ihr schickt mir den Aufzug wieder nach oben.«

Mia nickte und blickte zweifelnd an sich herunter. Sie trug nur das Nachthemd und war barfuß. »Sie haben mir alles abgenommen.«

Kata winkte ab. »Lass uns verschwinden.«

Wieder nickte Mia. Sie öffnete die Tür und machte einige Schritte in das Zimmer, während im Bad immer noch der Wasserhahn lief. Kata sah, dass Mia mitten im Zimmer stehenblieb, als hätte sie etwas vergessen. Dann kehrte sie ins Bad zurück und machte sich am Wasserhahn zu schaffen, bis das Plätschern allmählich leiser wurde. Kata robbte quer durch das Krankenzimmer zurück zur Tür. Kurze Zeit später tauchte Mia neben ihr auf. Im Nachthemd und mit bloßen Beinen kroch sie über den Boden. Schweißperlen standen ihr auf der Stirn, die so blass war, dass die Haut fast durchsichtig wirkte.

Kata öffnete die Zimmertür einen winzigen Spalt und spähte hinaus. Der Korridor lag noch immer verlassen da, auch die Krankenschwester war nicht zu sehen. Kata robbte hinaus und war froh, dass sie sich wieder aufrichten konnte. Sie huschte hinüber zur gegenüberliegenden Wand und drückte sich dagegen. Besorgt beobachtete sie, wie Mia ihr mühsam folgte. Sie versuchte sich aufzurichten, doch sie schaffte es nicht allein.

Kata winkte sie zu sich her. Mia kroch auf allen Vieren zu ihr. Dicht an die Wand gepresst schob Kata ihren Arm unter Mias Achsel und zog sie hoch.

Mia konnte ein Stöhnen nicht unterdrücken. Entsetzt hielt Kata inne und beobachtete die Kameras am Ende des Korridors. Doch sie rührten sich nicht. Ein weiteres Mal stützte sie Mia unter der Achsel und zog sie zu sich nach oben. Mia presste beide Lippen fest aufeinander, ihr Atem ging stoßweise.

Besorgt musterte Kata Mias Gesicht, das noch eine Spur blasser geworden war. Mia nickte beruhigend und versuchte, ihren Atem zu kontrollieren. Kata wartete einen Moment, dann schob sie Mia vor sich her, an der Längsseite des Korridors entlang.

Der Weg schien endlos, zu zweit waren sie furchtbar langsam. Doch hinter ihnen blieb es ruhig und Kata stieß erleichtert den Atem aus, als sie endlich den Speiseaufzug erreicht hatten. Sie sah den Korridor hinunter und warf einen Blick zu den Kameras, deren Objektive noch immer unbeweglich in die andere Richtung zeigten. Kata zog die Aufzugtür auf und machte Mia Zeichen, dass sie hineinkriechen sollte. Mit Katas Hilfe schaffte es Mia überraschend leicht, in die enge Kabine zu krabbeln.

Kata musste grinsen. Mia war schon früher beweglicher gewesen als sie. Endlich verschwanden auch ihre Füße im Speiseaufzug. Kata drückte die Tür zu und bedeutete Mia, dass sie auf den Knopf drücken sollte. Schon setzte sich der Aufzug in Bewegung. Mias weit aufgerissene Augen verschwanden rasch in der Dunkelheit des Schachts.

Hinter Kata klappte eine Tür. Sie ließ sich zu Boden fallen, kroch zurück in den Wartebereich neben dem Untersuchungszimmer und versteckte sich hinter den Stühlen. Sie hörte weiter hinten im Korridor Schritte, dann wurde eine Zimmertür aufgestoßen.

Lass es nicht das Krankenzimmer sein, dachte Kata sehnsüchtig, nicht so schnell. Sie kroch tiefer zwischen die Stuhlbeine.

Aus dem Krankenzimmer ertönte ein Schrei, dann weitere Stimmen, schnelle Schritte. Kata schluckte. So schnell. Ihr wurde heiß.

Leises Surren verriet, dass der Speiseaufzug auf dem Weg nach oben war. Kata ließ den leeren Schacht nicht aus den Augen. Endlich tauchte die Kabine auf und stoppte. Kata blickte den Korridor hinunter. Ruth und mehrere Forscher rannten zwischen Labor, Krankenzimmer und Wachraum hin und her. Niemand achtete auf den Aufzug.

Entschlossen kroch Kata aus ihrer Deckung. Sie schnappte sich einen der Stühle und rannte zum Aufzugsschacht. Die Rufe am Ende des Ganges wurden lauter. Schnelle Schritte kamen näher. Kata öffnete die Aufzugstür, schob den Stuhl davor und sprang auf den Sitz. Mit dem Rücken zuerst kletterte sie in die Kabine. Ihr Atem flog, als sie Arme und Beine zu sich herzog und eng an den Körper presste. Hastig griff sie nach der Tür und zog sie zu.

Ruth näherte sich mit weit aufgerissenen Augen. »Halt«, rief sie und ihre Stimme überschlug sich. »Halt!«

Endlich schnappte die Tür ins Schloss. Blitzschnell drückte Kata den Knopf. Ruth erreichte den Aufzug und Kata sah ihre Augen triumphierend glitzern. Die Finger der Krankenschwester umschlangen den Griff.

Kata hielt die Luft an. Die Zeit schien stillzustehen.

Der Speiseaufzug setzte sich in Bewegung und glitt nach unten. Die Schwester rüttelte am Türgriff und riss ungläubig den Mund auf. Dann wurde es dunkel in der Kabine. Kata schloss erleichtert die Augen.

Ihr Herzschlag pochte in ihren Ohren, begleitet vom Surren des Aufzugs und ihrem aufgewühlten Atem. Stockwerk um Stockwerk glitt sie nach unten. Als die Kabine den Keller erreichte, atmete sie auf.

Kata stieß die Tür auf und ihr Blick fiel auf Mia und Anton, die eng umschlungen im Lagerraum standen. Wider Willen musste sie grinsen.

»Die haben Mias Flucht schon entdeckt«, sagte sie hastig. »Ich habe es gerade noch geschafft.«

Anton und Mia fuhren auseinander. Mias Gesicht hatte Farbe bekommen. Katas Blick fiel auf einen dunklen Fleck an Mias Seite. Blut. Ihre Wunde hatte wieder zu bluten begonnen.

»Lasst uns abhauen.« Anton wirkte besorgt. Vorsichtig nahm er Mia auf seine Arme.

Kata griff nach ihrem Rucksack und stieß die Tür auf. Ihr Blick fiel auf den Wachmann, der gefesselt auf dem Boden lag und sie mit weit aufgerissenen Augen beobachtete. Anton ging mit Mia voran, Kata folgte ihm. Jetzt achteten sie nicht mehr auf die Kameras, rannten quer durch die Garage. Vor dem Rolltor kniete sich Anton nieder und legte Mia auf den Boden.

»Du musst nach draußen robben«, erklärte er ihr mit belegter Stimme. »Schaffst du das?«

Mia nickte mit schmerzverzerrtem Gesicht. Auf dem Rücken liegend streckte sie den linken Arm und das linke Bein aus und begann mühsam zur Seite zu kriechen. Besorgt beobachteten Anton und Kata, wie sie quälend langsam hinüber rutschte.

Draußen erklangen Sirenen. Erschrocken zuckten sie zusammen. Mia stöhnte und ihre Bewegungen wurden hektisch. Hastig riss sich Anton den Rucksack von den Schultern und schob ihn unter dem Rolltor hindurch nach draußen. Dann legte er sich auf den Rücken und rollte hinüber. Ein leises Scharren verriet, dass er die untere Metallkante des Tores streifte.

Entsetzt machte Kata einen Satz nach vorn, packte die Metallkante und wartete darauf, dass sich das Tor absenkte. Doch außer Mias leisem Stöhnen war nichts zu hören.

Erleichtert richtete sich Kata auf und beobachtete, wie Anton seine Hände unter Mia schob und sie nach draußen zog. Kata legte ihre Hände auf Mias Schulter und Hüfte und drückte sanft. Mia verzog das Gesicht, doch sie gab keinen Laut von sich. Endlich war sie drüben.

Kata beförderte ihren Rucksack nach draußen und rollte hinüber. Sirenen dröhnten in ihren Ohren. Die Rückseite des Hauptquartiers lag im Schatten, doch das restliche Gelände war taghell erleuchtet. Trotzdem war niemand zu sehen. Erstaunt sah sich Anton um.

»Wahrscheinlich sind alle Wachleute beim Dschungel, die müssen erst eine Abordnung zurückschicken«, flüsterte sie.

Anton nahm Mia wie ein kleines Kind auf beiden Armen hoch. Besorgt musterten Kata und Anton den blutigen Fleck auf ihrem Nachthemd. Er schien in den vergangenen Minuten gewachsen zu sein. Mia achtete nicht darauf, erschöpft lehnte sie ihren Kopf gegen Antons Schulter.

»Kommt«, flüsterte Kata, griff nach ihrem Rucksack und ging mit schnellen Schritten voran. Sie umrundete das Hauptquartier, dessen Rückseite noch immer im Schatten lag. Die Sirenen begleiteten jeden ihrer Schritte und riesige Scheinwerfer tauchten das Gelände in gespenstisches Licht.

»Verdammt«, zischte Anton als Kata in das gleißende Licht trat, »wo willst du hin?«

»Vertrau mir einfach«, raunte Kata, »ich weiß, was ich tue.«

Anton knurrte unwillig, doch er folgte ihr.

Kata begann zu laufen, auch Anton wurde schneller. Sie warf einen besorgten Blick über ihre Schulter, mit gesenktem Blick und finsterer Miene versuchte Anton ihr Tempo zu halten.

Hinter ihnen waren Schüsse zu hören. Erschreckt wandte Kata den Kopf. Kugeln schlugen unweit von ihnen in den Rasen und wirbelten Erde und Grashalme auf.

Kata duckt sich, doch Anton konnte sich mit der Last auf seinen Armen nicht nach vorne beugen. Besorgt hörte Kata sein Keuchen. Hinter ihnen schlugen weitere Kugeln in den Boden. Kata sah keine Wachleute, die Schüsse mussten direkt aus dem Hauptquartier kommen.

Kata wechselte die Richtung und steuerte auf direktem Weg zum Cube. Sie mussten nur noch wenige Meter laufen, dann lag die Tribüne zwischen ihnen und dem Hauptquartier. Die Schüsse hörten auf.

Gespenstisch laut war ihr Keuchen. Doch niemand tauchte hinter ihnen auf. Kata rannte zum Steg, wo die Wasserscooter lagen, und kletterte auf den Sitz, der ihr am nächsten war.

»Mia ist zu schwach«, keuchte Anton und verzog unwillig das Gesicht.

Er sah zum Dschungel hinüber. In mehr als 1.000 Meter Entfernung zeichneten sich die Kuppeln gegen den Nachthimmel ab. Kata folgte seinem Blick und kniff die Augen zusammen. Weit hinten auf dem Steg erkannte sie einige Schatten, die schnell näherkamen. Die Wachleute.

»Setz sie zu mir«, presste Kata hervor und rutschte auf dem Sitz nach vorne.

»Das ist zu wackelig«, protestierte Anton.

»Mach schon«, herrschte Kata ihn an und blickte nervös hinüber zum Steg, wo die Wachleute sich rasch näherten.

Mit gerunzelter Stirn trat Anton an den Rand des Stegs. Vorsichtig bugsierte er Mia auf das schmale Stück des Sitzes hinter Kata. Der Scooter begann zu schaukeln. Mia stöhnte und klammerte sich an Kata. Mia war deutlich schwerer als Fin, Kata versuchte verzweifelt, ihre Bewegungen auszugleichen. Sie presste den Knopf und der Elektromotor startete geräuschlos.

Kata gab Gas. Die Bewegung machte es einfacher, das Schwanken des Scooters auszugleichen. Sie steuerte vom Steg weg. Statt Richtung Dschungel zu halten, fuhr sie zurück zum Cube. Der gab ihnen Sichtschutz, solange sie noch im gleißenden Licht der Suchscheinwerfer unterwegs waren.

Mias Hände schlangen sich fester um sie. Hoffentlich wird sie nicht ohnmächtig, dachte Kata. Besorgt hörte sie Mias unterdrücktes Stöhnen und ihre schweren Atemzüge, doch noch packten ihre Hände fest zu.

Sie erreichten den Cube. Kata änderte die Fahrrichtung und steuerte nun den Wasserscooter direkt in die Dunkelheit.

28.

Sie tauchten ein in das Schattenfeld. Kata starrte in die Nachtschwärze und drückte den Gashebel durch, das Rauschen des Wassers verstärkte sich. Allmählich wurde die Schwärze durchlässig und Konturen schälten sich aus der Dunkelheit. Sie sah hinüber zum Steg. Die Wachleute hatten sich aufgeteilt, einige kehrten zurück ins Hauptquartier, die anderen rannten zum Cube.

Anton war nun dicht hinter ihr. Vor ihnen hob sich die Silhouette des Dschungels gegen den Nachthimmel ab. Sie blieben in respektvoller Entfernung vom Steg, der immer noch taghell erleuchtet war.

Die drei Kuppeln des Dschungels näherten sich rasch. Sie steuerten ihre Scooter an den nördlichsten Rand des Dschungels und landeten im Schutz der Pier. Von hier aus war der Eingang nicht zu sehen. Rund fünfhundert Meter mussten sie an der Außenhülle entlang, um in den Dschungel zu gelangen.

Kata legte den Scooter längsseits an die Pier und kletterte auf die Plattform. Anton sprang einfach hinüber, sein Scooter fuhr noch ein paar Meter weiter und blieb dann liegen. Er rannte zu Kata und gemeinsam hievten sie Mia auf den Steg. Vorsichtig nahm Anton sie wieder auf seine Arme. Mias Augen lagen tief in ihren Augenhöhlen. Erschöpft lehnte sie ihren Kopf gegen Antons Schulter, ihre Augenlider flatterten.

Kata begann zu laufen, Anton folgte. Sie hörte seinen Atem hinter sich, schon nach wenigen Metern begann er zu keuchen. Kata drehte den Kopf und blickte ihn warnend an. Anton nickte und presste die Lippen aufeinander.

Lautlos liefen sie an der transparenten Außenhaut entlang. Das Eingangstor kam immer näher und als sie allmählich langsamer wurden, waren es nur noch rund hundert Meter. Hier schützte sie die Dunkelheit, doch die letzten fünfzig Meter waren in taghelles Licht getaucht. Inmitten des Lichtkegels standen etliche Wachleute, die angestrengt diskutierten und nicht auf ihre Umgebung achteten. Das dunkle Gelände um sie herum musste wie eine schwarze Wand für sie sein.

Langsam schlichen sie weiter. Stimmen wehten zu ihnen herüber, sie klangen wütend und aggressiv, waren aber zu weit entfernt, um dem Gespräch zu folgen. Anton warf ihr einen fragenden Blick zu, doch Kata schüttelte den Kopf. Auch sie konnte die Worte der Wachen nicht verstehen.

Sie näherten sich vorsichtig, schließlich blieben sie stehen, dicht an die Außenwand der Kuppel gepresst. Der Pinguin, den Martin gestern deaktiviert hatte, bot ihnen Sichtschutz. Sie beobachteten den taghell erleuchteten Eingang. Sieben Wachleute standen dort, die Gewehre über die Schultern gehängt.

Kata sah auf ihr Datenarmband. Wenn sie den Leuchtziffern glauben konnte, waren sie vor zwei Stunden aus der Baracke ausgebrochen. Die anderen mussten es bis in die Biosphäre geschafft haben, sonst wäre der Eingang nicht bewacht. Hoffentlich hatten sie inzwischen die Tür gefunden.

Angespannt musterte sie den Eingang zur Biosphäre und beobachtete die Umgebung. Drüben am Lüftungssystem war ein Schlauch angeschlossen, der nach unten verschwand. Kata vermutete, dass unter der Plattform ein Tank versteckt war. Vermutlich hatte die Admiralin erneut den Befehl gegeben, Kohlenmonoxid einzuleiten. Kata runzelte die Stirn und sah fragend zu Anton. Sein Blick verdüsterte sich, dann schüttelte er den Kopf. Kata nickte. Sie waren sich einig, es gab keine Chance, ungesehen die Einleitung des Kohlenmonoxids zu unterbrechen. Sie mussten es so schaffen.

Kata sah zu den Wachleuten. Irgendwie mussten sie an ihnen vorbeikommen. Anton trat näher und gab ihr zu verstehen, dass sie Mia nehmen sollte. Kata stellte ihren Rucksack zur

Seite und Mia krabbelte mühsam auf ihren Rücken. Sie schlang ihre Beine um Katas Taille und die Arme um ihre Schultern.

»Ich hab dich leichter in Erinnerung«, murmelte Kata. Mia gab ein ersticktes Geräusch von sich, fast klang es wie Kichern.

Anton duckte sich und huschte an der Außenwand entlang Richtung Eingangstür. Kata folgte ihm. Mia stöhnte. Kata tastete nach Mias Hand und setzte ihre Schritte vorsichtiger. Mias Kopf sank gegen ihren Hinterkopf, die schweren Atemzüge verrieten, dass Mia ihre Lippen fest zusammenpresste.

Sie kamen dem hell erleuchteten Eingang immer näher. Die Wachen achteten nicht auf sie, ihre Stimmen klangen erregt, ihre Hände durchschnitten die Luft. Das Amphibienfahrzeug stand nur wenige Meter von ihnen entfernt im Licht der Scheinwerfer.

Anton gab ihr zu verstehen, dass er es mit dem Fahrzeug versuchen wollte. Überrascht runzelte Kata die Stirn.

»Martin hat … «, formten ihre Lippen lautlos, doch Aton winkte ab.

Er ließ sich auf alle Viere fallen und huschte dicht an den Boden gepresst hinüber. Der Wagen gab ihm Deckung. Behutsam öffnete er die Beifahrertür und kroch hinein. Kata sah, wie er im Fußraum verschwand.

Kurze Zeit später tauchte er wieder auf, mit einem zufriedenen Grinsen im Gesicht. Er winkte. Kata duckte sich, noch stand sie im Schatten der Biosphäre. Ihr Atem ging schwer. Mia drückte ihre Stirn gegen Katas Hinterkopf und ächzte leise. Weit vorgebeugt lief Kata los. Als sie aus dem Schatten der Biosphäre trat, hielt sie den Atem an.

Die Wachen standen noch immer zusammen und diskutierten. Kata erreichte die Beifahrertür des Pinguin. Mia seufzte erleichtert. Vorsichtig öffnete Kata die Tür und ließ Mia auf den Sitz gleiten. Sie konnte sich nicht halten und begann zu rutschen, Kata und Anton mussten sie stützen.

Kata hielt sie fest und kletterte neben Mia auf den Sitz, dabei ließ sie die Wachen nicht aus den Augen. Entsetzt bemerkte sie, dass einer der Wachmänner an sein Ohr fasste und zu lauschen begann. Die anderen diskutierten aufgebracht weiter und achteten nicht auf ihn. Der Wachmann hob seinen Kopf und suchte das Gelände ab, bis sein Blick an dem Fahrzeug hängen blieb. Kata erstarrte und sah in die weit aufgerissenen Augen des Wachmanns. Ausdruckslos erwiderte er ihren Blick, dann wandte er sich den anderen zu, als hätte er nichts bemerkt.

»Der hat uns gesehen«, flüsterte Kata.

Anton hob den Kopf. Reglos beobachteten sie die Wachleute, die Zeit schien still zu stehen. Nichts geschah.

»Los geht's«, knurrte Anton und startete den Wagen.

Der Motor gab ein Gurgeln von sich und erstarb sofort wieder. Kata schluckte. Die Wachleute hoben die Köpfe und starrten zu ihnen herüber, dann rissen sie die Gewehre von ihren Schultern und begannen zu laufen. Nur einer rührte sich nicht, mit hoch erhobenem Kopf beobachtete er sie.

Erneut versuchte Anton, den Motor zu starten. Der Wagen gab ein hässliches Gurgeln von sich, um sofort wieder zu verstummen. Die Wachen kamen schnell näher und entsicherten im Laufen ihre Waffen. Kata glaubte das metallische Klicken zu hören.

Endlich sprang der altersschwache Motor an. Aus dem dumpfen Gurgeln wurde ein sattes Brummen. Erleichtert stützte sie Mia und sicherte sich mit der anderen Hand ab.

»Es geht los«, presste Anton hervor, dann jaulte der Motor auf.

Das Amphibienfahrzeug machte einen Satz nach vorne und raste auf die Wachleute zu. Kata blickte in entsetzte Gesichter, die im letzten Moment nach links und rechts auseinanderstoben.

Aufgeregte Rufe waren zu hören. Vor ihnen wuchs das Eingangstor der Biosphäre in die Höhe. Rasend schnell kam es näher, dann brach der Kunststoff mit einem hässlichen Geräusch. Das Tor kippte zur Seite, landete auf der Motorhaube und knallte gegen das Dach. Der Motor erstarb. Anton versuchte ihn wieder zu starten, doch aus dem Motorraum erklang nur ein leises Klicken.

»Raus«, rief Anton und stieß die Fahrertür auf. Auch Kata riss ihre Tür auf und sprang nach draußen. Anton rannte zu ihr und gemeinsam hoben sie Mia heraus, die sie mit fiebrigen Augen anstarrte und stöhnte.

»Gleich geschafft«, flüsterte Kata und half Anton, Mia in seine Arme zu betten.

Besorgt sah sie, dass die Wachleute im Eingang des Dschungels auftauchten. Einer wollte zu ihnen rennen, doch der Kommandant rief ihn mit einem rüden Befehl zurück. Vielleicht hatten sie Weisung, die Biosphäre nicht zu betreten. Mit ihren Waffen im Anschlag blieben sie im Eingangstor stehen. Kata sah gegen den Nachthimmel nur dunkle Schatten. Noch gab ihnen das Fahrzeug Deckung. Wenn sie hinüber zum Saum des Regenwaldes wollten, mussten sie den Wagen hinter sich lassen. Dann konnten die Wachleute sie abknallen wie Vieh.

»Komm«, sagte Kata ruhig.

Anton nickte.

Kata hob den Kopf und kehrte den Wachleuten ihren Rücken zu. Gemeinsam machten sie sich auf den Weg und ließen das Amphibienfahrzeug hinter sich. Nur wenige Schritte trennten sie von den ersten Bäumen.

Sie blickten sich nicht um. Mia lehnte ihren Kopf gegen Antons Schulter, ihre Augen hatte sie geschlossen. Die Stille war gespenstisch. Kata glaubte förmlich, die Gewehrläufe zu spüren, die auf sie gerichtet waren. Erhobenen Hauptes gingen sie hinüber zu den Bäumen am Rand des Regenwalds. Dort lagen noch immer die tote Wölfin und ihre Jungen. Kata hörte keine Insekten und der durchdringende Geruch der Kadaver trieb ihr die Tränen in die Augen.

Noch immer blieb es ruhig hinter ihnen. Ob die Wachleute nur ihren Befehlen gehorchten? Oder brachten sie es nicht fertig, drei Jugendliche durch Schüsse in den Rücken zu töten?

Kata und Anton erreichten die ersten Baumstämme. Sie neigten ihre Köpfe und traten in das dunkel schimmernde Dickicht. Meterhohe Farnwedel schlugen hinter ihnen zusammen. Jetzt fehlten nur noch wenige Schritte, um die Gewehre der Wachen endgültig hinter sich zu lassen. Ohne ein Wort zu wechseln gingen sie schneller. Kata konnte es kaum glauben. Sie hatten es geschafft.

Kein Ara war zu hören, im Regenwald blieb es gespenstisch ruhig. Anton schritt so schnell voran, wie die Last auf seinen Armen es zuließ.

Wenig später stoppte er, setzte Mia ab und lehnte sie gegen einen Baumstamm. Der rote Fleck an ihrer Seite hatte sich ausgebreitet. Kata kniete nieder und schob Mias Nachthemd zur Seite. Der Verband war voller Blut und kleine Rinnsale färbten den Rand ihrer Unterhose rot. Anton holte die Erste-Hilfe-Tasche aus seinem Rucksack. Kata wickelte den klebrigen Verband ab und warf ihn zur Seite. Mia stöhnte und starrte entsetzt nach unten. Die Wunde war geklammert, doch darunter hatte sich ein schmaler Spalt geöffnet, aus dem unaufhörlich Blut sickerte.

Anton schluckte. »Haben sie die Kugel entfernt?«

»Denk schon«, flüsterte Mia. Ihre Worte waren kaum zu verstehen, ihre Stimme hatte an Kraft verloren.

Besorgt wechselten Kata und Anton einen Blick. Kata breitete eine sterile Auflage über die Wunde und legte einen Druckverband an.

Vorsichtig nahm Anton seine Freundin wieder auf den Arm. Gemeinsam setzten sie ihren Weg fort. Sie waren erst wenige

Meter gegangen, als Mia auf Antons Armen in sich zusammensackte. Fast wäre sie zur Seite gekippt. Rasch sprang Kata hinzu und hielt sie fest. Antons Atem ging schwer und verzweifelt drückte er Mia an sich. Kata sah die Angst in seinen Augen.

»Sie ist nur bewusstlos«, sagte sie leise. Wie schnell sich das ändern könnte, darüber wollte sie jetzt nicht nachdenken.

Anton lagerte Mia um, packte sie fester, damit sie nicht aus seinen Armen rutschen konnte. Besorgt musterte Kata ihr Gesicht, Mia war noch blasser geworden.

Gerade wollten sie weitergehen, da stoppte Anton und starrte regungslos auf den Boden. Überrascht trat Kata neben ihn und folgte seinem Blick. Stirnrunzelnd betrachtete sie den grau gemusterter Fellhaufen vor seinen Füßen, dann sog sie entsetzt den Atem ein. Das waren die beiden anderen Jungen der Wölfin, das schwächere Tier und der Wolfsjunge mit dem verletzten Hinterlauf. Dicht aneinander geschmiegt lagen sie tot neben einer Zeder. Die Wölfin hatte sie von der mediterranen Zone bis hierher geführt, um sie dann zurückzulassen, in der Hoffnung, dass sie die anderen drei retten konnte. Wie schwer musste das für sie gewesen sein. Tränen schossen Kata in die Augen. Unwillkürlich hob sie den Arm und tastete nach ihrem Bauch. Als sie die Wärme ihres Unterleibs spürte, ließ sie betroffen die Hand sinken.

Sie kramte ihr Feuerzeug heraus, entzündete es und führte es an ihrem Körper nach unten. Etwas mehr als einen halben Meter über dem Boden erlosch die Flamme. Wie erwartet, bildete sich wieder ein Teppich aus Kohlenmonoxid.

»Komm, weiter«, sagte sie mit rauer Stimme.

Wortlos schritten sie aus, schneller als zuvor, und ließen die beiden Wolfskinder hinter sich, die allein hatten sterben müssen.

Ihr Weg führte sie an mehreren Kameras vorbei, die regungslos über ihren Köpfen hingen, der Strom war noch immer unterbrochen. Antons Atmen wurde schwerer, er begann zu keuchen.

»Lass uns tauschen.« Kata beschleunigte ihren Schritt und ging nun neben ihm.

Auf seiner Stirn waren Schweißperlen zu sehen. Er warf ihr einen grimmigen Blick zu, doch dann nickte er und blieb stehen. Sanft schob Kata ihre Arme unter Mias leblosen Körper und zog sie zu sich herüber. Anton half ihr, Mia in ihre Arme zu betten. Forschend blickten sie in ihr Gesicht. Mias Augen blieben geschlossen und ihre Haut war blass, aber das Zittern ihrer Nasenflügel verriet, dass sie noch lebte.

Kata stieß erleichtert den Atem aus. Anton trat aufatmend zurück. Für einen Moment begegneten sich ihre Blicke. Er musterte sie nachdenklich und nickte. Kata hielt seinen Blick fest, nickte dann ebenfalls.

Sie nahmen ihren Weg wieder auf. Diesmal ging Anton voran, drückte die üppig wuchernden Farnpflanzen zur Seite und hob Luftwurzeln an, damit Kata besser hindurchschlüpfen konnte. Etwa 1.000 Meter lagen zwischen dem Haupteingang und der Savanne. Kata spürte, wie ihre Arme müde wurden und ihr Atem schwerer ging. Sie wechselten sich noch zweimal beim Tragen ab. Dann, endlich, standen sie vor dem Übergang.

Kata legte die leblose Mia in Antons ausgestreckten Arme. Es dauerte endlose Sekunden, bis sie sicher lag. Dann tauchten sie zwischen den herabhängenden Kunststoffstreifen hindurch.

Drüben erwartete sie trockene Hitze. Wieder machten sie den Test mit dem Feuerzeug, in der dritten Kuppel reichte das Gas bereits bis zur Hüfte. Dann gingen sie weiter, vorsichtig, um nicht zu viel von dem tödlichen Gas aufzuwirbeln. Das Savannenklima trocknete in den ersten Minuten ihren Schweiß, doch wenig später klebten ihre Shirts auf der Haut.

Anton gab ein Zeichen, dass er eine Pause brauchte. Vorsichtig lehnte er sich gegen einen Baum. Kata trat näher und schob ihre Arme unter Mia. Sie nahm Anton seine bewusstlose Freundin ab und bettete sie mit seiner Hilfe auf ihre Arme. Ihr Blick blieb an Mias Nachthemd hängen. Das verkrustete Blut färbte sich bereits dunkel, doch daneben schimmerte es hellrot.

»Die Wunde blutet weiter«, sagte Kata besorgt.

»Sie braucht dringend Ruhe«, erwiderte Anton mit belegter Stimme.

Der Klang seiner Worte versetzte Kata einen Stich. So verletzlich hatte sie ihn noch nie erlebt. »Wir haben den Treffpunkt bald erreicht«, erwiderte sie tonlos.

Keiner von ihnen sprach es aus, doch sie wussten beide, dass Mia sterben würde, wenn sie nicht bald Ruhe und eine bessere Versorgung bekam.

29.

In der Savanne war die Vegetation nicht so dicht, sie kamen schneller voran, schlüpften zwischen Kakteen hindurch, an Feigen, Dattelpalmen und Akazien vorbei. In gleichmäßigen Abständen wechselten sie sich mit dem Tragen ab. Einmal öffnete Mia die Augen und blickte sie aus fiebrig glänzenden Augen an, dann verlor sie erneut das Bewusstsein. Schweiß stand ihr auf der Stirn, ihre Augenhöhlen färbten sich grau.

Endlich kam die Außenhülle der Biosphäre in Sicht. Anton hielt das Feuerzeug über seinen Kopf und ließ seine Hand langsam sinken. Die Flamme erlosch auf Brusthöhe, der Kohlenmonoxid-Teppich war weiter gestiegen.

Katas Herz schlug schneller, als sie endlich die verkrüppelte Akazie entdeckte. Sie wünschte sich so sehr, dass die anderen die Tür gefunden hatten und längst drüben auf dem Festland waren. Aufmerksam suchte sie das Gelände rings um die Akazie ab. Ihr Schritt stockte. Sie sah zu Anton, der ihren Blick mit düsterer Miene erwiderte. Kata brachte keinen Ton heraus, starrte wie gebannt nach vorne.

Sie zuckte zusammen, als sie die dunklen Schatten der anderen entdeckte. Die Clans hatten sich um die Akazie versammelt. Einige lehnten am Stamm, andere verharrten mit hängenden Schultern. Die Größeren trugen die Kleineren, hatten sie sich auf den Rücken oder die Schultern gesetzt.

Katas Herz wurde schwer. Mit stockenden Schritten näherte sie sich den anderen, als wollte sie die schlechte Nachricht noch ein paar Sekunden hinauszögern.

Lore, Elli und Mark blickten ihnen regungslos entgegen. Auch die anderen ließen sie nicht aus den Augen. Niemand sagte etwas. Kata und Anton kamen näher. Die Ruhe wirkte gespenstisch. Kata sah zu Lore. Ihre Freundin versuchte ein Lächeln, doch das vertrieb nicht die Verzweiflung aus ihren Augen.

Endlich waren sie bei den anderen angekommen. Betty starrte forschend auf Mias blasses Gesicht. Lore betrachtete Mia mit besorgter Miene, dann warf sie Kata einen fragenden Blick zu.

»Sie lebt«, erwiderte Kata leise, »noch.«

»Ihr habt es geschafft«, flüsterte Lore, »Wahnsinn.« Ihr Mund verzog sich zu einem schiefen Grinsen. Sie sah zu Anton, dann zu Kata. »Seid halt ein gutes Team.«

Mark trat zu Kata und schob seine Arme unter Mia. »Gib sie mir«, sagte er sanft.

Kata spürte die Hitze seines Körpers. Dankbar ließ sie Mia hinübergleiten. Ihr Blick glitt über die enttäuschten und verzweifelten Gesichter. Die Frage kostete sie ihren ganzen Mut: »Die Tür?«

»Es gibt keine.« Müde schüttelte Lore den Kopf. »Wir sind in mehreren Gruppen losgezogen, haben jede Stelle mindestens zweimal kontrolliert.«

»Sag ich's doch!«, fuhr Anton Kata wütend an. »Es gibt diese verdammte Tür nicht. Sandrine hat dich verarscht.« Seine Stimme hob sich, nun schrie er fast: »Wir hätten Werkzeug gebraucht!«

Kata achtete nicht weiter auf ihn. »Vielleicht hat Sandrine den Ort verwechselt«, sagte sie zu Lore. »Vielleicht ist die Tür nicht in der Savanne.«

Lore sah sich bedrückt um. »Es ist zu spät. Wir schaffen es nicht, die ganze Außenhaut abzusuchen.« Tränen traten in ihre Augen, die sie zornig abwischte. »Das Kohlenmonoxid steht uns bis zum Hals.«

»Lasst uns zurückkehren«, sagte Elli leise. »Hier werden wir sonst sterben.«

»Dort warten sie mit den Waffen auf uns«, stieß Mark hervor und seine Augen blitzten wütend.

Sie schwiegen betroffen.

»Wir werden in dieser verdammten Biosphäre ersticken«, presste Anton hervor, sein Kiefer mahlte. »Es gibt keine Tür, wir werden in diesem verdammten Riesensarg ersticken.« Er legte den Kopf in den Nacken und schrie nach oben, zu den nahezu geschlossenen Lüftungsklappen, als könnte die Admiralin ihn hören. »Du hast es geschafft!!«

Martin gähnte. Kata musterte ihn stirnrunzelnd. Er war nur einen halben Kopf kleiner als sie, das Kohlenmonoxid musste ihn erreicht haben. Wortlos trat Lien zu ihm und ließ ihn auf ihren Rücken klettern. Ein leises Stöhnen war zu hören, Mia regte sich, ihre Augenlider flatterten. Kata bückte sich und griff nach einem Stein, wog ihn prüfend in der Hand.

Lore schüttelte den Kopf. »Haben wir schon versucht. Selbst nach einer halben Stunde gab es nur ein paar Kratzer.«

Enttäuscht ließ Kata den Stein wieder fallen. Mia bewegte unruhig den Kopf, ihr Stöhnen wurde lauter. Besorgt trat Anton zu Mark und nahm Mia auf seine Arme. Behutsam bettete er ihren Kopf an seine Schulter. Mia schien zu spüren, dass sie bei Anton war, ihr Gesicht wurde weich. Wieder stöhnte sie, doch ihre Augen blieben geschlossen.

Betroffen sah Kata, dass Antons Augen glänzten, als er das Gesicht seiner Freundin musterte. Da öffnete Mia die Augen. Als ihr Blick auf Anton fiel, begann sie von innen heraus zu strahlen.

Verlegen blickte Kata zur Seite und sah direkt in Marks Augen, der sie nachdenklich betrachtete. Wärme stieg in ihr hoch und schnürte ihr die Kehle zu.

Mia stöhnte und versuchte, ihren Kopf zu heben, doch sie sank kraftlos zurück. Besorgt trat Kata näher. Mia öffnete den Mund einen schmalen Spalt, brachte zwischen ihren Lippen ein Stöhnen hervor, das zu einem Wort wurde: »Tür.«

Anton schüttelte den Kopf.

Mia wurde unruhig, wieder versuchte sie den Kopf zu heben. »Tür«, presste sie hervor.

»Schschsch«, raunte Anton und wiegte sie wie ein krankes Kind.

Kata räusperte sich. »Wir haben die Tür nicht gefunden«, sagte sie rau.

Mia ließ sich nicht beruhigen. Sie wand sich in seinen Armen und öffnete erneut den Mund. Ihr Blick hing an Kata und darin lag ein Flehen, das sie nähertreten ließ. Anton runzelte die Stirn. Kata senkte ihren Kopf und hielt ihr Ohr an Mias Mund.

»Wilhelm …«, stöhnte Mia. Kata spürte ihren schweren Atem und ahnte, wie viel Kraft sie die Worte kosteten, »… hat gesagt …«

Mia rang nach Luft, ihre Lider schlossen sich. Kata schluckte und betrachtete besorgt ihr Gesicht. Jeden Moment konnte sie wieder das Bewusstsein verlieren. Kata tauschte einen Blick mit Anton, der sich nicht zu rühren wagte. Mias Augen waren noch immer geschlossen, doch sie versuchte erneut zu sprechen. Kata beugte sich tiefer, Mias Atem streifte ihre Wange.

»… am Übergang …«

Katas Atem stockte. Mia kämpfte verzweifelt gegen die Bewusstlosigkeit.

»… zum Regenwald.« Sie presste die Worte mit letzter Kraft hervor, dann schlossen sich ihre Augen, sie sank regungslos in Antons Arme.

Kata tastete nach Mias Puls. Er schlug, schwach zwar, doch sie lebte. Sie begegnete Antons entsetztem Blick.

»Sie ist nur bewusstlos«, sagte sie leise. Dann richtete sie sich auf. Die anderen ließen sie nicht aus den Augen. »Mia …«

Kata zögerte und fragte sich, ob die Worte des Mädchens wirren Fieberträumen entsprangen. Aber sie hatte Wilhelm aus Mias Krankenzimmer kommen sehen. Mia könnte scheinbar geschlafen haben, vielleicht hatte sie zufällig sein Gespräch mit jemand anderem belauscht. Egal, es war ihre letzte Chance.

Kata streckte sich. »Wilhelm hat gesagt, die Tür sei am Übergang zum Regenwald.«

Anton verzog das Gesicht.

Sie konnte ihn verstehen. Wilhelm war nicht zu trauen, weitaus weniger als Sandrine. Vielleicht war es eine Falle. Kata blickte in die müden und verzweifelten Augen der anderen, in einigen flackerte Hoffnung auf. Stehen zu bleiben und einander beim Sterben zuzusehen, war keine Option.

»Also los«, rief sie, hob den Arm und deutete hinüber zur Außenwand, wo die eine Kuppel endete und die andere begann.

Lores entsetzter Blick brachte sie zur Besinnung. Das Kohlenmonoxid. Mit ihren hektischen Bewegungen wühlte sie alles auf. Behutsam ließ sie ihre Hand sinken.

»Also los«, sagte sie ernüchtert, »lasst uns hinüber gehen. Wenn es dort eine Tür gibt, werden wir sie finden.«

Es kam Bewegung in die müden Gestalten um sie herum. Viele der Kleineren hatten sich apathisch an die Schultern der Älteren geklammert. Nun richteten sie sich auf, den Blick auf die Außenwand gerichtet. Die Älteren trugen finstere Mienen zur Schau, entschlossen, nicht aufzugeben. Die ersten gingen los, die anderen folgten, blieben den Vorderen dicht auf den Fersen. Kata, Mark, Elli und Lore hatten sich an die Spitze des Zugs gesetzt. Sie gingen einige Meter, dann stockte Elli, blieb breitbeinig stehen. Sie schwankte, wäre gestürzt, wenn Lore sie nicht gepackt hätte.

Hinter ihnen stoppten nun auch die anderen. Kata spürte, wie sich Müdigkeit in ihrem Körper ausbreitete und ihr Bewusstsein lähmte. »Verdammt noch mal«, rief sie wütend, »wir werden es doch die paar Meter schaffen!«

Gebannt sah sie hinüber, die Außenhaut war nicht weit entfernt. Verzweifelt ruderte sie mit beiden Armen. Vielleicht ließ sich das Gas aufwirbeln, damit sie mehr Sauerstoff bekamen. Der Wunsch, sich auf den Boden zu legen und die Augen zu schließen, wurde übermächtig. Kata gähnte und schnappte zugleich verzweifelt nach Luft.

Elli reckte beide Arme in die Höhe und begann Schwimmbewegungen zu machen, das verschaffte ihr ein wenig Atemluft. Lore betrachtete ihre Bemühungen stirnrunzelnd, dann schien sie wie aus einem fernen Traum zu erwachen. Sie schlüpfte aus ihrer Jacke und riss sie sich das T-Shirt vom Leib, darunter kam ihr Spezial-BH zum Vorschein. Zwischen den Streben lagen die zarten Knochen ihrer Flügel, eng an ihren Rücken gepresst.

Entsetzt beobachtete Kata, wie Lores Flügel zu zittern begannen und sich dann entfalteten. »Tu es nicht«, flüsterte sie.

Doch Lore warf ihr nur einen kurzen Blick zu. Und natürlich hatte sie Recht. Was hatten sie noch zu verlieren?

Kata tastete nach ihrem Unterleib, dann ließ sie ihre Hand wieder sinken und schüttelte unwillig den Kopf. Sie hob den

Kopf und sah zu Lore hinüber. Ihre Flügel entfalteten sich. Ihr Anblick war so schön, dass Kata Tränen in die Augen traten. Lore begann mit den Flügeln zu schlagen, langsam zunächst, dann schneller. Ein Luftzug entstand. Mit jedem Flügelschlag schien sich der Sauerstoffgehalt der Atemluft zu erhöhen.

Kata spürte, wie die Müdigkeit von ihr wich. Auch die anderen reckten sich. Anton presste Mia dankbar an seine Brust.

Lore verzog das Gesicht vor Anstrengung. Elli tastete nach ihrer Hand und drückte sie fest. Fast schien es, als könnte Elli ihr ein wenig von ihrer Kraft abgeben. Unaufhörlich schlugen Lores Flügel, bis die Entschlossenheit in alle Gesichter zurückgekehrt war.

»Weiter«, sagte Lore grimmig.

Lore und Elli gingen Hand in Hand der Gruppe voraus, dicht gedrängt folgten die anderen.

Quälend langsam näherten sie sich der Außenhülle. Besorgt spürte Kata, dass trotz Lores Fächeln die Müdigkeit in ihre Glieder zurückkehrte. Das Kohlenmonoxid musste weiter gestiegen sein.

»Rasch!«, rief sie.

Elli legte Lore ihre Hand um die Taille, ging schneller und zog Lore mit. Besorgt warf Elli einen Blick in Lores Gesicht. Kata hörte, wie Lore um Atem rang.

Endlich erreichten sie den Übergang. Elli und Lore blieben stehen und betrachteten ratlos die unversehrte Kunststoffoberfläche. Ihre Blicke folgten der scheinbar endlosen Wand, die ohne Tageslicht im Schein ihrer Taschenlampen milchig wirkte und sich weit über ihren Köpfen in der Dunkelheit verlor.

Mark begann, mit beiden Händen den Kunststoff abzusuchen. Auch Kata tastete verzweifelt mit beiden Händen die glatte Fläche ab. Nichts. Sie ließ die Hände fallen und ihre Augen wanderten über die Außenwand, weit nach oben und unten, immer größere Kreise ziehend. Nirgendwo etwas Auffälliges.

Die aufsteigende Müdigkeit dämpfte ihre Verzweiflung. Lore keuchte und ihr Flügelschlag wurde langsamer. Während die Versuchung immer größer wurde, einfach aufzugeben, wanderte Katas Blick hektisch über den schimmernden Kunststoff.

Ihr Blick blieb an einer Naht hängen. Eine der fünfeckigen Kacheln endete knapp vor den Kunststoffstreifen, die von oben herabhängend die Savannenkuppel vom Regenwald trennten. Überrascht sog sie den Atem ein. Die Naht sah anders aus.

Es gab eine kleine Ausbuchtung, nur eine winzige Abweichung, deshalb hatten sie diese bei ihrer ersten Suche nicht bemerkt. Auch jetzt wäre es ihr entgangen, wenn sie nicht Wilhelms Hinweis gehabt hätten.

Stirnrunzelnd trat Kata näher, forschend glitt ihr Blick über die kleine Abweichung am Außenrand der Kachel. Es war keine Tür, wie sie sie erwartet hatte, nirgendwo war ein Griff zu sehen. Die Kachel war glatt und konturlos wie alle anderen. Der Unterschied kaum zu erkennen, doch bei genauem Hinsehen entdeckte Kata, dass die Kachel an der rechten Seite nicht mit einer Schweißnaht verschlossen war wie alle anderen, sondern mit einem durchsichtigen, kaum wahrnehmbaren Gelenk.

Katas Atem ging stoßweise, als sie am Außenrand der Kachel entlang tastete. Wenn es ein Gelenk gab, musste es möglich sein, die Kachel zu öffnen. Ihre Finger tasteten verzweifelt über die glatte Oberfläche und rutschten immer wieder ab. Hinter sich spürte sie den Luftzug von Lores Flügeln, der schwächer wurde. Die Müdigkeit breitete sich immer weiter in ihren Gliedern aus und der Wunsch, einfach im Stehen für einen kleinen Moment die Augen zu schließen, wurde immer größer.

Endlich fanden ihren Fingerspitzen Halt. Kata krallte sich in den winzigen Widerstand, den sie nicht sehen, sondern nur fühlen konnte. Sie zog mit ihren Fingernägeln an der Kachel, rutschte ab, zog wieder.

Endlich gab der Kunststoff nach, das Gelenk drehte sich lautlos. Mit einem saugenden Geräusch klappte die Kachel wie eine Tür zur Seite und gab den Weg nach draußen frei.

Sauerstoff schlug Kata entgegen. Mit einem verzweifelten Hunger nach frischer Luft sog ihre Lunge die kühle Nachtluft ein. Die anderen drängten nach und Kata wurde nach draußen geschoben. Ihre Beine trugen sie hinaus auf einen schmalen Holzsteg, vor dem mehrere Boote vertäut lagen.

Überrascht bemerkte sie einen schwachen Lichtschimmer über der einen Kilometer entfernt liegenden Küste. Die Sonne würde bald aufgehen. Der Sauerstoff stieg ihr zu Kopf und löste ein schwebendes Gefühl aus.

Kata stolperte, sie konnte ihren Blick nicht vom Horizont lösen, der von einem diffusen, schwachen Licht wie eine dünne Linie in die dunkle Nacht gezeichnet war. Sie hörte die schweren Atemzüge der anderen hinter sich. Ein Glücksgefühl breitete sich in ihr aus und nahm ihr den Atem.

Einige Schritte entfernt standen Lore und Elli. Sie starrten zum Horizont und hielten sich noch immer fest an den Händen. Anton wurde neben die beiden geschoben. Er presste Mias Körper an sich und sein Gesicht verriet, wie erschöpft und zugleich erleichtert er war. Katas Blick wanderte weiter und blieb an Betty hängen, die aus einiger Entfernung Anton mit ausdruckslosem Gesicht beobachtete.

Kata wandte nicht den Kopf, als Mark neben sie trat. Seine Hand schob sich in ihre. Die Berührung elektrisierte sie und ein Schauer löste sich in ihrem Nacken, wanderte über ihren Rücken bis zu ihren Füßen. Kata atmete tief durch und heftete ihren Blick entschlossen auf die Küste, die im heller werdenden Licht immer näher zu rücken schien.

Eine Bitte

Liebe Leserin und lieber Leser,
wenn Ihnen mein Buch gefallen hat, dann freue ich mich sehr über eine positive Bewertung auf Bücherportalen oder bei einem der Internetshops für Bücher. Ganz herzlichen Dank!

Weitere Bücher von mir finden Sie auf meiner Internetseite: www.anette-huesmann.de

Wenn Sie auf dem Laufenden bleiben möchten, dann abonnieren Sie doch meinen Newsletter. Darin informiere ich über meine neuesten Bücher und berichte über neue Projekte: www.anette-huesmann.de/newsletter

Alles Gute wünsche ich Ihnen und weiterhin viel Freude beim Lesen.

Ihre Anette Huesmann

Weitere Titel von Anette Huesmann

Krimis

Kinderbücher

Sachbücher